DISCOURS

POLITIQUES ET JUDICIAIRES

RAPPORTS ET MESSAGES

DE

JULES GRÉVY

M. JULES GRÉVY, D'APRÈS UN DAGUERRÉOTYPE DE 1848.

DISCOURS
POLITIQUES ET JUDICIAIRES

RAPPORTS ET MESSAGES

DE

JULES GRÉVY

BATONNIER DE L'ORDRE DES AVOCATS
REPRÉSENTANT DU JURA
PRÉSIDENT DE L'ASSEMBLÉE NATIONALE ET DE LA CHAMBRE
DES DÉPUTÉS
PRÉSIDENT DE LA RÉPUBLIQUE FRANÇAISE

Recueillis, accompagnés de Notices historiques, et précédés d'une Introduction

PAR

LUCIEN DELABROUSSE

TOME PREMIER

PARIS
MAISON QUANTIN
COMPAGNIE GÉNÉRALE D'IMPRESSION ET D'ÉDITION
7, RUE SAINT-BENOIT

AVANT-PROPOS

Nous avons commencé cet ouvrage dans les premiers mois de l'année 1887, alors que M. Jules Grévy, réélu, le 28 décembre 1885, Président de la République française pour sept années, devait rester longtemps encore à la tête du gouvernement de la France. Nous l'avons continué et achevé au milieu des douloureux événements qui ont brusquement mis fin à cette présidence.

Une introduction, placée en tête du tome Ier, résume les faits les plus importants de la vie judiciaire et politique de M. Grévy. Pour cette partie de notre travail, plus développée que l'étude que nous avons consacrée, en 1882, à M. Jules Grévy dans la *Collection des célébrités contemporaines*, nous avons consulté avec fruit les biographies publiées par MM. Élie Sorin, Alfred Barbou et Pierre Henry.

Les notices historiques qui accompagnent les discours, rapports et messages de M. Grévy rappellent les circonstances dans lesquelles ils ont été prononcés ou écrits.

Les documents que nous reproduisons ont été empruntés aux sources les plus sûres. Les discours politiques sont conformes aux textes du *Moniteur* et du *Journal officiel*, et les discours judiciaires à ceux de la *Gazette des tribunaux*, des comptes rendus sténographiques des audiences du Palais et des publications spéciales faites aux frais de l'Ordre des avocats.

Nous donnons intégralement tous les discours importants et tous les messages de M. Grévy. Cependant, lorsque certaines discussions, comme celles relatives à l'impôt des mutations, à la proposition Rateau, à la suspension de l'exécution, dans le département de la Seine, de l'article 67 de la loi du 22 mars 1831 sur la garde nationale, au régime des chemins de fer, ont donné lieu à des rapports et à des discours ou à plusieurs discours, nous avons dû, pour éviter les répétitions, nous borner à reproduire les passages essentiels de ces rapports et de ces discours.

Le tome 1ᵉʳ conduit au 2 décembre 1851. Il comprend, avec l'introduction, les chapitres ɪ et ɪɪ, consacrés à l'Assemblée constituante et à l'Assemblée législative. Le tome II contient les chapitres III à VII : le barreau de Paris, le Corps législatif, l'Assemblée nationale, la présidence de la Chambre des députés, la Présidence de la République. En rappelant les tristes incidents qui ont marqué la fin de l'année 1887, nous avons évité de nous mêler aux discussions des partis, et nous avons laissé à l'histoire tout ce qui appartient à l'histoire.

Cet ouvrage présente ainsi dans son intégralité l'œuvre judiciaire et politique de M. Jules Grévy.

L. D.

INTRODUCTION

Le 30 janvier 1879 restera comme une des dates mémorables de notre histoire. Ce jour-là, M. le maréchal de Mac-Mahon s'est démis des fonctions de Président de la République, et il a été remplacé dans la première magistrature de l'État par M. Jules Grévy. La sentinelle des partis monarchiques a cédé la place à un ferme défenseur des idées républicaines.

Cette bonne nouvelle a été accueillie avec joie par le pays. L'homme éminent que l'Assemblée nationale venait d'élever à la Présidence appartenait par ses traditions de famille, par ses convictions, par tout son passé, à la République. Avec lui, le présent était garanti et l'avenir assuré.

Élu, en 1879, Président de la République française pour sept années, M. Jules Grévy a été réélu par l'Assemblée nationale, le 28 décembre 1885, pour la même durée à ces hautes fonctions, qu'il n'a jamais sollicitées. Aucun compétiteur ne s'est présenté pour lui disputer la suprême magistrature. Les républicains, qui avaient été unanimes en 1879 lorsqu'il s'était agi de l'élever au premier poste de l'État, se sont retrouvés unanimes, en 1885, pour l'y maintenir ; et les partisans de la monarchie, impuissants à affirmer leurs idées dans ces deux solennelles circonstances, après avoir voté, en 1879, pour le général Chanzy, qui ne les avait pas autorisés à se compter sur son nom, se sont, en 1885, réfugiés dans l'abstention.

M. Jules Grévy a présidé pendant près de neuf années aux destinées de la France, depuis le 30 janvier 1879 jusqu'au 2 décembre 1887. Pendant ce temps, comme il l'a constaté lui-même, son Gouvernement a assuré à notre pays la paix, l'ordre et la liberté; il a travaillé sans relâche au relèvement de la patrie, et, au milieu de l'Europe en armes, il a laissé la France en état de défendre son honneur et ses droits, en même temps qu'il a su maintenir, à l'intérieur, la République dans la voie sage que traçaient devant elle l'intérêt et la volonté du pays.

Alors que la durée de ses pouvoirs devait être de cinq années encore, l'homme qui, pendant soixante ans, avait donné l'exemple de la sagesse et de la probité, l'homme que MM. Thiers et Gambetta avaient désigné comme le meilleur des Français et le plus digne de gouverner la République, fut injustement enveloppé dans les accusations dirigées contre un membre de sa famille. Sans qu'on ait pu lui reprocher aucune faute personnelle, il se vit abreuvé de calomnies et d'outrages de la part de cette même presse qu'il avait si éloquemment défendue à la barre des tribunaux et dans les assemblées. Les deux Chambres elles-mêmes finirent par se laisser entraîner, et M. Grévy, qui, jusqu'alors, avait tenu tête à l'orage, résigna les fonctions de Président de la République dans un message que recueillera l'histoire.

I

M. Jules Grévy est né le 15 août 1807. Il a quatre-vingts ans. Il est de taille moyenne, un peu gros. Il a les robustes épaules des habitants du Jura et la démarche assurée. Son front large semble sculpté dans un bloc d'ivoire; son regard clair est d'une finesse pénétrante; sa bouche, aux plis délicats et réguliers, laisse parfois apparaître un sourire discret, tempéré d'indulgente bonhomie. Jusqu'en 1881, M. Grévy a porté la barbe courte et taillée en collier; depuis, il a laissé pousser une barbe et des moustaches blanches coupées court. Sa physionomie est grave sans cesser d'être bienveillante. Tout en lui « respire l'autorité et impose le respect »[1].

Voilà l'homme qui, pendant près de neuf années, a présidé aux destinées de la République française. M. Jules Grévy est le fils de ses œuvres. Il est né dans le département du Jura, à Mont-sous-Vaudrey, village de 1.100 habitants, bâti sur une hauteur qui domine la rivière la Cuisance. Son grand-père accepta les fonctions de juge de paix, en 1790, après que l'Assemblée constituante eut procédé à la réorganisation de l'ordre judiciaire. Son père, François-Hyacinthe Grévy, partit comme volontaire en 1792, fut élu par ses camarades chef de bataillon, et ne déposa les armes qu'à l'époque du Consulat, lorsque l'ennemi, repoussé hors du sol français et vaincu sur son propre territoire, eut été contraint à demander la paix à la République. Il revint alors à Mont-sous-Vaudrey et prit la direction du domaine de sa famille. Les occupations des champs ne l'empêchèrent pas de veiller à l'éducation de ses trois fils[2]. L'Empire avec sa gloire, la Restauration avec ses tentatives de liberté, ne purent modifier les opinions du volontaire de 1792. De même que M. Littré le père, dont

1. Camille Pelletan, *le Théâtre de Versailles*, Paris, 1876. 1 vol. in-18, p. 72.
2. Le second de ces fils, M. Paul Grévy, est général de division d'artillerie en retraite et sénateur du Jura; le troisième, M. Albert Grévy, ancien gouverneur général de l'Algérie, est avocat à la cour d'appel de Paris, et sénateur inamovible.

le nom a été prononcé naguère sous la coupole de l'Institut, il garda toute sa vie le culte de la Révolution.

« Je ne pense pas, a dit de M. Jules Grévy un homme politique, je ne pense pas que personne ait pénétré plus profondément notre grande Révolution de 1789 dans ses diverses périodes. Il a tiré de là une philosophie de l'histoire toute personnelle, laquelle, grâce à la faculté maîtresse de cet esprit, qui est un inaltérable bon sens, s'est trouvée juste sur tous les points. De bonne heure, il a jugé les grandes figures et les grands événements de cette tempête avec autant de sang-froid et de sagacité que si lui-même se fût trouvé en plein calme et à la distance historique voulue pour être sûr de son jugement [1]. »

Nul doute que les enseignements paternels n'aient été pour beaucoup dans cette direction d'esprit. Comment le jeune élève du collège de Poligny aurait-il négligé de pénétrer les causes de cette grande révolution politique et sociale qui avait fait des serfs du mont Jura des hommes libres, que son père avait défendue contre les soldats de la coalition et à laquelle il restait inébranlablement attaché? Le respect du droit, l'amour raisonné et profond de la République, voilà les forces qui ont soutenu M. Jules Grévy dans toute sa carrière. Elles ont fait l'admirable unité de sa vie.

Tel il était, lorsque, jeune avocat, il défendait devant la Cour des pairs deux citoyens accusés d'avoir pris part à l'insurrection du 12 mai 1839, tel on le retrouve après 1848, à l'Assemblée constituante et à l'Assemblée législative; en 1868, au Corps législatif impérial; en 1871, à l'Assemblée nationale; en 1876 et en 1877, à la Chambre des députés; en 1879 enfin, à la présidence de la République.

---

1. Clément Laurier, *Revue politique et littéraire* du 1er août 1868.

II

M. Jules Grévy a conquis un des rangs les plus distingués du barreau de Paris. Il a été placé par ses confrères à la tête de l'Ordre, et il est un des bâtonniers dont le souvenir reste vivant au Palais.

Inscrit au tableau de l'Ordre des avocats en 1837, il a défendu, en 1839 et en 1840, devant la Cour des pairs, Philippet et Quigniot, poursuivis pour participation à l'insurrection du 12 mai. Il a plaidé ensuite quelques affaires politiques et d'assises. Mais ce sont surtout les procès civils qui ont établi sa réputation de savant jurisconsulte et de puissant logicien.

Nul n'exerça avec plus de simplicité et de dignité la noble profession d'avocat. Il était d'un absolu désintéressement [1]. Il ne se montrait jamais aussi heureux que lorsqu'il avait pu concilier un procès. Personne n'étudiait ses dossiers avec plus de soin et ne savait mieux tirer parti des moindres incidents de la cause. Oublieux de lui-même, il ne se préoccupait que de défendre les intérêts qui lui étaient confiés. Aussi, à l'exception d'un ou de deux, ses plaidoyers n'ont-ils pas été recueillis par la sténographie. Ceux qui demeurent nous portent à regretter les pages qui sont à jamais perdues pour nous.

Ce n'est pas du premier coup que Mᵉ Grévy est arrivé à la célébrité. Après le 2 décembre 1851, les clients se sont éloignés de lui, persuadés que la magistrature ne pouvait voir d'un œil favorable l'avocat qui portait le deuil de la liberté. Mais cette impression ne fut pas de longue durée,

---

1. *Revue politique et littéraire* du 1ᵉʳ août 1868.

et bientôt Mᵉ Grévy prit place parmi les illustrations du barreau.

Un de ses confrères a tracé de lui un portrait à la plume qui est bien ressemblant. « Il plaide, a-t-il dit, avec une simplicité extraordinaire, sans faste, presque sans bruit, comme un homme qui ne s'attache qu'au raisonnement et ne fait aucun cas du reste. Il parle d'une voix claire, nette, peut-être un peu molle, contraste singulier avec le nerf de sa dialectique; mais sous cette parole négligée et comme flottante, on sent bien vite une argumentation de premier ordre [1]. »

En 1864, il plaida devant la cour d'appel de Paris pour M. Dréo, impliqué dans le procès dit des Treize, et déjà condamné par le tribunal correctionnel de la Seine. Son plaidoyer, un des plus vigoureux et des plus éloquents qui aient été prononcés dans cette cause, qui était celle de la liberté même des élections, excita l'admiration des grands avocats qui s'appelaient Berryer et Dufaure.

Mᵉ Grévy était depuis 1862 membre du conseil de l'Ordre. Le 4 août 1868, il fut élu bâtonnier par le conseil de l'Ordre, dans lequel siégeaient à côté de lui les avocats dont les noms suivent : MM. Berryer, Allou, Dufaure, Marie, Jules Favre, Rousse, Colmet d'Aage, Leblond, Bétolaud, Victor Lefranc, Le Berquier, Hébert, Plocque, Lacan, Léon Duval, Arago, Templier, Cresson, Dupuich, Ernest Picard.

A peine venait-il de prendre les fonctions de bâtonnier qu'il eut à rendre, au nom de l'Ordre, les derniers devoirs à M. Berryer. Le discours qu'il prononça sur la tombe de l'illustre avocat a été souvent cité comme un modèle du genre. En voici quelques extraits :

Les voûtes du Palais retentissent encore des frémissements d'admiration qui suivaient ses triomphes. Soit que, défendant

---

1. *Revue politique et littéraire* du 1ᵉʳ août 1868.

INTRODUCTION.

Dehors, arraché trois fois à l'échafaud, il termine par une exclamation foudroyante cette victorieuse récapitulation restée si célèbre ; soit que, accusant Laroncière, il brise par un mouvement impétueux l'artificieux réseau dans lequel un habile adversaire s'efforçait de l'enlacer, ou qu'avec un cri déchirant, il montre impassible à ses pieds ce vieillard que la douleur avait anéanti ; soit que, dans son plaidoyer pour M. de Chateaubriand, il évoque les grandeurs de la vieille monarchie française, et que, la main tendue vers la Sainte-Chapelle, il place la royauté proscrite sous la protection du Dieu de saint Louis ; soit que, dans le procès du prince Louis-Napoléon devant la Cour des pairs, mettant ses juges sous le regard du Dieu qui sonde les cœurs, il leur octroie audacieusement le droit de condamner le Prétendant vaincu, s'ils peuvent jurer que, vainqueur, ils ne l'eussent point servi..., partout il subjugue, il transporte ses auditeurs par la véhémence de son action et par ces traits de feu qui sont la manifestation sublime du génie de l'éloquence...

Les discours que M. Grévy a prononcés, comme bâtonnier de l'Ordre des avocats, le 26 décembre 1868 et le 8 janvier 1870, à l'ouverture de la conférence, sont des plus remarquables. Le premier est relatif à l'institution de l'Ordre des avocats, le second est le tableau comparé de l'éloquence judiciaire ancienne et moderne. Dans la querelle des anciens et des modernes, M. Grévy a opiné contre les anciens pour les modernes. L'éloquence ancienne, dont Cicéron et Quintilien ont tracé les règles, a brillé d'un vif éclat. Mais notre société a d'autres exigences. Les mœurs judiciaires de notre temps ne sont plus les mêmes que celles d'autrefois. La langue oratoire a également subi de grands changements. On rit au théâtre des périodes de Petit-Jean des *Plaideurs*, on en riait déjà au xviie siècle ; mais il n'est pas moins vrai que les avocats, comme les médecins de l'époque, avaient quelques-uns des ridicules que Racine et Molière ont transportés sur la scène. C'était le bon temps du bavardage et de l'emphase. L'exorde était interminable, le discours, composé d'après les préceptes d'Aristote, et la péroraison visait au sublime ou au pathétique. On appelait cela déployer les « maîtresses voiles de l'éloquence ». La Bruyère s'est moqué de ce travers fort agréablement. « Il y a moins d'un siècle, dit-il, qu'un livre françois étoit un certain nombre de pages latines où l'on découvroit quelques lignes ou quelques mots en notre langue. Les passages, les traits et les citations n'en étoient pas demeurés là. Ovide et Catulle achevoient de décider des mariages et des testaments, et venoient avec les *Pandectes* au secours de la veuve et des pupilles. » Au xviiie siècle, la plaidoirie fut plus vive et plus leste. Pas trop cependant, car Grimm écrivait à cette époque : « L'éloquence des avocats n'est pas assez estimée en France pour obtenir les honneurs académiques. Ces messieurs ne savent pas assez, suivant l'observation de M. de Voltaire, combien l'adjectif peut affaiblir le substantif, bien qu'il s'y rapporte en cas, en nombre et en genre. »

M. Grévy a déconseillé à ses jeunes confrères d'imiter les Grecs et les Romains et les avocats du temps passé. Après avoir montré ce qu'était anciennement l'éloquence judiciaire : « Avec moins de pompe et d'artifice, a-t-il ajouté, la défense judiciaire est aujourd'hui plus naturelle et plus vraie, plus substantielle et plus exacte; elle est plus dans les choses que dans les mots, dans la discussion que dans la déclamation; elle est le fruit plus sain de l'esprit plus mûr des peuples modernes.

« Sa forme est l'improvisation. L'orateur qui n'a travaillé que sur les idées se confie pour l'expression à la fortune du moment; selon un mot heureux, il sait ce qu'il va dire, il ne sait pas comment il le dira. Libre de toute entrave, dégagé de toute forme convenue, il s'abandonne à son inspiration, il est lui-même. Il prend le ton naturel de la conversation qui se prête à tout sans effort, s'élève et s'abaisse, se diversifie avec les sujets et laisse à chacun son originalité. C'est par l'improvisation que l'orateur va droit à ses auditeurs, qu'il entre en communication avec eux, qu'il s'en empare, qu'il agit sur eux, qu'ils réagissent sur lui et que, par cet échange continuel d'impressions, il les met de moitié dans son discours et les entraîne à son but. »

Aussi M. Grévy insistait-il sur l'importance de la réplique qui, seule, « place les raisons en présence, qui les oppose les unes aux autres et les met en quelque sorte aux prises ». Ces observations sont fort justes, et la méthode indiquée par M. Grévy est excellente. Mais elle se recommande davantage aux avocats rompus à la plaidoirie qu'aux jeunes gens qui sont à leurs débuts. Ceux-ci, pour se former au langage oratoire, ont besoin non seulement de savoir ce qu'ils vont dire, mais comment ils le diront. On les doit tenir en garde contre les dangers de l'improvisation, autrement ils prendraient l'habitude d'un langage décousu et incorrect. Ce n'est que plus tard qu'ils pourront laisser de côté les lisières et imiter les cavaliers qui dédaignent la selle et les étriers.

Un des plus grands orateurs de notre temps, qui a illustré tout à la fois la barre et la tribune, Jules Favre, agissait différemment. Il improvisait très facilement, et néanmoins il s'imposait la tâche d'écrire ses plaidoiries. C'est qu'il avait le culte de la forme. Lors de ses débuts au barreau, et bien longtemps après, il allait jusqu'à faire deux ou trois versions de sa plaidoirie. C'est ainsi qu'il est arrivé à cette pureté de langage qui fait le charme de ses discours.

M. Jules Grévy n'a pas eu au même degré le culte de la forme. Mais s'il n'a pas écrit ses discours, il a toujours réfléchi au discours qu'il allait prononcer, et cette méditation a porté à la fois sur la forme et sur le fond. C'est ainsi qu'il s'est fait redouter pour la vigueur de sa dialectique dans ce barreau où figuraient Berryer et Jules Favre, Crémieux et Dufaure.

Choisi, en 1871, comme Président de l'Assemblée nationale, il n'avait point pour cela délaissé sa robe d'avocat. On apprit un jour qu'il venait de quitter Versailles pour aller plaider dans l'Ouest une affaire civile. Il aimait à se rencontrer avec ses confrères dans les réunions annuelles du barreau, et ses confrères avaient soin d'inscrire son nom parmi ceux des membres du conseil de l'Ordre. Il en a été ainsi jusqu'au jour de l'élévation de M. Jules Grévy à la Présidence de la République.

Élu, le 30 janvier 1879, Président de la République française, M. Grévy reçut, le 7 février, au palais de l'Élysée, la visite du conseil de l'Ordre des avocats. Ce n'est pas sans un serrement de cœur qu'il prit congé de ses éminents confrères. Ses fonctions de chef de l'État l'empêchaient de faire partie désormais de ce barreau de Paris où il avait soutenu ses premières luttes et qui, naguère, l'avait placé à sa tête.

III

M. Jules Grévy a apporté dans la vie politique les habitudes d'investigation et de travail qu'il avait au barreau. L'auteur des *Caractères* donne ce conseil aux ministres et aux gens en place : « Ayez de la vertu et de l'humanité, et si vous me dites : qu'aurons-nous de plus ? je vous répondrai : de l'humanité et de la vertu. » De l'humanité, M. Jules Grévy en a eu toujours, et de la vertu aussi. Il l'a bien prouvé en 1848, dans son administration du département du Jura.

Nommé, après la révolution du 24 février 1848, par le Gouvernement provisoire, commissaire général de la Répu-

INTRODUCTION. xv

blique dans le département du Jura, son pays natal, il arriva à Lons-le-Saulnier le 5 mars. Deux jours après, il publia la proclamation suivante :

Mes chers concitoyens,

Dans la longue lutte de l'égalité contre le privilège, dans le long enfantement du gouvernement démocratique, il est échu à notre génération un grand honneur et une grande tâche; il lui était réservé de porter à la monarchie le dernier coup, et d'élever sur les débris du trône la Constitution de la République.

Le temps de la démocratie est venu. Ni l'empire avec son génie et sa gloire, ni la légitimité avec son prestige et son point d'appui sur les trônes voisins, ni la royauté élue avec son machiavélisme et sa démoralisation, n'ont pu l'arrêter dans sa marche. Un demi-siècle lui a suffi pour briser dans ses dernières transformations cette institution vermoulue, et rallier, par cette décisive expérience, les traînards de la République.

Le sol est déblayé; il nous reste à réédifier. Ce serait peu d'avoir inauguré la République, si nous ne savions la constituer sur ses fondements nécessaires. Sous ce nom, l'esprit réactionnaire peut relever et replâtrer encore le système écroulé: les beaux noms n'ont jamais manqué aux mauvaises choses. Evitons cet écueil; ne recommençons pas 1830! Prenons garde d'employer à la construction de l'édifice nouveau les ouvriers et les matériaux de l'ancien. Que la future Constitution consacre toutes les libertés; qu'elle réalise l'égalité politique et sociale; qu'elle organise le travail, régénère l'agriculture, instruise le peuple, l'appelle au partage des bienfaits de la civilisation, et fasse de tous les hommes des frères! Citoyens, que vos représentants soient animés de ces sentiments! Le salut de la République est à ce prix.

C'est pour travailler avec vous à cette grande œuvre, c'est pour développer de plus en plus l'esprit démocratique, échauffer, diriger votre patriotisme, et prendre, pendant l'interrègne des pouvoirs réguliers, l'administration de ce département, que la confiance du Gouvernement provisoire m'a enlevé momentanément à mes obscurs travaux et envoyé parmi vous.

Vous faire connaître ma mission, c'est vous exposer mon programme. J'apporte ici l'esprit de cette magnanime Révolution dont je suis l'envoyé. Point de recherche du passé, point de réaction, mais aussi point de faiblesse; respect des personnes, des propriétés, des croyances, des positions justement acquises, mais, en même temps, attribution exclusive de toutes les fonctions politiques aux républicains éprouvés, et de la part de tous les agents de l'administration, concours loyal, énergique.

Réunissons-nous donc, mes chers concitoyens, dans une pensée, dans une action commune. Que les vieilles divisions s'éteignent, que les mesquines rivalités se taisent ; mettons en commun nos patriotiques efforts, et que le département du Jura, en envoyant à l'Assemblée nationale l'élite de ses enfants, par le républicanisme, le dévouement, les lumières, prenne une digne part à la grande œuvre qui va s'élever.

Lons-le-Saunier, le 7 mars 1848.

Le Commissaire général du Gouvernement,

Signé : JULES GRÉVY.

Sa conduite ne démentit point ces fermes et loyales paroles. Au milieu de l'effervescence des esprits, il sut rester calme et impassible. Il ferma l'oreille aux dénonciations et aux sollicitations, empêcha la désorganisation des services administratifs, et ne frappa aucun fonctionnaire en dehors de l'ordre politique [1]. « Je ne veux pas que la République fasse peur, » disait-il souvent. Il montra dans l'exercice de ses fonctions une modération, une prudence et une énergie dont les populations du Jura ont gardé le souvenir.

Voici les principaux passages de la circulaire qu'il adressa, à cette époque, aux maires du département, et qui témoigne de son esprit de tolérance et de justice :

J'ai appris avec peine que, sur quelques points du département, des desservants ont été en butte à des violences regrettables, et que

---

[1]. Un écrivain peu suspect de partialité pour le parti républicain rend pleinement justice à cet égard à M. Jules Grévy. Voir l'*Histoire de la révolution de février dans le Jura*, dans l'*Annuaire du Jura* de 1849 (impr. Gauthier), p. 258, 260-261, 275-277.

des établissements religieux ont été inquiétés et menacés par des rassemblements.

De pareils actes sont une violation complète de la liberté des cultes. Ils ne sauraient être tolérés. La République accorde une égale protection à tous les citoyens.

Il importe que vous preniez les mesures nécessaires pour maintenir dans vos communes le respect dû aux curés et desservants, ainsi qu'à tous les établissements et édifices religieux. Toutes plaintes, toutes réclamations les concernant doivent être adressées à l'autorité compétente, à qui seule il appartient d'y faire droit.

Mais, précisément à cause de la conscience qu'il apportait dans l'exercice de ses fonctions, M. Grévy fut dénoncé au Gouvernement provisoire comme un républicain tiède, prêt à pactiser avec les ennemis de la démocratie. M. Ledru-Rollin eut le tort d'accueillir cette absurde dénonciation. Il envoya dans le Jura un second représentant du Gouvernement, connu pour l'exaltation de ses idées, M. Commissaire. Mais ce dernier ne tarda pas à reconnaître la sagesse des mesures prises par son collègue [1].

Au mois d'avril, lorsque les électeurs furent convoqués pour procéder à la nomination de l'Assemblée constituante, les deux représentants du Gouvernement adressèrent aux populations du Jura la proclamation suivante, qui fut tout entière l'œuvre de M. Jules Grévy :

Electeurs,

Le jour approche où vous allez accomplir le grand acte de souveraineté auquel vous vous préparez depuis deux mois.

Tout ce qui vous a été dit, tout ce qui pourra vous être dit encore sur le choix de vos représentants se résume en ceci : Prenez les républicains les plus éprouvés, les plus dévoués, les plus éclairés ; — les plus éprouvés, car comment la République pourrait-elle compter sur ces convictions changeantes que font et défont les

---

1. *Histoire de la révolution de février dans le Jura, dans l'Annuaire du Jura* de 1849, p. 277-278.

événements? elles ne peuvent compter sur elles-mêmes ; — les plus dévoués, car, au milieu des épreuves qui nous attendent, la République ne peut être fondée que par des hommes décidés à lui sacrifier leurs intérêts, leur repos, leur vie ; — les plus éclairés, car les questions qui se dressent devant nous sont les plus ardues, les plus grandes que puissent agiter des hommes assemblés.

Arrière donc toute autre préoccupation dans le choix de vos mandataires ! Arrière toute mesquine considération de personne ou de localité ! Ne votez pas pour un arrondissement, votez pour la France. Prenez les plus dignes, partout où vous les trouverez. Montrez que vous êtes à la hauteur du droit que vous exercez.

Ce premier de vos droits est en même temps le premier de vos devoirs. Il s'agit de l'avenir de la France ; les élections vont en décider. Quel est le citoyen digne de ce titre qui voudra manquer à l'appel ! L'indifférence serait un crime envers la patrie.

Electeurs du Jura, conservons à notre département son vieux renom de patriotisme, envoyons à l'Assemblée une représentation digne de lui.

Lons-le-Saulnier, le 17 avril 1848.

Les Commissaires du Gouvernement,

Signé : JULES GRÉVY, ANT. COMMISSAIRE.

Porté sur deux listes de candidats, M. Jules Grévy n'adressa pas de profession de foi à ses concitoyens.

Les élections du Jura furent entièrement libres, ainsi que M. Grévy put le déclarer avec fierté, vingt-deux ans plus tard, au Corps législatif de l'Empire, en réponse à une attaque inconsidérée de M. Dugué de la Fauconnerie.

Au vote des 23 et 24 avril 1848, M. Grévy fut élu le premier des représentants du Jura, par 65.150 suffrages.

Le journal *la Sentinelle du Jura*, peu favorable à l'idée républicaine, publia, à l'occasion de cette élection, un article ainsi conçu :

En tête de la liste de nos représentants, marche, escorté de 63,150 suffrages, notre compatriote M. Jules Grévy, commissaire du Gouvernement provisoire. Le Jura devait cette preuve de reconnaissance et d'estime à l'honorable citoyen qui, revêtu de pouvoirs illimités, n'en a fait usage que pour maintenir parmi nous la liberté, l'ordre et la paix. On nous dit, et la chose ne nous paraît pas impossible, quoique nous ne la donnions point pour certaine, que deux fois il a été dénoncé comme coupable de modérantisme; malgré cela, il n'a changé ni de manière de voir ni de façon d'agir. Venu chez nous avec quelques préventions peut-être, assailli dès le soir même de son arrivée par un petit nombre d'hommes aux convictions fortes et loyales, nous n'en doutons nullement, mais qui entendaient tirer d'un principe des conséquences qu'il ne contient pas, il n'a pas tardé à reconnaître, à apprécier l'excellent esprit qui régnait dans notre département, et à fermer l'oreille aux suggestions des exagérés qui croyaient trouver en lui un apôtre de leurs doctrines et un propagateur de leurs idées. Il a sagement laissé les partis se débattre entre eux, en veillant toutefois à ce que leurs démêlés ne causassent aucun trouble dans les localités confiées à son administration temporaire, et il est résulté de cette conduite, pleine d'autant de patriotisme que de prudence, que la tranquillité n'a pas été troublée un seul instant chez nous, et que nos élections sont réellement l'expression de nos sympathies et de notre volonté.

IV

M. Grévy parut pour la première fois à la tribune de l'Assemblée constituante le 21 juin 1848, dans la discussion du projet de décret relatif à l'impôt des boissons. Lors des journées de Juin, il combattit vigoureusement, dans la réunion des bureaux, la proposition concernant la mise de Paris en état de siège. Daniel Stern, qui relate cette discussion, dit, en parlant de M. Grévy : « C'était un esprit ferme et tempéré, à qui l'amour du bien et l'habitude des choses honnêtes traçaient toujours, sans qu'il eût besoin d'efforts, la ligne la plus droite. Sa parole était grave, lucide; il possédait cette logique invincible de la sincérité qui gagne tous les bons esprits... Il parut constamment, au sein de l'Assemblée, comme une expression modeste de sa meilleure conscience, comme un exemple parfait de l'esprit parlementaire appliqué dans toute sa sincérité à l'affermissement et à l'extension des institutions démocratiques[1]. »

Il apporta les mêmes préoccupations, le 25 août, dans la discussion de la demande en autorisation de poursuites contre MM. Louis Blanc et Caussidière. Il combattit avec beaucoup de force la demande de poursuites. Quelque temps après, il s'opposa à l'abrogation du décret du 9 mars 1848, qui avait suspendu l'effet de la contrainte par corps. Il termina sa démonstration par les paroles suivantes :

> Messieurs, j'ai examiné la contrainte par corps dans son principe; j'ai trouvé qu'elle est incompatible avec les principes de notre droit public; qu'elle outrage les lois de la morale, de l'humanité; je l'ai examinée dans ses effets, j'ai trouvé qu'elle était inutile au commerce, qu'elle ne sert qu'à faciliter l'usure, les trafics honteux, la fraude, le déréglement; qu'elle est funeste au débiteur, à sa famille, à la société; j'ai montré, enfin, que la législation spéciale qu'on veut nous rendre est un ramassis informe de dispositions vicieuses.
>
> La contrainte par corps est un vieux débris des législations barbares ; c'est le dernier vestige du droit de propriété de l'homme sur l'homme ; il appartenait à la révolution de Février de le faire disparaître ; il ne convient pas à l'Assemblée nationale de le restaurer.

L'intervention de M. Grévy dans la discussion de la Constitution fut un événement mémorable. L'amendement qu'il proposa à l'article qui décidait que le Président de la République serait nommé par le suffrage universel était une mesure de haute prévoyance qui, si elle eût été adoptée, eût garanti la République des entreprises du césarisme. Le dis-

---

1. Daniel Stern, *Histoire de la Révolution de* 1848, Paris, 1850-1853, 3 vol. in-8°, t. III, p. 204.

cours qu'il prononça à cette occasion, dans la séance du 6 octobre 1848, est admirable de raison et de sagesse politique.

Oubliez-vous, s'écria-t-il, que ce sont les électeurs de l'an X qui ont donné à Bonaparte la force de relever le trône et de s'y asseoir ? Voilà le pouvoir que vous élevez. Et vous dites que vous voulez fonder une République démocratique? Que feriez-vous de plus si vous vouliez, sous un nom différent, restaurer la monarchie ? Un semblable pouvoir, conféré à un seul, quelque nom qu'on lui donne, roi ou président, est un pouvoir monarchique; et celui que vous élevez est plus considérable que celui qui a été renversé.

Il est vrai que ce pouvoir, au lieu d'être héréditaire, sera temporaire et électif; mais il n'en sera que plus dangereux pour la liberté.

Êtes-vous bien sûrs que dans cette série de personnages qui se succéderont tous les quatre ans au trône de la présidence, il n'y aura que de purs républicains empressés d'en descendre ? Êtes-vous sûrs qu'il ne se trouvera jamais un ambitieux tenté de s'y perpétuer? Et si cet ambitieux est un homme qui a su se rendre populaire, si c'est un général victorieux, entouré de ce prestige de la gloire militaire auquel les Français ne savent pas résister; si c'est le rejeton d'une des familles qui ont régné sur la France, et s'il n'a jamais renoncé expressément à ce qu'il appelle ses droits; si le commerce languit, si le peuple souffre, s'il est dans un de ces moments de crise où la misère et la déception le livrent à ceux qui cachent sous des promesses des projets contre sa liberté, répondez-vous que cet ambitieux ne parviendra pas à renverser la République?

Pourquoi l'Assemblée constituante n'a-t-elle pas écouté les conseils de ce ferme républicain qui faisait un si pressant appel à sa prudence et à son patriotisme? L'établissement de février n'eût pas été renversé à la suite d'un sanglant guet-apens. Nous n'aurions pas eu l'empire, nous n'aurions subi ni l'invasion ni le démembrement de la patrie !

A partir de ce moment, l'autorité de M. Jules Grévy grandit de jour en jour à l'Assemblée constituante. Dans le discours qu'il prononce, le 28 octobre 1848, sur le projet de décret relatif à l'élection du Président de la République, on trouve quelques-uns des arguments qu'il devait opposer plus tard à la proposition Rateau :

> Vous tenez votre mandat du peuple, dit-il à l'Assemblée; il est sacré pour vous; vous devez le respecter et l'exécuter jusqu'au bout. Quand votre mission sera accomplie, vous vous retirerez; mais jusque-là vous n'avez pas le droit de la modifier.

Son rapport et son discours sur le projet de loi relatif à l'application de l'impôt des mutations aux biens de mainmorte sont des modèles de discussion concise et élevée. Ce fut lui que le comité de justice chargea de rédiger le rapport relatif à la proposition de M. Rateau, tendant à la séparation de l'Assemblée constituante et à l'élection d'une Assemblée législative. Après avoir indiqué les raisons qui s'opposaient à ce que l'Assemblée se séparât :

> Ce serait, ajouta-t-il, le premier exemple d'une grande Assemblée qui, appelée à l'insigne honneur de donner à un peuple affranchi des institutions républicaines, se troublant aux clameurs des vieux ennemis de la liberté, abandonnerait son œuvre inachevée et violerait elle-même la Constitution sortie de ses mains.
>
> Quel respect pourrait inspirer à ses ennemis cette Constitution déchirée par les mains qui l'ont faite? Quelle pourrait être sa force? Quelle serait sa durée? Et cette Assemblée, chargée des destinées d'une révolution si glorieuse, cette Assemblée dont la mission était si grande, et dont la fin le serait si peu, quel jugement lui serait réservé?

Malgré les nombreuses marques d'approbation qu'il recueillit, l'Assemblée rejeta, à une majorité de quatre voix, les conclusions du lumineux rapport de M. Grévy. La proposition de M. Rateau fut renvoyée à une nouvelle commission, qui la repoussa, et choisit, elle aussi, M. Grévy pour son rapporteur. M. Grévy s'éleva en termes éloquents contre le pétitionnement à l'aide duquel on avait voulu obtenir la séparation de l'Assemblée :

INTRODUCTION.

> La question es plus élevée: elle touche au principe même de l'autorité et aux conditions nécessaires de l'ordre. Il s'agit de savoir si un nombre quelconque d'individus, parlant au nom du peuple, ont le droit de violenter les pouvoirs issus du suffrage universel et de s'arroger l'exercice de la souveraineté. (*C'est cela ! — Très bien ! Très bien !*) Il s'agit de savoir si l'Assemblée constituante sanctionnera un semblable précédent.
>
> Qu'elle y prenne garde! Le jour où de pareilles manifestations seraient subies, le jour où elles prendraient racine dans les mœurs, c'en serait fait de l'autorité en France.

Et il termina par ces mots :

> C'est le sort de toutes les Assemblées constituantes d'être harcelées dans leur œuvre par les intérêts et les passions qu'elles mécontentent. On sait avec quelle violence la première Constituante fut attaquée dans les derniers mois de son existence. On lui contestait aussi ses pouvoirs, et ni les articles de journaux, ni les pétitions ne lui manquèrent. Que fussent devenus et les grands travaux et le grand nom qu'elle a laissés, si, se troublant à ces attaques, elle se fût abandonnée elle-même?
>
> Que l'Assemblée actuelle ne s'abandonne pas non plus; le pays et l'histoire lui en tiendront compte.
>
> Votre commission conclut au rejet de toutes les propositions.

Bien que la lecture de ce rapport eût produit une profonde impression sur l'Assemblée, et que les dernières paroles du rapporteur eussent été accueillies par des bravos répétés, l'Assemblée, intimidée par la démonstration militaire du 29 janvier 1849, rejeta les conclusions de la commission et adopta la proposition de M. Lanjuinais, qui avait été substituée à la proposition de M. Rateau. Ce vote équivalait à un suicide.

Déjà M. Grévy avait été élu, le 9 décembre 1848, membre de la commission chargée d'exercer les pouvoirs du conseil d'État. Au mois de mars, il fut élu sixième vice-président de l'Assemblée et conserva ces fonctions jusqu'au dernier jour de la Constituante. Il prit une part importante aux discussions relatives aux affaires d'Italie.

Le ministère présidé par M. Odilon Barrot avait, au mépris des dispositions formelles de la loi du 22 mars 1831, réuni entre les mains du général Changarnier, considéré par les royalistes comme un nouveau Monck, le commandement en chef de la première division militaire et le commandement en chef des gardes nationales de la Seine. Chargé de présenter un rapport sur cette question, M. Grévy s'éleva hautement contre cette sorte de dictature militaire. Il prononça à ce sujet, le 19 mai 1849, un éloquent et prophétique discours, qu'il termina ainsi :

> C'est à l'Assemblée de savoir si elle veut maintenir dans la République d'une manière définitive cette puissance militaire qu'on y a créée, cette espèce de préfecture prétorienne, si cela est compatible avec la liberté et avec l'état des partis en France.
> La commission ne l'a pas pensé.
> L'émeute ne gronde plus dans la rue, ce n'est plus de ce côté qu'est le danger. (*Assentiment à gauche. — Rumeurs et dénégations à droite.*) Le jour des émeutes est passé ; il est évident que les dangers que court la République ne sont plus là...
> A droite. — Si! si!
> A gauche. — Non! non!
> LE CITOYEN RAPPORTEUR. — L'Assemblée, la République ont traversé le temps des émeutes, ce sont les coups d'État qui sont aujourd'hui à craindre.
>
> . . . .
>
> Je le répète, le danger n'est plus dans les émeutes, le danger est dans les coups d'État. (*Vive approbation à gauche. — Aux voix! aux voix!*)

L'Assemblée donna gain de cause à M. Grévy. Elle adopta les conclusions de la commission dont il était l'organe. L'Assemblée constituante se sépara quelques jours après.

Voilà quel a été le rôle joué par le représentant du Jura

à l'Assemblée constituante. Aussi un historien a-t-il pu dire très justement, en parlant de M. Grévy :

> De tous les hommes de 1848, c'est lui... qui a fait constamment preuve du plus remarquable esprit politique, et en même temps de la plus grande sincérité dans ses convictions. Son mérite et sa vertu le désignent pour les premières places, et c'est à cette homme éminent et simple que le peuple, toujours dupe et victime de ceux qui sollicitent bruyamment ses faveurs, devrait, dans le cas où se présenteraient des circonstances graves, confier quelqu'une de ces importantes et délicates missions que ne sollicitent jamais ceux qui en sont vraiment dignes [1].

V

A l'Assemblée législative, M. Grévy fut au premier rang des défenseurs des libertés publiques. Cependant, on put dire de lui : « M. Grévy est un de ces rares orateurs qui ne prennent la parole que lorsqu'ils ont quelque chose à ajouter au fonds commun du patrimoine politique [2]. »

Au lendemain de la manifestation du Conservatoire des arts et métiers, M. Grévy s'opposa à l'état de siège. Après avoir dénoncé les actes arbitraires commis par le Gouvernement et la police, il ajouta :

> Si quelque chose m'étonne, c'est la soumission aveugle et presque générale avec laquelle je vois cette Assemblée se prosterner devant de pareils actes de violence et de force. (*Approbation à gauche. — Murmures à droite.*)
>
> *Une voix à droite.* — Qui est-ce qui a commencé à faire de la violence?

---

1. A. Vermorel, *les Hommes de* 1848, Paris, 1869, 1 vol. in-18, p. 389-390.

2. Edmond Texier, *les Portraits de Kel-Kun*, Paris, 1876, 1 vol. in-18, p. 3.

Le citoyen Grévy. — Je ne comprends pas que les journaux suspendus, je ne comprends pas que les journaux, placés sous cette intimidation qui rappelle la censure, se soumettent à de pareils actes. (*Rumeurs au centre et à droite.*)

Les journaux suspendus peuvent paraître; il n'y a pas un tribunal en France qui puisse les condamner, parce qu'il n'y a pas une loi qui permette de les suspendre. Je le répète, c'est de l'arbitraire, c'est de la violence, ce n'est pas de la légalité. (*Vive approbation à gauche.*)

Il combattit ensuite les demandes de poursuites dirigées contre plusieurs représentants, à l'occasion du 13 juin. Dans la discussion du projet de loi relatif à la presse, présenté par le Gouvernement, il flagella en ces termes le ministère dont M. Odilon Barrot était le chef :

J'ai démontré que le projet est pire que la loi de septembre ; quelle censure plus cruelle pouvais-je en faire ? Que puis-je ajouter ? Tout n'a-t-il pas été dit contre ces lois funestes ? N'ont-elles pas défrayé pendant douze ans l'éloquence des hommes qui sont aujourd'hui assis sur le banc ministériel ? Ils ne nous ont laissé rien à dire ! Et cependant ils ont aujourd'hui le courage de nous apporter un projet qui les laisse bien loin derrière lui !

Ils croient qu'en apportant de pareils projets il suffit de dire que la nécessité des circonstances les réclame.

S'il était vrai qu'il fallût, pour gouverner aujourd'hui la France, faire ce que vous avez tant reproché au gouvernement que vous avez combattu, démentir tous vos discours, fouler aux pieds toutes vos doctrines, vous deviez laisser à d'autres cette triste tâche (*Vive approbation à gauche*), et ne pas donner une fois de plus à la France le spectacle affligeant d'hommes politiques désertant au pouvoir les principes qu'ils ont arborés dans l'opposition. (*Très bien !*)

Et il termina par ces paroles qui provoquèrent de violentes interruptions :

Depuis trente ans, toujours le même spectacle : les hommes politiques changeant de langage et de conduite en changeant de position ; répudiant en entrant au pouvoir leurs doctrines, leurs principes, leurs promesses; se faisant jeter chaque jour à la face leurs discours d'autrefois. Et vous demandez pourquoi l'esprit public s'éteint, pourquoi le peuple n'a foi ni dans les hommes ni dans les principes, pourquoi le scepticisme et le découragement le gagnent! Quelle vertu civique résisterait à ce spectacle démoralisant?

Oui, dans ma conviction profonde, c'est au gouvernement monarchique, c'est à ce gouvernement égoïste, sans entrailles pour le peuple... (*Rumeurs et dénégations à droite et au centre.*)

... LE CITOYEN GRÉVY. — Je dis que c'est à ce gouvernement d'intrigues parlementaires, à ce gouvernement sans principes, que remontent l'origine et la cause du mal qui travaille la société.

Le 27 juillet 1849, M. Grévy est de nouveau à la tribune. Il combat l'article du projet de loi sur la presse relatif au cautionnement des journaux, dans un discours très étendu dont il résume lui-même en ces termes les arguments :

Voilà mes griefs contre le cautionnement: je lui reproche d'être un cens pécuniaire imposé à l'écrivain; je lui reproche d'être une mesure préventive et une loi d'exception, je reproche à l'organisation dont le cautionnement est la base d'aboutir fatalement à un système de répression injuste, immoral et inefficace. Je reproche à cette organisation de faire dégénérer la presse, institution essentiellement politique, en une spéculation industrielle; je lui reproche de concentrer dans un petit nombre de journaux les forces de la presse, et de laisser ces journaux s'élever dans l'État comme des puissances, au grand danger de la République et de la société.

Telles sont les raisons pour lesquelles je voterai contre l'article qui est en discussion.

Le 9 août 1849, M. Grévy s'élève contre le projet de loi relatif à l'état de siège. « Votre loi, dit-il en terminant son discours, est une dictature militaire établie au mépris de la Constitution et de toutes les garanties qu'elle consacre. Cette dictature est la suspension de la Constitution, et vous n'avez pas plus le droit de la suspendre que de la changer. Voilà les raisons pour lesquelles je repousse de toutes mes forces le projet de loi. »

A l'Assemblée législative, M. Grévy prit part encore à

deux discussions politiques importantes : le 25 mai 1850, à la discussion du projet de loi électorale destiné à devenir la funeste loi du 31 mai; et, le 15 juillet 1851, à la discussion relative à la revision de la Constitution. Atteint ce jour-là d'une subite indisposition, il dut interrompre son discours, un des plus éloquents que l'Assemblée ait entendus dans ce grave débat.

Mais les questions d'ordre économique lui étaient aussi familières que celles concernant la législation et la politique. A l'Assemblée constituante, son premier discours avait été consacré à combattre l'impôt sur les boissons; plus tard, dans la discussion du budget, il avait fait maintenir, malgré les efforts de la commission et l'attitude peu courageuse du ministre des finances, M. Hippolyte Passy, le crédit relatif à l'inspection des forêts. La discussion du projet de loi relatif aux boissons l'amena à la tribune, le 14 décembre 1849, et il prononça un très important et très éloquent discours.

> Je dis, s'écria-t-il, que lorsqu'un peuple réclame avec tant de force et de persistance, depuis bientôt un demi-siècle, l'abolition d'un impôt, lorsqu'il l'a pris en telle aversion, cet impôt, fût-il le meilleur du monde, il faut qu'il disparaisse. (*Assentiment à gauche. — Nouvelles exclamations à droite.*) Je ne connais pas de considérations qui puissent le faire maintenir. Il est profondément impolitique, il est souverainement imprudent de faire violence au sentiment populaire; on ne lui résiste pas impunément. Combien faut-il de révolutions pour vous l'apprendre ? Lorsqu'un impôt est ainsi condamné, pour tout homme politique qui ne croit pas que gouverner c'est résister, il ne reste qu'une chose à faire : c'est d'exécuter la sentence du peuple. (*Approbation à gauche. — Réclamations à droite.*)

Puis il démontra que cet impôt résumait en lui tous les vices que pouvait avoir un impôt : qu'il était inique dans sa répartition, odieux et intolérable dans son mode de perception, inhumain dans son principe, et désastreux dans ses conséquences.

Mais c'est surtout dans les discussions relatives aux concessions de lignes de chemins de fer, qui eurent lieu, en 1850, à l'Assemblée législative, que M. Grévy se montra orateur d'affaires consommé en même temps que prévoyant politique.

Le 8 avril 1850, dans la discussion du projet de loi relatif au chemin de fer de Paris à Avignon, défendant un amendement qui avait pour principe l'exécution par l'État, il prononça ces graves paroles :

L'aliénation de tous les chemins de fer pour quatre-vingt-dix-neuf ans, et la garantie de l'État mise à la discrétion de toutes les compagnies, voilà la voie dans laquelle on vous pousse, et où vous allez engager l'avenir et les finances du pays, si vous adoptez le projet de loi. (*Très bien!*)

L'aliénation pour un siècle de toutes les grandes voies de communication! M. le ministre des travaux publics y a-t-il bien songé? Oublie-t-il que les grandes voies de communication sont un instrument nécessaire de gouvernement, un des premiers besoins, une des plus grandes forces de l'autorité publique? Oublie-t-il qu'il est indispensable que le gouvernement puisse en disposer arbitrairement, et dans les temps de guerre pour les mouvements de troupe, et dans les temps de disette pour le transport gratuit des subsistances, et dans les temps de crise commerciale pour venir en aide à la production par une sage réduction des tarifs?

L'aliénation des chemins de fer pour quatre-vingt-dix-neuf ans! Mais c'est pour quatre-vingt-dix-neuf ans l'immobilité des tarifs, c'est à dire l'immobilité du prix des transports, ce facteur si important de tous les produits ; c'est l'immobilité de l'industrie et du commerce.

Ce que nous voulons, c'est que les tarifs puissent s'abaisser avec le temps ; et ce que vous voulez, vous, c'est qu'ils restent immobiles au profit des compagnies.

En vain le temps, dans sa marche, aura amené à cette industrie naissante des chemins de fer les perfectionnements et les économies ; en vain il aura supprimé peut-être la dépense du combustible, tandis qu'autour de nous les peuples voisins jouiront de ces réformes et que leur commerce en profitera pour prendre un nouvel essor, le commerce français restera enchaîné à des tarifs immobiles, et le peuple sera déshérité pendant un siècle du fruit des progrès accomplis...

A gauche. — Très bien! très bien!

Au banc de la commission. — Et en Angleterre, les concessions à perpétuité!

M. Grévy. — ...Parce que l'État aura été assez imprudent pour livrer les chemins de fer à l'intérêt privé, c'est-à-dire à un intérêt égoïste, étroit, que rien ne pourra vaincre dans sa résistance, ni la concurrence impossible entre des voies de communication qui aboutissent à des points différents et qui d'ailleurs tendent à se concentrer dans les mêmes mains, ni la revision des tarifs que, seul en Europe, le gouvernement français a eu l'impardonnable prévoyance de ne pas se réserver.

Il combattit avec une égale vigueur les projets de loi concernant les lignes de Tours à Nantes et d'Orléans à Bordeaux. Dans le discours « remarquable par la puissance de sa dialectique et par la netteté de son argumentation[1] » qu'il prononça contre le projet du Gouvernement, il reprit, en se plaçant plus spécialement au point de vue des finances de l'État, les arguments qu'il avait déjà opposés aux concessions séculaires. Il s'exprima ainsi :

Le second intérêt que j'ai à opposer à la mesure que je combats, c'est l'intérêt financier de notre pays.

Porter à un siècle la durée de toutes les concessions, a-t-on calculé quelle est, au point de vue de nos finances, la conséquence d'une semblable mesure? Eh quoi! nous avons des finances obérées, nous sommes écrasés sous le poids d'une dette énorme, l'avenir est alarmant.

Eh bien, nous avons là une ressource qui peut être considérable, une ressource incontestable, la ressource des chemins de fer; car lorsque les concessions seront expirées, les chemins de fer revien-

---

1. Alfred Picard, *les Chemins de fer français*, Paris, 1884-1885, 6 vol. in-8°, t. 1er, p. 691.

dront aux mains de l'État qui les exploitera ou par lui-même ou par des fermiers, et qui bénéficiera des profits; il y a là une ressource immense pour l'avenir, il y a là de quoi faire face à une partie des charges que le présent lègue à l'avenir.

Et vous voulez, sans nécessité aucune, sans compensation, sans réflexion, sacrifier cette ressource précieuse, inconnue, je le répète, pour tout le monde aujourd'hui.

Car, enfin, savons-nous ce que peuvent produire les chemins de fer dans un demi-siècle, dans trente ans, dans vingt ans? Savons-nous quelles sont les économies qu'on peut apporter dans leur exploitation, quels sont les réformes, les changements que le temps et la science peuvent y introduire? Le combustible, peut-être, sera économisé; c'est l'espoir de la science et l'objet de ses efforts. Si ce perfectionnement arrive, les chemins de fer croîtront dans une proportion considérable; ce serait pour la France une immense ressource, vous la sacrifiez. Et pourquoi? Je vous l'ai dit. (*Vive approbation à gauche.*)

Dans toutes ces discussions, M. Grévy fit preuve de la plus grande clairvoyance. Mais l'Assemblée refusa d'écouter les patriotiques avertissements du représentant du Jura.

M. Grévy ne se découragea point. S'il n'avait pas l'espoir de convaincre l'Assemblée, il était sûr que sa voix serait entendue du pays. Nous avons dit qu'il parla contre la revision de la Constitution. Il était encore à la tribune, le 1er décembre 1851, la veille du jour où la tribune fut renversée à la suite d'un des plus grands attentats qu'ait enregistrés l'histoire.

Malgré le discours de M. Michel (de Bourges), M. Grévy vota, comme les représentants républicains qui appartenaient à l'armée, MM. Bruckner, Cavaignac, Charras, Millotte, Tamisier, Valentin, en faveur de la proposition des questeurs.

Au sortir de cette séance, un de ses amis lui demanda ce qui s'était passé au Palais-Bourbon : *Finis Reipublicæ !* répondit-il. Un mois après, le coup d'État du 2 Décembre était accompli.

A la nouvelle de l'attentat, M. Grévy se rendit à la mairie du X⁰ arrondissement. Il fut de ceux qui conseillèrent la résistance, non pas seulement en paroles et sur le papier, mais par des actes. Arrêté avec ses collègues par le général Forey, il fut conduit à Mazas. Pendant qu'il était captif, sa maison servit de refuge au comité de résistance. M. Jules Favre, dans un touchant récit intitulé, *le Paravent* [1], a raconté comment ces vaillants citoyens se séparèrent. Après la fusillade du boulevard Montmartre, la lutte est devenue impossible. Le comité de résistance, à qui Mme Grévy a donné asile dans la maison de son mari, prend le parti de se dissoudre. Victor Hugo sort de la maison appuyé sur le bras de Jules Favre. Ils se trouvent dans la rue, en face de la proclamation du général Saint-Arnaud, ministre de la guerre, défendant, sous les peines de la loi martiale, tout rassemblement de plus de deux personnes. Le grand poète s'arrête, étincelant de colère, et jure qu'il sortira le jour même de cette ville déshonorée. Jules Favre, lui, déclare qu'il restera pour consacrer tout ce qu'il a de force à combattre le despotisme abject qui vient de triompher. « Après ce dialogue, écrit Jules Favre, les deux amis se serrèrent fiévreusement la main et s'éloignèrent dans des directions opposées. L'un et l'autre ont tenu parole. »

VI

M. Grévy n'eut point à prêter un serment semblable; mais il garda fidèlement le souvenir de la liberté vaincue et de la République proscrite. Ce n'est qu'en 1868 qu'il

---

1. Jules Favre, *Mélanges politiques, judiciaires et littéraires*, Paris, 1882, 1 vol. in-8°, pp. 369 et 375.

consentit à rentrer dans la vie publique. Il arriva au Corps législatif en 1868, après une élection triomphale.

Il prit la parole pour la première fois dans cette assemblée, le 13 mars 1869, à l'occasion des travaux du Trocadéro et de l'aliénation d'une partie du jardin du Luxembourg. Répondant à l'orateur du Gouvernement, M. Vuitry, il rappela avec beaucoup d'autorité les principes de notre droit public en matière d'aliénation du domaine national, puis il conclut en ces termes :

> Les gouvernements qui se sont succédé en France ont pu s'arroger, par ordonnance et par décrets, le droit de toucher aux biens composant le domaine public ; mais, je ne saurais trop le redire, il ne l'ont fait qu'en usurpant sur la nation.
>
> Quant à vous, Messieurs, vous aurez à juger si le moment est bien choisi pour abandonner les principes séculaires de notre droit public, et pour livrer d'une manière à peu près indéfinie la disposition de la fortune publique à un gouvernement dépensier et besoigneux.

Rendant compte de cette séance, le journal *le Temps* s'exprima ainsi :

> Dans la courte démonstration à laquelle s'est livré l'ancien représentant du Jura, tout le monde a retrouvé ses qualités maîtresses : une lucidité parfaite et une sobriété telle que certainement il doit désespérer les rédacteurs chargés du résumé analytique. Nous n'avions pas vu depuis longtemps la Chambre aussi profondément impressionnée par un orateur de la gauche.
>
> Ou nous nous trompons fort, ou M. Grévy est destiné à prendre promptement une grande autorité dans le pays ; le parti républicain le comptait jadis comme un de ses futurs hommes d'État ; encore aujourd'hui, nous ne doutons pas que la bourgeoisie ne l'envisage bientôt comme un des hommes les plus capables de faire face à des situations difficiles.

M. Jules Grévy fut réélu, aux élections du mois de mai 1869, député de la deuxième circonscription du Jura par 15,928 voix sur 17,932 votants. Le ministère soi-disant libéral du 2 janvier 1870, que présidait M. Emile Ollivier, l'eut dès le premier jour pour adversaire résolu. Le 2 février, dans un discours plein de logique et de force, il réclama pour le Corps législatif le droit de régler sa police et d'assurer lui-même la garde de son enceinte. Le 23 février, il prit part à la discussion relative aux candidatures officielles. Le discours qu'il prononça à ce sujet produisit une grande impression.

Je conteste, dit-il, au Gouvernement le droit de s'immiscer dans les élections à aucun titre.

Le Gouvernement n'est pas électeur. Les citoyens qui le composent, les fonctionnaires de tous les ordres et de tous les degrés peuvent, sans doute, comme simples électeurs, prendre dans l'agitation électorale et dans le vote la part qui leur appartient;... mais le Gouvernement, comme pouvoir public, mais le pouvoir exécutif, à quel titre interviendraient-ils? A quel titre s'interposeraient-ils entre le mandant et le mandataire pour usurper le droit du premier et dicter le choix du second?

... Quant aux funestes effets de la candidature officielle, ils ont été signalés si souvent et tout à l'heure encore, par notre honorable collègue, M. Picard, que je craindrais d'abuser des instants de la Chambre si j'y revenais avec insistance.

J'en rappellerai seulement quelques-uns par voie de simple récapitulation : la souveraineté usurpée, le suffrage universel altéré, la représentation nationale faussée et confisquée, les fonctionnaires et les fonctions publiques corrompus comme, par exemple, les justices de paix, sur lesquelles l'honorable M. Barthélemy Saint-Hilaire appelait hier votre attention; cette belle institution, que ses auteurs avaient placée dans une région sereine de justice et de paix, comme son nom l'indique, et qu'on n'a pas craint de faire descendre dans l'arène des passions pour la transformer, par une sorte de profanation, en un instrument de police, en une agence politique.

Voilà quelques-uns des fruits de la candidature officielle.

Je pourrais aussi vous en montrer les effets sur les mœurs publiques : les électeurs placés entre la séduction et l'intimidation, entre leur conscience et leur intérêt, entre les faveurs de l'administration et ses rigueurs, école ouverte d'immoralité où les mœurs publiques viennent se pervertir...

La candidature officielle a fait son temps, s'écria-t-il en terminant. Elle a causé assez de mal à la France. La France la réprouve, elle n'en veut plus. Et si le ministère — ce qu'à Dieu ne plaise — commet la faute de la conserver, je n'ai pas l'habitude de faire des prédictions, mais je lui prédis que la France en fera justice.

Quelques semaines après, le 4 avril, il combattit, dans une vigoureuse et éloquente harangue, l'idée du plébiscite.

Plus d'Assemblée constituante, s'écria-t-il, plus de représentation législative pour toucher aux dispositions fondamentales, il n'y aura plus que le plébiscite, c'est-à-dire les citoyens interpellés isolément sans concert, sans discussion, sans délibération, sans initiative, ne pouvant proposer ni une modification, ni exprimer spontanément leur pensée, forcés de répondre passivement par oui ou par non à une question qui les place brutalement entre l'abîme et le fait accompli...

Votre projet de sénatus-consulte enferme la nation entre l'immobilité qui est impossible et la révolution qui est inévitable...

Quand on place une nation entre le fait accompli et le néant, en la trompant, en la terrifiant, je dis que la réponse qu'on lui demande est un ordre qu'on lui donne !... Il est manifeste que le plébiscite n'est pas une manière de connaître la volonté nationale, ce n'est qu'un moyen de la confisquer...

Et il termina par ces prophétiques paroles :

Œuvre puérile ! Vous croyez pouvoir enfermer un grand peuple dans vos petites combinaisons. Vous croyez pouvoir arrêter la marche du progrès et enchaîner une nation à une constitution. L'exemple de ceux qui vous ont précédés dans cette œuvre impossible ne vous a donc pas instruits? Le peuple, à son tour, brisera vos entraves comme il en a brisé d'autres, jusqu'à ce qu'il arrive enfin, à travers les révolutions dont vous lui rouvrez la carrière, à la forme de gouvernement des peuples modernes, à la forme démocratique, la seule qui soit appropriée à notre état social, la seule dans laquelle il puisse trouver enfin l'ordre, la liberté, le repos et la prospérité dont il a si grand besoin !

Le plébiscite ayant été fixé au 8 mai, M. Grévy, président de la *gauche fermée*, rédigea, le 19 avril, le manifeste que les députés de ce groupe parlementaire et les délégués de la presse démocratique de Paris et des départements adressèrent au pays pour l'engager à voter *non*.

Voici le texte de cet important document :

A nos concitoyens,

Le Deux Décembre a courbé la France sous le pouvoir d'un homme.

Aujourd'hui, le gouvernement personnel est jugé par ses fruits. L'expérience le condamne ; la nation le répudie.

Aux élections dernières, le peuple français a manifesté hautement sa volonté souveraine ; au gouvernement personnel il entend substituer le gouvernement du pays par le pays.

La Constitution nouvelle, sur laquelle le pouvoir vous appelle à vous prononcer, réalise-t-elle le vœu national ? Non.

La nouvelle Constitution n'établit pas le gouvernement du pays par le pays.

Elle n'en est que le simulacre.

Le gouvernement personnel n'est point détruit ; il conserve intactes ses plus redoutables prérogatives ; il continue d'exister, à l'extérieur, par le droit personnel de faire les traités et de déclarer la guerre, — droits dont il a été fait, depuis quinze ans, un usage si funeste à la patrie ; — à l'intérieur, par le gouvernement personnel du chef de l'Etat, à l'aide de ministres qu'il nomme, d'un conseil d'Etat qu'il nomme, d'un Sénat qu'il nomme, d'un Corps législatif qu'il fait nommer par la candidature officielle et la pression administrative, du commandement de la force armée, de la nomination à tous les emplois, d'une centralisation excessive qui met dans sa main toutes les forces organisées du pays, qui confisque l'autonomie des communes, et qui ne laisse pas même aux populations le droit d'élire leurs magistrats municipaux.

Enfin, et pour couronner cet édifice de l'omnipotence impériale, la Constitution nouvelle livre à l'initiative exclusive du chef de l'Etat le droit, qui appartient essentiellement à tout peuple libre, de réformer, quand il le juge nécessaire, ses institutions fondamentales, en même temps qu'elle remet au pouvoir exécutif le droit césarien d'appel au peuple, qui n'est autre chose que la menace permanente d'un coup d'Etat.

Telle est la Constitution qu'on vous propose.

C'est votre abdication qu'on vous demande.

Voulez-vous y souscrire?

Voulez-vous renouveler les pleins pouvoirs de l'Empire?

Voulez-vous, sous les apparences du système parlementaire, consolider le gouvernement personnel?

Si vous le voulez, votez Oui.

Mais si vous avez retenu la leçon des événements; si vous n'avez oublié ni les dix-huit années d'oppression, d'outrages à la liberté; ni le Mexique, ni Sadowa, ni la dette accrue de 5 milliards, ni les budgets dépassant 2 milliards, ni la conscription, ni les lourds impôts, ni les gros contingents, vous ne pouvez pas voter Oui.

Car tous ces maux, dont la France n'effacera de longtemps la trace, sont sortis, il y a dix huit ans, de deux plébiscites semblables à celui qu'on vous soumet.

Car aujourd'hui, comme alors, c'est un blanc-seing qu'on vous demande, l'aliénation de votre souveraineté, l'inféodation du droit populaire aux mains d'un homme et d'une famille, la confiscation du droit imprescriptible des générations futures.

Au nom de la souveraineté du peuple et de la dignité nationale, au nom de l'ordre et de la paix sociale, qui ne peuvent se réaliser, par la conciliation des intérêts et des classes, qu'au sein d'une libre démocratie, repoussez par votre vote la Constitution nouvelle.

Protestez par le vote négatif, par le vote à bulletin blanc, ou même par l'abstention : tous les modes de protestation apporteront leur part à l'actif de la liberté.

Quant à nous, nous voterons résolument *non* et nous conseillons de voter Non.

En même temps, M. Grévy adressait la lettre suivante à un électeur du Jura :

Mon cher ami,

Vous me demandez quel est mon sentiment sur le plébiscite.

Je l'ai dit dans le manifeste que vous allez lire, et qui est en grande partie mon ouvrage; je n'ai rien à y ajouter.

Ceux qui, dans leur candeur, ont cru cette fois encore aux paroles trompeuses et se sont laissé persuader que le gouvernement personnel allait abdiquer devant la volonté nationale, pour faire place au gouvernement du pays par le pays, doivent être détrompés aujourd'hui.

La nouvelle Constitution ne leur laisse plus d'illusion.

Elle n'inaugure point le gouvernement parlementaire : elle consolide le gouvernement personnel.

Au dedans, comme au dehors, la France dans le présent reste courbée sous la main d'un homme, et dans l'avenir, le coup d'Etat est suspendu comme une épée sur sa tête.

On devait s'y attendre !

L'Empire, c'est le despotisme sous le masque de la démocratie.

L'arbre ne peut porter que ses fruits.

Mille amitiés.
Signé : Jules GRÉVY.

La France, pour son malheur, n'écouta pas les patriotiques exhortations de M. Grévy et des députés de la gauche. Le 8 mai 1870, 7.350.142 votes affirmatifs, contre 1.538.825 votes négatifs et 112.975 bulletins nuls, ratifièrent le sénatus-consulte du 20 avril 1870. On sait quelles furent les conséquences de ce vote.

A quelque temps de là, M. Grévy prit trois fois la parole dans la discussion du projet de loi relatif au jugement des délits de presse et des délits politiques. Comme en 1849, il défendit la liberté de la presse, et il réclama la restitution au jury du jugement de tous les délits commis par la voie de la presse.

La liberté pour une nation, dit-il, consiste à faire elle-même ses lois et à les appliquer, à les faire par ses représentants, et à les appliquer par ses jurés. La seconde condition n'est pas moins indispensable que la première. Mesurez la part faite au jury dans l'application de la loi, mesurez la part que la nouvelle Constitution fait à la représentation nationale dans leur confection, et vous aurez la distance qui vous sépare de la liberté.

Le 24 juin, lors de la discussion du projet de loi concernant la nomination des maires, il réclama, dans un discours violemment interrompu par la majorité, la restitution aux conseils municipaux du droit de nommer les maires et les adjoints.

M. Grévy monta pour la dernière fois à la tribune du Corps législatif, le 2 juillet, à l'occasion de la discussion des pétitions demandant l'abrogation des lois d'exil rendues contre les deux branches de la maison de Bourbon. La *gauche ouverte* avait décidé d'accueillir la pétition. M. Ernest Picard avait réclamé l'abrogation des lois d'exil, et M. Jules Favre, lui aussi, venait de parler dans le même sens. M. Grévy fit alors cette grave déclaration :

> Pas plus que ceux qui ont cru devoir le déclarer, je n'ai l'honneur de connaître les princes d'Orléans ; je n'ai pour eux ni amour ni haine ; mais ils sont proscrits, et je voudrais qu'il me fût possible de ne voir en eux que des Français tendant la main vers la France.
>
> Mais je ne puis me faire cette illusion ; et quand je vois les princes d'Orléans, après vingt ans de silence, au moment où l'Empire peut leur paraître pencher sur le déclin, se ranger derrière le jeune chef de leur dynastie et s'adresser à la représentation nationale, c'est-à-dire à la France elle-même, pour demander leur rappel, je ne puis prendre pour un acte privé cette démonstration monarchique.
>
> Ce ne sont pas seulement, à mes yeux, de simples citoyens demandant à rentrer dans leur patrie, c'est la dynastie d'Orléans, c'est la royauté de 1830, qui demande à la France de la rappeler.
>
> Or, je n'ai mission ni de mes commettants ni de mes convictions de rappeler la royauté.

Interrompu par un membre de la gauche[1], qui dit que c'était parler en soutien de l'Empire, il riposta vivement : « C'est parler en républicain qui ne veut être *ni dupe ni complice* du rappel de la royauté. »

Le 15 juillet 1870, M. Grévy s'élève avec une patriotique

---

1. M. Carré-Kérisouët, paraît-il.

indignation contre ces ministres impériaux qui jetaient « d'un cœur léger » la France dans une guerre dont l'issue devait être funeste.

L'Empire tombé, il est un de ceux qui, dès le 5 septembre, demandent au Gouvernement de la défense nationale d'ordonner l'élection d'une Assemblée. Retiré dans le Jura, il fait deux fois le voyage de Tours pour essayer de gagner la délégation à ses idées.

On a beaucoup parlé, dans le temps, d'un salon de l'hôtel de Bordeaux, à Tours, qui réunissait un certain nombre d'hommes politiques en délicatesse avec la délégation. On a même prononcé à ce sujet les gros mots de conciliabule et de complot. Depuis, on est revenu à une plus juste appréciation des choses. Les conspirateurs s'appelaient M. Cochery, M. Guyot-Montpayroux, M. Tassin, M. Wilson, M. Grévy. Ils dînaient ensemble au rez-de-chaussée de l'hôtel et se réunissaient le soir, dans l'appartement de Mme Pelouze, au premier étage. Mme Pelouze, sœur de M. Wilson, était propriétaire du château historique de Chenonceaux, où ont passé avant elle Diane de Poitiers, Catherine de Médicis et Louise de Vaudemont. Les chroniques de cette époque s'accordent à dire qu'elle exerçait une grande séduction sur son entourage. « Mme P***, lisons-nous dans un de ces écrits, était vraiment très avenante, très bonne patriote, blonde et Anglaise jusqu'au bout des ongles. Elle était surtout fort éprise de politique et très bienveillante pour ceux qui s'en occupaient avec distinction... Elle recevait avec plaisir tout homme bien élevé qui lui était présenté[1]. » C'est de cette époque que datent les relations de M. Jules Grévy et de M. Wilson. Elles amenèrent, en octobre 1881, le mariage de M. Wilson avec Mlle Alice Grévy.

---

[1]. Léonce Dupont, *Tours et Bordeaux, souvenirs de la République à outrance*, Paris, 1877, 1 vol. in-18, p. 60.

VII

Lorsque l'Assemblée nationale se réunit à Bordeaux, au mois de février 1871, tous les partis furent d'accord pour porter M. Grévy à la présidence. Le représentant du Jura occupa le fauteuil sans interruption jusqu'au 1er avril 1873. Ce n'était pas chose facile que de diriger les débats d'une Assemblée profondément divisée, où bouillonnaient d'ardentes passions, sur laquelle les événements du dehors avaient une action extraordinaire. Quand M. Grévy fut élu président, les préliminaires de paix allaient être votés, l'Alsace et une partie de la Lorraine allaient être arrachées à la France. Puis vint l'insurrection du 18 mars, suivie des tentatives de restauration monarchique. Pour faire régner l'ordre dans les discussions de cette Assemblée de sept cent cinquante membres, il fallait un jugement sûr, un coup d'œil prompt, beaucoup de tact et beaucoup de fermeté. Ces qualités, M. Jules Grévy les possédait à un haut degré. Plus d'une fois, pendant la lutte contre la Commune, alors que le bruit du canon arrivait jusqu'à la salle des séances de l'Assemblée, son attitude décidée et la gravité de son langage suffirent pour apaiser les plus grands tumultes.

Nous citerons, entre autres incidents, celui qui amena la démission de M. Victor Hugo. C'était à Bordeaux. Bien que Garibaldi eût résigné, dès la première séance, le mandat de représentant du peuple, que lui avaient conféré quatre départements, la droite avait jugé utile d'examiner cette quadruple élection, pour contester au général étranger le droit de siéger dans une assemblée française. Indigné, M. Victor Hugo était monté à la tribune et avait rappelé éloquemment que, de tous les généraux qui venaient de combattre pour la France, Garibaldi, seul, n'avait point été vaincu. Les murmures de la droite couvrirent la voix de l'orateur, et l'on entendit M. de Lorgeril, un rimailleur breton, s'écrier : « L'Assemblée refuse la parole à M. Victor Hugo parce qu'il ne parle pas français. » Le tumulte était à son comble. Le président, M. Grévy, fit de vains efforts pour ramener le calme. Non seulement la droite ne voulait pas écouter M. Victor Hugo, mais elle demandait avec emportement qu'il fût rappelé à l'ordre. « Vous refusez de m'entendre, dit alors M. Victor Hugo, cela me suffit. Je donne ma démission. » Puis, descendant de la tribune au milieu des clameurs, il prend une plume, et, debout, il écrit sur le rebord extérieur du bureau sa lettre de démission, qu'il remet au président. M. Jules Grévy adjure l'illustre représentant de Paris de se recueillir, de ne pas céder à un mouvement de vivacité. M. Victor Hugo répond qu'il se refuse à faire plus longtemps partie de cette Assemblée et quitte la salle. Le président garde la lettre, et ce n'est que le lendemain, quand tout espoir de faire revenir M. Victor Hugo sur sa détermination est évanoui, qu'il consent à en donner connaissance à l'Assemblée.

On se rappelle l'incident, en apparence futile, à la suite duquel M. Jules Grévy se démit la présidence de l'Assemblée nationale. M. Le Royer, qui combattait les conclusions du rapport de M. de Meaux, relatif à la confiscation des libertés municipales de Lyon, avait parlé du « bagage de la commission ». Là-dessus la droite proteste. M. de Grammont s'écrie que c'est une impertinence, et il est rappelé à l'ordre. La droite murmure de plus belle, et le président, pour justifier la mesure de rigueur à laquelle il a eu recours, consent à expliquer le sens grammatical du mot bagage. Les clameurs persistent. On dirait un parti pris. M. Jules Grévy prononce alors quelques paroles empreintes d'une grande dignité et d'une grande énergie, puis il lève la séance. Le lendemain, l'un des vice-présidents, M. Vitet, lit une lettre par laquelle M. Jules Grévy donne sa démission des fonctions de la présidence. On vote : le président démissionnaire est réélu par 349 suffrages contre 241 accordés à M. Buffet.

M. Jules Grévy écrit le lendemain une nouvelle lettre dont M. le vice-président Martel donne lecture à l'Assemblée. Il y dit : « Les raisons qui m'ont déterminé à résigner les fonctions de la présidence ne me permettent point de revenir sur cette résolution. Je ne puis qu'y persister. Je remercie du fond du cœur ceux de mes collègues qui, dans dans le scrutin d'hier, m'ont donné un nouveau témoignage d'estime et de sympathie dont je suis profondément touché. »

Cette détermination surprit beaucoup de monde et fut jugée sévèrement par quelques-uns. Sans une démission si obstinément maintenue, le 24 mai, dit-on, n'aurait pu avoir lieu. L'histoire se prononcera sur ce point. M. Jules Grévy, dans la profession de foi qu'il adressa en 1876 aux électeurs de l'arrondissement de Dôle, fit allusion à ces reproches. Après avoir parlé de la République, ce gouvernement réparateur auquel il était toujours resté fidèle : « J'ai travaillé à le fonder en 1848, à l'Assemblée constituante, disait-il ; je l'ai soutenu, à l'Assemblée législative de 1849, contre les attaques qui l'ont ébranlé ; je l'ai revendiqué au Corps législatif de l'Empire ; je l'ai défendu contre les tentatives de restauration monarchique à l'Assemblée nationale qui va finir, et que j'ai cessé volontairement de présider lorsque je l'ai vue prendre une voie dans laquelle il n'était pas du devoir d'un républicain de la diriger... »

Descendu du fauteuil, M. Jules Grévy resta pendant quelques mois silencieux à son banc de représentant. Mais il partagea l'émotion de la France républicaine lorsqu'après la chute de M. Thiers, M. le comte de Paris se rendit auprès de M. le comte de Chambord, et que les projets de restauration monarchique reçurent un commencement d'exécution. Il publia alors sous ce titre : *le Gouvernement nécessaire*, une courte brochure, qui contribua grandement à rallier la bourgeoisie libérale à la République. Les deux discours qu'il prononça à l'occasion de la prorogation des pouvoirs de M. le maréchal de Mac-Mahon, celui du 5 et celui du 19 novembre 1873, sont des modèles de dialectique et d'éloquence politique. Parlant du dernier de ces discours, M. Thiers, qui était un bon juge en ces matières, disait : « C'est le plus beau et le plus fort discours que j'aie entendu depuis quarante ans que je suis dans les assemblées. »

Un historien de l'Assemblée nationale [1] nous montre l'éloquent orateur tel qu'on le vit à la tribune dans ces grandes journées : « Tout, dans M. Grévy, dit-il, respire l'autorité et impose le respect : sa grande prestance, son port de tête magistral, la haute gravité de sa physionomie, son parler bref, sévère, impérieux. D'autres, à la tribune, s'emportent ou manœuvrent, caressent ou soulèvent leur auditoire : lui, il enseigne et il juge. Sa pensée sort frappée en formules, adages et sentences. C'est l'oracle du *fas* et du *nefas*. A ouïr sa parole en quelque sorte lapidaire, on croirait entendre parler la loi des Douze tables... On imagine l'effet de cette parole magistrale... Aussi quand l'orateur redescend, au milieu de plusieurs salves de bravos retentissants, la loi est bien ébranlée. »

C'est pendant le second de ces discours, celui du 19 novembre, qu'eut lieu un incident qui établit à quel point M. Jules Grévy avait conservé son ascendant sur l'Assemblée.

Il venait de prononcer les paroles suivantes : « En con-

---

[1]. Camille Pelletan, *le Théâtre de Versailles*, Paris, 1876, 1 vol. in-18, p. 72-73.

férant à M. le maréchal de Mac-Mahon un pouvoir provisoire de gouvernement pour un temps où vous ne serez plus, vous excédez votre droit, vous faites une chose futile et vaine... Vous pourrez vous arroger ce droit, mais vous ne l'avez pas, il ne sera ni reconnu ni respecté. » A ces mots, l'Assemblée tout entière se lève. La gauche acclame l'orateur, la droite proteste et crie que c'est un appel à l'insurrection. M. Buffet, qui préside, intervient et échange quelques paroles à voix basse avec l'orateur. Le tumulte s'apaise lentement. M. Grévy, qui avait laissé passer l'orage, continue en ces termes : « Vous ne pouvez vous méprendre sur le sens de mes paroles, ni M. le président non plus ; je ne fais appel ni à la résistance, ni à la révolte. » Les exclamations et protestations de la droite reprennent de plus belle ; mais M. Jules Grévy : « C'est une interprétation misérable dit-il, qui n'est digne ni de vous ni de moi. » Et il ajoute : « Je fais appel aux pouvoirs publics qui vous succéderont et qui auront pour vos décisions le respect que le sentiment du droit leur inspirera. » La majorité était subjuguée. Elle laissa passer sans protestation nouvelle ces paroles qui infirmaient d'avance la portée du vote qu'elle allait rendre.

C'était un saisissant spectacle que n'oublieront jamais ceux qui y ont assisté. La discussion durait depuis deux jours, et, pour finir, l'Assemblée avait décidé qu'il y aurait une séance de nuit. L'heure était avancée. La fatigue, l'impatience, les passions déchaînées, l'orateur avait tout à surmonter pour se faire entendre. M. Jules Grévy se fit entendre, mieux encore, il se fit écouter, il s'imposa à l'Assemblée. Venant de tout autre que de lui, les paroles que nous avons rappelées eussent provoqué un tumulte tel que toute discussion fût devenue impossible. Lui, au contraire, calme au milieu des transports de fureur de la droite, et maître de sa parole, démasqua pièce par pièce l'échafaudage de la coalition monarchique, et des décisions d'une majorité aveugle il en appela au pays et à l'histoire. L'effet de ce discours fut immense. Ce régime sans analogue qu'on a appelé du nom barbare de « septennat » était condamné avant que de naître.

Tel M. Jules Grévy s'était montré comme président de l'Assemblée nationale, tel il fut à la Chambre des députés. D'une voix unanime, la majorité l'avait appelé au fauteuil.

Dans l'exercice de ses fonctions de président, il n'eut jamais qu'une seule préoccupation : celle de maintenir l'autorité de l'Assemblée et de faire respecter la liberté de la tribune. Comme l'Assemblée nationale, la Chambre des députés eut ses séances agitées, tumultueuses, mêlées d'incidents violents. Mais toujours le président Grévy sut ramener le calme dans les esprits, tantôt en employant la patience et la douceur, tantôt en usant à propos des sévérités du règlement.

Il fut vraiment, dans toute l'acception du terme, l'interprète de la loi et de la conscience publique lorsque, dans les séances du 22 juillet 1876 et du 12 janvier 1877, il s'opposa à ce qu'un député bonapartiste fît publiquement l'apologie du 2 Décembre et des commissions mixtes.

Après l'entreprise du 16 mai 1877, le président Grévy sut, en quelques mots, justifier les élus de 1876 des accusations dirigées contre eux par un gouvernement de surprise.

Le 25 juin, avant de donner lecture du décret de M. le maréchal de Mac-Mahon portant dissolution de la Chambre des députés, il prononça, avec l'autorité que lui donnaient son caractère et ses fonctions, ces graves paroles :

Le pays, devant lequel la Chambre va retourner, lui dira bientôt que, dans sa trop courte carrière, elle n'a pas cessé un seul instant de bien mériter de la France et de la République.

Lorsque les adversaires de la République eurent été vaincus et qu'on fut rentré dans le droit et la légalité, la

Chambre nouvelle vit paraître un jour à la tribune l'homme qui, en qualité de ministre du 17 mai, l'avait chassée du Palais-Bourbon, M. de Fourtou.

Ce personnage, qui volontiers se croyait l'étoffe d'un Morny, dans un discours laborieusement appris, s'avisa de reprocher au ministère de M. Dufaure et à la majorité républicaine de la Chambre de provoquer à la délation des citoyens les uns contre les autres. Un murmure de réprobation courut sur les bancs de l'Assemblée. Le président Grévy était debout, dominant le tumulte : « Veuillez faire silence, dit-il, il faut savoir tout entendre. » La majorité applaudit et le silence se fit.

Mais bientôt après, une nouvelle clameur s'élève. L'ancien ministre de M. le maréchal de Mac-Mahon vient de reprocher à ses adversaires de déclarer la guerre à tous les Français que n'anime pas une vieille foi républicaine. « C'est un mensonge, monsieur! » riposte une voix. « A l'ordre! à l'ordre! » crie la droite, tandis que la gauche salue de ses applaudissements l'interrupteur qui était M. Gambetta. Le président Grévy, profitant d'une seconde d'apaisement, prie M. Gambetta de retirer cette expression. « Je retirerai le mot, répond M. Gambetta, quand l'homme qui est à la tribune rentrera dans la vérité. » Nouvelles protestations d'un côté, nouveaux applaudissements de l'autre.

Le président arrive néanmoins à obtenir le silence. « Quelle que puisse être la justesse et la vérité de la pensée qu'on exprime, dit-il, le règlement exige qu'on l'exprime d'une façon parlementaire ». — « Pour le règlement, je retire le mot, » ajoute immédiatement M. Gambetta, et M. de Fourtou peut achever son discours. Cet incident eut des suites extra-parlementaires. Un duel au pistolet ayant été résolu, M. de Fourtou et M. Gambetta se rencontrèrent sur le terrain, mais aucun des deux adversaires ne fut atteint.

On sait avec quelle autorité et quelle habileté M. Jules Grévy dirigeait les débats parlementaires[1]. Il était naturellement grave au fauteuil, mais d'une gravité bienveillante. Ce n'est pas de lui, à coup sûr, qu'on aurait pu dire ce que le poète des *Châtiments* a dit d'un autre président, que

> Ses quolibets mordaient l'orateur au cœur chaud.

Il ne cherchait pas l'ironie, mais la trouvait tout naturellement, nous voulons dire l'ironie de bon aloi, celle qui apaise les discussions au lieu de les envenimer. Il n'a jamais eu, comme M. Dupin l'aîné, l'idée de publier, sous un titre prétentieux, le recueil de ses interruptions présidentielles.

VIII

Tel est l'homme que les deux Chambres réunies en Assemblée nationale ont élevé, le 30 janvier 1879, à la présidence de la République. Il a vécu neuf ans au palais de l'Élysée sans faste et simplement, comme un ancien président des États-Unis d'Amérique. Lorsqu'il habitait son troisième étage de la rue Volney, ci-devant rue Saint-Arnaud,

---

[1] « M. Grévy, c'était le président modèle. Il ne recherchait pas les mots d'esprit à la façon de M. de Morny, il n'apportait à ses difficiles fonctions ni véhémence, ni recherche, ni mollesse, ni faiblesse, ni langueur, ni fougue sévère. Juste comme le règlement, il se possédait toujours lui-même, sûr moyen de garder indéfectible son autorité. Jamais il ne lui échappa une expression blessante, jamais un mouvement de partialité. Et Dieu sait s'il présida à des tempêtes ! Son esprit contenu contenait tout autour de lui. Il n'a procédé d'aucun de ses devanciers, et, chef d'école, il n'a pas eu d'élèves. Pour présider comme lui, il fallait être lui-même. D'autres président bien ou mal, lui présidait ; il était né président, et quand il ne présidait pas, il y avait interrègne. » (Comte Paul Vasili, *la Société de Paris*. Paris, 1888, 2 vol. in-8°. Deuxième volume, *le Monde politique*, p. 26-27.)

il recevait le matin clients et visiteurs dans un cabinet de travail à l'aspect sévère. A droite et à gauche de la cheminée, deux grandes bibliothèques en bois noir, avec battants en chêne noirci, fabriquées à Amsterdam. Sur les rayons, des livres de droit, des volumes de littérature, des éditions rares, de splendides reliures. Au milieu, une table de grande dimension, plate, surchargée de dossiers. Des chaises en cuir marron et des fauteuils en velours vert. Sur la cheminée, une pendule en marbre noir surmontée d'un chien en bronze, et entre deux coupes de même métal. Aux murs, quelques tableaux de prix.

Le salon était très vaste, éclairé par trois larges fenêtres. Aux murs, d'immenses glaces; sur la cheminée, une garniture en cuivre ciselé; l'ameublement en satin rouge. Sur une console, le buste de M. Grévy en terre cuite, par Carpeaux. Deux livres sur la table : *les Médaillons*, de David (d'Angers), et *l'Enfer* du Dante, illustré par Gustave Doré; des tableaux de Roybet, de Corot, de Diaz, de Gérard Dow, de Latour, de Potter, d'Hobbema, de Rousseau.

Le maître de la maison avait soigneusement réglé sa vie. Il se levait de bonne heure, lisait ses journaux, recevait de neuf à onze, puis se rendait au Palais ou à l'Assemblée. Du temps où celle-ci siégeait à Versailles, alors même qu'il la présidait, M. Grévy allait à pied à la gare Saint-Lazare, son portefeuille sous le bras. Celui qui ne le connaissait pas ne se serait jamais douté, à le voir passer, qu'il avait devant lui le président d'une Assemblée souveraine, l'homme à qui, aux réceptions du nouvel an, le Président de la République, M. Thiers, allait le premier présenter ses hommages et ses vœux.

M. Grévy aime les objets d'art comme les livres. Il n'était pas rare, à cette époque, de lui voir prendre le chemin de l'hôtel de la rue Drouot, où il allait acheter bronzes, statuettes ou tableaux. Lorsqu'il avait quelques heures de loisir, il faisait, après le déjeuner, un tour de promenade aux Champs-Élysées.

Élevé à la première magistrature de la République, M. Jules Grévy fut contraint de modifier quelques détails de sa vie. Les conseils de ministres, les visites, les dîners officiels, les réceptions prenaient une grande partie de son temps. Dans ces circonstances, il a rempli admirablement son rôle de maître de maison et de chef d'État. Mais, bien que ses obligations fussent devenues plus grandes, ses goûts n'avaient pas changé. Il montrait une répugnance marquée pour tout ce qui était apparat.

Il ne recherchait pas les occasions de voyage, comme Louis-Philippe, Napoléon III, même comme M. Thiers et M. le maréchal de Mac-Mahon; on aurait dit plutôt qu'il les redoutait et les fuyait. Il a rarement accepté les invitations que lui adressaient les municipalités des départements pour les cérémonies publiques. Il pensait qu'il appartenait aux ministres et non au chef irresponsable de l'État de prendre la parole dans ces solennités.

Nous croyons néanmoins qu'il eut tort de ne pas se mettre plus souvent en rapport avec les populations. Son abstention permit à ses adversaires de dire qu'il se refusait à accomplir une des obligations de sa charge, et, plus tard, quand vinrent les attaques violentes et les calomnies, de dénaturer les mobiles de sa conduite devant ce pays qui était habitué à le respecter, mais qui ne le connaissait pas assez.

Il alla cependant, au mois d'août 1880, présider à Cherbourg la fête de l'armée navale. Les présidents des deux Chambres, MM. Léon Say et Gambetta, et le ministre de la marine, l'amiral Jauréguiberry, l'accompagnaient. Il reçut un accueil enthousiaste. Le soir de l'arrivée de ces personnages dans notre grand port de mer, M. Gambetta, alors président de la Chambre des députés, fit le tour de la ville en voiture. La foule le reconnut et l'applaudit. Bientôt après, M. Jules Grévy sortit de l'hôtel de la préfecture maritime, à pied, une canne à la main, accompagné d'une ou de deux personnes seulement. Il fut acclamé et des milliers de curieux lui firent respectueusement cortège. Quelques jours après, le Président de la République fut fêté à Dijon. En 1882, il accepta de présider la fête de l'inauguration de l'Hôtel de Ville à Paris, et prononça, au banquet qui eut lieu à cette occasion, un discours dans lequel il retraça en quelques mots éloquents le rôle joué par Paris dans la formation de l'unité française.

Dès que l'époque des vacances parlementaires était arrivée, le Président de la République se hâtait d'aller revoir cette modeste maison de Mont-sous-Vaudrey qui avait pour lui le même charme que la maison de campagne de Tusculum pour Cicéron.

La maison de M. Grévy, à Mont-sous-Vaudrey, est un pavillon rectangulaire d'environ dix-sept mètres sur treize : un rez-de-chaussée et deux étages. La toiture a été rehaussée il y a quelques années et les mansardes converties en chambres. Au rez-de-chaussée se trouvent la salle à manger, un salon, la salle de billard et des salles de bain ; au premier sont les appartements de M. et Mme Grévy ; au second, les chambres réservées aux membres de la famille et aux invités. L'ameublement est également des plus simples et des plus modestes. C'est l'intérieur d'un bourgeois aisé ; tout y respire la simplicité de la vie de famille ; rien ne décèle le rang suprême qu'a tenu pendant neuf années le propriétaire de la maison.

L'habitation est entourée d'un parc d'une contenance d'environ quinze hectares au plus, traversé par un petit cours d'eau, la Cuisance ; de beaux sapins, une futaie, un jardin potager, une écurie pour six chevaux, des communs, une serre ; voilà la description de la propriété que possède M. Jules Grévy à Mont-sous-Vaudrey. Ajoutez-y un moulin bordant la propriété et loué. Au prix où est la terre dans le Jura, pavillon d'habitation, parc, potager, futaie, moulin représentent à peu près une valeur de trois cent mille francs. Cette propriété n'est enclose de murs que sur un quart de son pourtour ; une simple grille la sépare de la rue qui traverse le village.

A Mont-sous-Vaudrey, tout le monde connaît M. Jules Grévy, les vieillards qui se rappellent les temps de Charles X et de Louis-Philippe, et les enfants qui, dès le berceau, ont entendu prononcer ce nom vénéré. Il faut bien que les populations du Jura lui portent un grand attachement pour l'avoir élu député en 1868, en plein Empire, avec une majorité de plus de dix mille voix, malgré les efforts du candidat officiel, malgré la pression administrative portée à ses dernières limites.

Ces campagnards ont une affection toute particulière pour la fille de M. Jules Grévy, Mme Wilson. Ils l'appellent toujours comme avant son mariage Mlle Alice. « Il n'y a pas, disent-ils, de malheureux à Mont-sous-Vaudrey, Mlle Alice ne le souffrirait pas. »

Les feuilles monarchiques ont pris plaisir à représenter sous les traits d'un avare cet ancien bâtonnier de l'ordre des avocats dont le désintéressement était proverbial au Palais. Ce n'est point à Mont-sous-Vaudrey et dans le Jura que cette légende pourrait trouver créance. On y sait trop bien l'usage libéral que M. Grévy fait de sa fortune, et qu'il a toujours, ainsi que sa fille, la main ouverte pour tous les malheureux.

Au mois de septembre, les habitants de Mont-sous-Vaudrey voyaient passer, dès le matin, un homme vêtu en chasseur, et le fusil sur l'épaule. Il s'arrêtait quelquefois devant une maison pour causer avec le paysan qui venait le saluer, et, lorsque l'entretien se prolongeait et que le petit garçon ou la petite fille survenaient, il posait à l'enfant des questions appropriées à son âge.

Cet homme si prévenant et si doux était le Président de la République. Il aimait la chasse, mais il aimait surtout chasser à Mont-sous-Vaudrey où tous les buissons et tous les ravins lui étaient familiers, où il connaissait les terriers et les remises, où il n'avait pas à tenir compte des exigences officielles.

A Marly, à Saint-Germain et à Rambouillet, il en était autrement; le Président de la République y allait souvent avec ses invités. Lapins, faisans, chevreuils défilaient sous ses yeux; il tirait; rarement il manquait son coup. Mais il ne chassait que pendant le temps permis. Dès le lendemain de la fermeture, et bien que le lapin fût considéré comme un animal nuisible, il mettait son fusil au râtelier et ne le reprenait qu'à la fin d'août ou au commencement de septembre.

Certaines feuilles légères ont trouvé de bon goût de railler M. Jules Grévy de cet amour pour la chasse et du plaisir qu'il trouve au jeu de billard et au jeu d'échecs. Voilà de bien terribles reproches, quand ils s'adressent à un chef d'État! Ces critiques sévères ignorent sans doute que George Washington, qui, cependant, a fait quelque figure dans le monde, retiré à Mount-Vernon, montait tous les jours à cheval, pour aller visiter ses fermes ; que lord Palmerston, qui n'était pas le premier venu, passait une heure chaque jour, après le déjeuner, dans sa salle de billard, enfin, que le plus éminent homme d'État de l'Angleterre actuelle, M. Gladstone, lorsqu'il se trouve dans ses terres d'Écosse, n'a pas de plus agréable distraction que d'abattre lui-même les arbres de son parc.

M. Grévy n'est point un causeur à la manière de M. Thiers, parlant toujours, sur tous les sujets, et se mettant perpétuellement en scène; mais il est un très agréable causeur. « Sa conversation (écrivait, il y a une vingtaine d'années, un avocat à la Cour de Paris), sa conversation, en tant que conversation politique, est une des mieux nourries et des plus instructives qu'on puisse entendre. Sur chaque sujet, on le trouve prêt, c'est-à-dire ayant médité et apportant des vues souvent nouvelles, toujours justes. Il aime les jeunes gens, et les jeunes gens lui font fête. Les causeries ont un grand charme, ainsi menées à travers les enseignements de l'histoire contemporaine; et il en résulte de la part de ses auditeurs un tel attachement pour sa personne que plus d'une fois il a été question parmi eux d'aller fonder, là ou là, une petite république dont on l'eût supplié d'accepter la présidence perpétuelle, si une république établie d'après les doctrines de Grévy pouvait avoir un président [1]. »

Cette allusion spirituelle à l'amendement fameux de 1848 est moins exacte qu'on ne le pourrait croire au premier abord. Le titre importait peu à l'orateur de la Constituante; ce qu'il voulait empêcher, c'était un conflit entre l'Assemblée et un homme à la suite d'une élection directe du chef du pouvoir exécutif par le peuple. Voilà pourquoi M. Grévy a pu, sans se contredire, accepter d'être porté, en 1879, à la présidence de la République. Pour le reste, le tableau est ressemblant, aujourd'hui encore, au moins dans ses grandes lignes. M. Grévy est resté le charmant causeur qu'on a dépeint.

M. Jules Grévy ne s'entretient pas seulement de politique et d'histoire avec ses interlocuteurs, mais aussi de littérature. Il connaît à fond l'antiquité grecque et latine; il possède les classiques du xviie siècle et les philosophes du xviiie et même la littérature des pays étrangers; il récite admirablement les vers et a une prédilection pour

---

[1]. *Revue politique et littéraire* du 1er août 1868.

les fables de La Fontaine ; enfin, le portrait qu'il a tracé de Berryer, en parlant devant le cercueil du grand avocat, montre qu'il a toutes les qualités de l'écrivain, et qu'il eût brillé dans les lettres s'il n'eût été une des illustrations du barreau.

La politique gouvernementale de M. Grévy a été critiquée par les uns, louée par les autres. On a reproché, notamment, au Président de la République de s'être opposé au rétablissement du scrutin de liste, alors que M. Gambetta réclamait avec ardeur cette réforme de la loi électorale. Il est vrai que M. Grévy fut de tout temps opposé au scrutin de liste, et qu'en 1881, lorsqu'il eut l'occasion de s'entretenir de cette question avec ses amis, il leur déclara qu'il le verrait rétablir à regret. Il est non moins exact que certains adversaires que ce mode de consultation des électeurs rencontra au Sénat invoquèrent l'opinion de M. Grévy comme favorable à la thèse qu'ils soutenaient ; mais il faut bien peu se rappeler les événements de cette époque pour croire que ce fut la cause déterminante de l'échec du scrutin de liste au Sénat.

Le vote de la Chambre des députés avait été obtenu à grand'peine, et pour l'obtenir, il avait fallu l'intervention personnelle de M. Gambetta. De plus, entre le vote de la Chambre et celui du Sénat était survenu un événement qui avait eu une incontestable influence sur la solution finale. M. Gambetta était allé à Cahors, sa ville natale ; à tort ou à raison, les paroles qu'il avait prononcées et l'attitude qu'il avait prise pendant ce voyage avaient été incriminées ; on lui avait prêté l'intention de se présenter dans un grand nombre de départements, et de profiter de cette espèce de plébiscite pour imposer sa politique au parti républicain.

Avec l'abstention du cabinet que présidait M. Jules Ferry, c'est plus qu'il n'en fallait pour amener l'échec du scrutin de liste au Sénat. En admettant que, M. Gambetta présent, le scrutin de liste eut donné en 1881 d'heureux résultats pour la République, on conviendra du moins, après les graves mécomptes de 1885, que les objections personnelles de M. Grévy contre le rétablissement de ce mode électoral n'étaient pas dépourvues de fondement.

Les uns ont accusé M. Jules Grévy d'avoir trop souvent laisser flotter les rênes du gouvernement, tandis que d'autres lui ont adressé le reproche inverse, celui de trop gouverner. Ces derniers ont comparé le président Grévy au roi Louis-Philippe, non seulement pour la finesse, mais aussi pour l'art de faire triompher son opinion dans les Chambres, tout en paraissant étranger aux luttes des partis. Cette comparaison, qui est un reproche, nous semble bien peu fondée. Dans les Chambres de la monarchie de Juillet, il y avait le parti du roi, et le système représentatif était faussé bien longtemps avant le 24 février 1848. Or on chercherait vainement dans la Chambre des députés et dans le Sénat, pendant la période de 1879 à 1888, le parti du Président; en tout cas, ce parti ne s'est point montré pendant la crise des mois d'octobre et de novembre 1887, où son intervention eût pu être de quelque utilité. Il n'est donc pas vrai de dire que, pendant la présidence de M. Grévy, comme pendant la royauté de Louis-Philippe, le régime constitutionnel a été perverti sous l'influence d'un pouvoir personnel et irresponsable.

Sans doute M. Grévy a exercé sur la politique de son gouvernement l'action constitutionnelle qui appartient au chef de l'État. L'histoire dira si elle a été ou non profitable aux intérêts de la France[1]. S'il nous était permis de recher-

---

1. « La vérité est que M. Grévy gouverne, qu'il y a une suite dans ses actes, qu'il ne laisse pas aller à la dérive la barque républicaine, qu'il ne cède pas aveuglément au caprice des majorités, qu'il n'est pas une machine à signer. S'il n'a pas de responsabilité constitutionnelle, il s'en croit une devant le pays et aussi devant l'histoire... Donc M. Grévy a une politique

cher sur ce point l'opinion de l'Europe qui, étrangère à nos querelles intérieures, ne se préoccupe que de la direction générale de la politique française, l'Europe nous répondrait peut-être qu'en plus d'une circonstance délicate ou difficile, le ferme bon sens de M. Grévy et son admirable clairvoyance ont eu une heureuse influence sur les destinées de la France.

Si M. Jules Grévy n'a point, comme Louis-Philippe, porté atteinte au régime constitutionnel dans l'intérêt d'une politique personnelle, il existe cependant dans sa conduite un point de ressemblance avec celle de ce monarque.

« Avant de signer une sentence de mort, dit M. Cousin, il (Louis-Philippe) se livrait aux recherches les plus minutieuses pour découvrir quelque endroit par où il pût exercer, avec quelque apparence de raison, le droit de grâce. Dans son conseil, il plaidait la cause de ses assassins [1]. » M. Jules Grévy n'a point eu à plaider la cause de ses assassins, car jamais le poignard d'un assassin n'a été dirigé contre sa poitrine. Mais, tant qu'il a occupé la magistrature qui donne le droit de faire grâce, il a cherché avec soin dans les dossiers tous les motifs d'atténuation. On lui a même reproché d'avoir aboli en fait la peine de mort, tant les exécutions capitales ont été rares sous sa présidence. On aurait pu ajouter que, pendant cette période, le nombre des crimes capitaux

---

personnelle. Il a une méthode à lui pour présider le conseil des ministres. Il parle peu et écoute beaucoup; mais ses mots sont aussi décisifs qu'ils sont rares. Le Président sait à merveille ce qu'il laissera faire et ce qu'il empêchera. Mais il reste maître de son secret... A regarder dans son ensemble le règne de ce philosophe, l'histoire dira qu'il n'a pas été sans valeur ; M. Grévy n'a laissé péricliter ni la paix, ni l'honneur de la France, ni la sécurité de la République à lui confiée. » (Comte PAUL VASILI, *la Société de Paris*. Paris, 1888, 2 vol. in-8°. Deuxième volume, *le Monde politique*, p. 36, 37, 38, 43.)

1. VICTOR COUSIN, *Des principes de la Révolution française et du Gouvernement représentatif*, suivi de *Discours politiques*, Paris, 1864, 1 vol. in-12; introduction, p. XLIX.

n'a pas augmenté, ce qui n'est pas précisément une preuve en faveur de l'efficacité de la peine de mort.

Ce chef d'État, deux fois élu par les représentants de la nation française, qui avait derrière lui son long passé républicain, une vie irréprochable, de nombreux et grands services rendus à la patrie, a quitté le pouvoir dans des circonstances particulièrement douloureuses.

Au mois d'octobre 1887 commença la triste affaire connue sous le nom d'affaire des décorations, dans laquelle se trouvèrent d'abord impliqués deux généraux, l'un sous-chef d'état-major au ministère de la guerre, l'autre sénateur, en compagnie d'intrigants des deux sexes, et à laquelle fut ensuite mêlé M. Wilson, député d'Indre-et-Loire, gendre du Président de la République.

Les ennemis de M. Grévy lui ont reproché de s'être découvert pour couvrir le mari de sa fille et le père de ses petits-enfants, et d'avoir ainsi compromis son autorité. On chercherait vainement l'ombre d'une preuve à l'appui de cette accusation. Dans quelles circonstances, par quel acte, par quelle démarche M. Grévy s'est-il découvert? Par quel acte, par quelle démarche a-t-il couvert son gendre? M. Wilson n'est-il pas resté livré pendant cinq mois à toutes les attaques de ses ennemis et à toutes les investigations des tribunaux?

Il appartient à l'histoire de faire la lumière sur les évènements auxquels nous avons assisté à la fin de l'année 1887, et d'indiquer la part de responsabilité qui revient à ceux qui y ont été mêlés. Nous ferons remarquer toutefois que la crise politique des mois d'octobre et de novembre 1887 est reliée par un lien étroit à la crise ministérielle du mois de mai de la même année; que, déjà à cette époque, de violentes attaques ont été dirigées par quelques journaux républicains contre le Président de la République, et que, peut-être, lors de l'affaire des décorations, la situation des partis à la Chambre des députés empêcha le ministère présidé par M. Rouvier de prendre l'attitude décidée qu'il eût sans doute adoptée s'il n'eût été en présence d'une opposition irréconciliable.

Le ministère a été renversé, et le Président de la République a été mis dans l'impossibilité de former un nouveau cabinet. Devant l'attitude hostile des deux Chambres et leur refus de concours, pour éviter un conflit qui, dans les circonstances où se trouvait le pays, aurait pu être désastreux, le chef de l'État a donné sa démission. Mais, en descendant du pouvoir, M. Grévy a pu dire à la France, dans un message qualifié d'admirable par un des écrivains les plus éminents de notre temps [1], ce qu'avait fait pour elle le Gouvernement qui venait d'être renversé.

L'histoire jugera la présidence de M. Jules Grévy. Quant à nous, en donnant au public les discours, les rapports et les messages de M. Grévy, nous avons la satisfaction de penser que nous montrerons en même temps, à l'aide d'irrécusables témoignages, quelle fut la vie judiciaire et politique de l'homme illustre qui, après avoir « présidé pendant neuf ans de la façon la plus digne et la plus sage aux destinées de la République [2] », a terminé sa carrière politique par une retraite dont les conséquences, heureusement conjurées, eussent pu être si graves, et dont la nouvelle a été accueillie avec appréhension, tristesse et regret par beaucoup d'hommes d'État en Europe et beaucoup de bons citoyens en France.

Paris, avril 1888.

Lucien Delabrousse.

---

1. J.-J. Weiss, *Revue politique et littéraire (Revue bleue)* du 17 décembre 1887.
2. Le *Temps* du 4 décembre 1887.

CHAPITRE PREMIER

L'ASSEMBLÉE CONSTITUANTE

On a vu plus haut qu'après la révolution du 24 février 1848 M. Grévy avait administré le département du Jura avec une sagesse et une habileté remarquables. Au jour des élections pour l'Assemblée constituante, le Jura témoigna sa reconnaissance au commissaire général de la République en le nommant, par 65,150 voix, c'est-à-dire à la presque unanimité des suffrages exprimés, le premier de ses représentants. Les autres élus du département furent MM. Cordier, Chevassu, Valette, Tamisier, Huot, Gréa, Jobez. Homme nouveau, M. Grévy s'était fait connaître à ses concitoyens comme un clairvoyant patriote, un ferme républicain, un administrateur prudent et avisé. Il arrivait à l'Assemblée entouré de l'estime publique, et, sur ce grand théâtre, il ne devait pas tarder à se révéler comme un éloquent orateur et un habile homme d'État. Fidèle aux convictions de toute sa vie, M. Grévy alla s'asseoir sur les bancs de la gauche. Lorsque l'Assemblée se fut, en vertu de l'article 10 de son règlement, divisée en quinze comités permanents, chargés de préparer et de traiter chacun les questions de sa compétence, M. Grévy fit partie du comité de justice. Il fut en outre, pendant la législature, membre de plusieurs commissions spéciales.

§ 1

DISCOURS

SUR LE PROJET DE

DÉCRET CONCERNANT LES BOISSONS

PRONONCÉ LE 21 JUIN 1848

A L'ASSEMBLÉE NATIONALE CONSTITUANTE

L'occasion de prendre la parole ne devait pas tarder à s'offrir à M. Grévy. L'Assemblée avait commencé, le 19 juin, la discussion du projet de décret concernant les boissons. Le Gouvernement, sans diminuer les droits établis par le décret du 31 mars, divisait, pour la perception de l'impôt, les départements en huit classes au lieu de quatre. La commission des finances, par l'organe de M. Deslongrais, proposait le rétablissement de la législation fiscale antérieure au 31 mars. Les plaintes des départements vinicoles avaient été exposées par MM. Guichard (de l'Yonne), Gounon et Richier. M. Mauguin avait conclu à l'abolition radicale des octrois et de tout impôt sur la vigne. Après les discours de MM. Mortimer-Ternaux, Mathieu-Bodet, Raynal, de Larcy et Derodé, M. Grévy prit la parole à la séance du 27 juin. Il s'attacha d'abord à établir que le ministre des finances, la sous-commission des finances et les auteurs des divers systèmes proposés à l'Assemblée avaient la prétention de supprimer l'exercice qu'ils maintenaient en réalité. Puis il continua en ces termes :

CHAPITRE PREMIER.

Le citoyen Grévy. — Ainsi, en résumé, dans le projet de ces messieurs, tous les propriétaires qui vendent en détail les produits de leur récolte, tous les débitants qui n'ont pas le moyen de payer d'avance les droits dont sont frappés les vins qu'ils achètent, tous les marchands de vin en gros sont soumis à ce qu'on appelle des inventaires, des récolements, des recensements, des visites, des vérifications, comme vous le voudrez, en réalité à l'exercice. (*Assentiment.*)

Ne venez donc pas dire que vous avez supprimé l'exercice; vous avez supprimé le nom, et vous avez laissé subsister la chose; c'est ce qui arrive trop souvent dans la manière dont on corrige les abus.

Ainsi je ne puis pas vous laisser dire, et ce serait le côté par lequel j'accepterais votre projet si contestable à d'autres points de vue, je ne puis pas vous laisser dire que vous supprimez l'exercice. Non, vous ne l'avez pas supprimé; il existe en réalité dans la plupart des cas, et, suivant les cas, sous des noms différents.

On me dira : Vous pourriez à la rigueur, surtout en ce qui concerne les débitants, vous affranchir de l'exercice en payant d'avance.

Est-ce que dans l'ancienne législation, dans le projet du ministre des finances, je n'ai pas le moyen de me soustraire à l'exercice? Est-ce que je ne trouve pas dans l'ancienne législation, comme dans le projet du comité des finances, à m'y soustraire au moyen de l'abonnement? Ainsi c'est toujours une faculté qui est laissée aux contribuables; mais, sous ce rapport, les divers projets n'améliorent pas la situation des contribuables.

Reste donc la situation; elle est telle, on vous l'a démontré, que soit le décret du 31 mars; soit le décret du ministre des finances, soit la proposition de M. Ternaux aggravent dans une proportion notable le droit qui pèse sur les contribuables, droit déjà si lourd et si impatiemment supporté. Il suffit de poser des chiffres pour faire sentir à chacun quelle est l'importance de cette aggravation : d'après les législations antérieures au 24 février, le droit était de 60 centimes à 1 fr. 20, suivant les localités divisées en quatre classes. Aujourd'hui, d'après le décret du 31 mars, il est de 1 fr. 25 à 5 francs, c'est-à-dire qu'il est doublé, triplé, quadruplé et décuplé.

Le projet de M. le ministre des finances laisse les choses dans le même état; il ne modifie la situation qu'en ce qu'il divise en huit classes ce qui était divisé en quatre classes ; mais, quant au droit, il s'élève toujours de 1 franc à 5 francs.

Ajoutez à cela qu'il pèse sur les eaux-de-vie et les alcools dans une proportion qui a été indiquée, c'est-à-dire qu'il élève de 34 à 50 francs le droit qui frappe ces liqueurs.

Le projet de M. Mortimer-Ternaux aggrave aussi les droits dans une proportion moindre ; mais cependant, puisqu'il porte à un droit fixe de 1 franc un droit qui, pour une foule de départements, n'est que de 60 centimes, il y a là une aggravation considérable. Il augmente aussi le droit à un autre point de vue, puisque, lorsque le vin sort du département et des départements limitrophes, il porte à 2 fr. 50, d'une manière uniforme pour tous les départements et pour tous les vins, le droit qui frappe cette liqueur. M. Mortimer-Ternaux élève aussi de 34 à 50 francs, comme M. le ministre des finances, le droit qui pèse sur l'eau-de-vie. Je demande si, en présence de cet impôt qu'on ne supporte qu'avec impatience, et parce que le Gouvernement a fait appel au patriotisme de tous les citoyens, ce droit qui pèse si lourdement sur la population, qui frappe l'agriculture d'une espèce d'atrophie, je demande s'il peut subsister, en présence des promesses qu'on a faites depuis si longtemps aux populations de les soulager de cet impôt? Je dis que venir apporter des projets qui aggravent cet impôt, au lieu de l'alléger, c'est vous proposer une chose que vous ne pouvez pas accepter.

La discussion continua pendant le reste de la séance et fut achevée seulement dans la séance suivante, le 22 juin. Le projet de la commission, légèrement amendé, fut adopté par l'Assemblée. Dans ce discours de début à l'Assemblée nationale, on aperçoit déjà la dialectique nette et serrée qui est la qualité maîtresse de l'éloquence de M. Jules Grévy. Mais ce n'était là qu'une escarmouche. Des luttes plus sérieuses allaient se produire, où le représentant du Jura devait se montrer comme l'un des plus vigoureux orateurs et l'un des politiques les plus avisés de l'Assemblée.

L'insurrection de juin mit en lumière le courage et la

clairvoyance de M. Grévy. La réaction qui, depuis le 15 mai, sentait son pouvoir augmenter de jour en jour, avait cru le moment venu de se débarrasser de la commission exécutive. Des républicains abusés avaient été entraînés dans l'intrigue. L'idée de concentrer le pouvoir exécutif dans les mains du général Cavaignac, lancée par les adhérents de la réunion du Palais-National, faisait son chemin. On parlait en outre de mettre Paris en état de siège. Mais cette dernière proposition paraissait devoir rencontrer une vive opposition dans l'Assemblée.

En effet, les souvenirs de 1832 étaient encore vivants dans toutes les mémoires. On se rappelait l'ordonnance qui, à cette époque, avait mis Paris en état de siège, la condamnation à mort d'un insurgé par le conseil de guerre, l'opinion publique soulevée à la nouvelle de cette sentence, qui fut annulée par la cour de cassation après une admirable plaidoirie de M° Odilon Barrot. L'avocat avait démontré qu'il n'existait pas de loi qui, à l'intérieur et hors le cas d'investissement, permît à un chef militaire de mettre une population hors des garanties constitutionnelles. Avant donc de porter la déclaration d'état de siège à l'Assemblée, les promoteurs de cette proposition crurent bon de la faire discuter dans les bureaux. Elle y rencontra une vive opposition. M. Grévy fut parmi ceux qui la combattirent le plus vigoureusement. Daniel Stern, dans son *Histoire de la Révolution de 1848,* raconte ainsi son intervention dans ce débat :

« L'un des représentants qui parla le plus fortement dans ce sens, ce fut M. Grévy, représentant du département du Jura. C'était un esprit ferme et tempéré, à qui l'amour du bien et l'habitude des choses honnêtes traçaient toujours, sans qu'il eût besoin d'efforts, la ligne la plus droite. Sa parole était grave, lucide ; il possédait cette logique invincible de la sincérité qui gagne tous les bons esprits. L'un des nouveaux venus dans l'Assemblée, il s'y était promptement acquis, sans intrigue et même sans ambition, une considération particulière. Républicain par réflexion plutôt que par entraînement, il ne concevait le progrès que par la liberté. Se tenant à cette notion très simple, mais bien rare dans les querelles de parti, il parut constamment, au sein de l'Assemblée, comme une expression modeste de sa meilleure conscience, comme un exemple parfait de l'esprit parlementaire appliqué dans toute sa sincérité à l'affermissement et à l'extension des institutions démocratiques[1]. »

L'hésitation durait encore lorsque, dépêché par la réunion du Palais-National, M. Pascal Duprat parut à la tribune et donna lecture de la proposition aux termes de laquelle l'état de siège était décrété et le pouvoir exécutif remis au général Cavaignac. Les protestations de M. Larabit et de M. Germain Sarrut contre l'état de siège avaient fait de l'impression sur l'Assemblée. La proposition, en ce qui concernait l'état de siège, allait probablement être rejetée, lorsque M. Bastide intervint et conjura l'Assemblée de voter le plus tôt possible, autrement, dans une heure peut-être, l'Hôtel de Ville serait pris. Le projet de décret fut adopté par assis et levé. Une soixantaine de membres, parmi lesquels MM. Babaud-Laribière, Considérant, Grévy, Lamennais, Odilon Barrot, Félix Pyat, Renouvier, Walferdin, se levèrent seuls à la contre-épreuve. Ainsi, dès le début de sa vie politique, M. Grévy se prononça hautement pour le règne des lois et contre la dictature militaire. Tel il a été dans cette mémorable circonstance, tel nous le retrouverons par la suite, adversaire de la politique de violence, partisan de la légalité, ne voulant à aucun prix faire fléchir le salu-

---

1. Daniel Stern, *Histoire de la Révolution de 1848*, Paris, 1850-1853; 3 vol. in-8º, t. III, p. 204.

taire principe de la subordination du pouvoir militaire au pouvoir civil.

Dans les humoristiques portraits à la plume des hommes du jour qu'il a publiés, en 1875 et 1876, sous le pseudonyme de Kel-Kun, M. Edmond Texier nous montre M. Grévy tel qu'il était en 1848 :

« Je le vois, dit-il, à la tribune de l'Assemblée nationale en 1848; il a trente-huit ans, — l'heure de l'embonpoint n'est pas encore venue, — grand, mince, le col solidement emmanché dans des épaules robustes, la lèvre un peu dédaigneuse, le nez droit, des yeux qui lancent le regard comme une flèche. Le front ne rayonne pas, mais la physionomie est empreinte d'une grande finesse. Ce n'est point un poète qui parle ; c'est peut-être un administrateur, un avocat général ou un ministre protestant. En résumé, une tête de prédicateur méthodiste sur un buste de grenadier[1]. »

---

1. *Les Portraits de Kel-Kun*, Paris, 1875-1876, 2 vol. in-18. t. Ier, p. 1.

§ II

DISCOURS

SUR

LA DEMANDE EN AUTORISATION DE POURSUITES

CONTRE LES REPRÉSENTANTS

LOUIS BLANC ET CAUSSIDIÈRE

PRONONCÉ LE 25 AOUT 1848

A L'ASSEMBLÉE NATIONALE CONSTITUANTE

Après la répression de l'insurrection de juin, l'Assemblée avait nommé une commission d'enquête dans laquelle les républicains étaient en très petite minorité. Cette commission, présidée par M. Odilon Barrot, avait siégé pendant près de six semaines et entendu plus de deux cents témoins. Son rapporteur, M. Quentin-Bauchard, adversaire déclaré de la République, avait dressé un acte d'accusation en trois volumes in-$4°$ contre la révolution de Février. Il était remonté jusqu'à l'époque du Gouvernement provisoire; malgré le décret de l'Assemblée portant que ce gouvernement « avait bien mérité de la patrie », il s'était attaché, avec une grande perfidie, à incriminer, non pas seulement les conférences du Luxembourg, mais les bulletins et circulaires du ministère de l'intérieur et du ministère de l'instruction publique, en un mot tous les actes de la Révolution. La réaction avait jeté les masques. Entre elle et les républicains c'était désormais un duel à mort. Les débats commencèrent le 25 août à midi et continuèrent sans interruption jusqu'au lendemain à six heures du matin. M. Ledru-Rollin réfuta avec une grande éloquence le rapport de M. Quentin-Bauchard. Lorsque M. Louis Blanc parut à la tribune, l'hostilité longtemps contenue de la majorité se manifesta par des interruptions et des clameurs. Il se disculpa avec énergie de toute participation à l'insurrection du 15 mai. M. Caussidière, dont la triviale énergie avait souvent favorablement impressionné l'Assemblée, lut un manuscrit dans lequel il s'attacha à établir que ses fonctions n'avaient été, à tout prendre, que la dictature du bon sens. Alors le président, Armand Marrast, se leva et donna lecture d'un réquisitoire du procureur général près la Cour d'appel de Paris concluant à l'autorisation de poursuites contre deux représentants, MM. Louis Blanc et Caussidière, comme complices des attentats des 15 mai et 23 juin, à raison des charges nouvellement survenues d'après l'instruction judiciaire et l'enquête parlementaire. Le général Cavaignac, président du conseil des ministres, chef du pouvoir exécutif, prit la parole pour demander, « au nom de la tranquillité du pays, que l'Assemblée, dont la conviction devait être formée, ne prolongeât pas la discussion et n'ajournât pas son vote ». M. Louis Blanc répondit avec énergie que les faits politiques et les faits judiciaires devaient rester unis dans le même débat. Déjà, dit-il, des poursuites avaient été exercées contre lui ; l'Assemblée les avait repoussées, elle ne pouvait revenir sur ce point sans se déjuger. « Il n'y a pas un honnête homme, s'écria-t-il, qui, au fond de sa conscience, ne me proclame innocent. Ce qu'on veut atteindre en moi, ce n'est pas un coupable, mais un ennemi, mais un homme politique. »

La nuit était déjà avancée quand M. Corne, procureur général, monta à la tribune pour justifier l'accusation.

CHAPITRE PREMIER.

Ce long débat touchait à son terme. Après quelques paroles chaleureuses de M. Caussidière, M. Théodore Bac prit la parole pour un rappel au règlement; puis M. Guichard demanda la division sur les faits qui se rattachaient au 26 juin et sur ceux relatifs au 15 mai, les premiers mettant les deux représentants inculpés sous le coup des conseils de guerre, les autres les rendant seulement justiciables de la justice ordinaire. M. Dupin l'aîné, représentant de la Nièvre, s'éleva vivement contre cette proposition en déclarant que l'Assemblée nationale n'était ni un tribunal, ni même une chambre du conseil, qu'elle n'avait pas à décider si les représentants inculpés étaient coupables ou présumés coupables, qu'elle avait simplement à dire si elle devait protéger par le privilège parlementaire ceux qu'on lui demandait de poursuivre ou si, au contraire, elle devait retirer la main qui les protégeait pour laisser agir la justice du pays. Il ajouta que l'Assemblée n'avait pas à choisir ni à désigner la juridiction, qu'elle n'avait pas le droit de renvoyer devant telle ou telle juridiction, qu'elle était tenue de respecter le principe qui était le fondement de toute justice criminelle : l'indivisibilité des procédures. A la suite du discours de M. Dupin l'aîné, et conformément à la demande qu'il en avait faite, l'Assemblée nationale prononça à la presque unanimité l'ordre du jour sur la discussion politique. Restait la question la plus grave du débat : celle de savoir si l'Assemblée devait ou non autoriser les poursuites. Fallait-il statuer sur cette question séance tenante, ou bien prononcer un renvoi pour permettre aux représentants de comparer les charges de l'accusation avec les moyens de défense des inculpés? Le ministre de la justice, M. Marie, venait de réclamer l'urgence, et de nombreux cris aux voix s'étaient fait entendre. Il semblait qu'une partie de l'Assemblée voulût étouffer la discussion. M. Grévy demanda aussitôt le renvoi dans les bureaux. Malgré l'opposition de plusieurs ministres et les clameurs d'une fraction de l'Assemblée, il prit la parole, réussit à se faire écouter, et bientôt captiva l'attention de l'auditoire. Il s'exprima ainsi :

Le citoyen Grévy. — Je demande le renvoi dans les bureaux.

Voix nombreuses. — Non! Non!

Le citoyen Grévy. — Je demande la parole. (*S'adressant au ministre.*) Vous ne voulez pas le renvoi dans les bureaux?

Plusieurs des ministres. — Non! Non! (*Bruit.*)

Le citoyen président. — Vous êtes intéressés à ce que cette dernière partie de la délibération s'achève au milieu du calme et du silence.

Le citoyen Grévy. — Messieurs, je vous demande de laisser à cette proposition son cours et de la renvoyer dans les bureaux. M. le Président du conseil disait tout à l'heure que depuis longtemps, depuis un temps qu'il ne détermine pas du moins, le Gouvernement avait son opinion faite sur la question qui vous a été soumise. Qu'il me soit permis de m'étonner que, s'il y avait une opinion faite sur la question, on ne l'ait pas dit plus tôt.

Le citoyen président du conseil. — Elle date peut-être d'aujourd'hui.

Le citoyen Grévy. — Si le Gouvernement voulait que la question judiciaire fût vidée en même temps que la question politique, il pouvait concilier cela avec ce qu'il regarde comme une exigence du juste et légitime intérêt des accusés. Rien n'empêchait que, il y a deux ou trois jours, la question fût soumise à l'Assemblée, qu'elle suivît son cours ordinaire, que nous eussions le temps d'examiner, d'étudier les documents, et nous aurions été à même de juger immédiatement, sans connaître... (*Exclamations.*)

Plusieurs membres. — Ce n'est pas un jugement.

Le citoyen Grévy. — Je dis sans connaître, je le maintiens et je le prouve. (*Nouvelles exclamations.*)

Le citoyen président. — Les exclamations ne font absolument que prolonger le débat.

Le citoyen Grévy. — Je ne sais, messieurs, s'il est beaucoup de membres dans cette Assemblée qui aient été dans la confidence du Gouvernement, et qui aient pu se préparer à la discussion et au jugement de la question que nous avons à résoudre. (*C'est vrai!* — *Rumeurs.*) Quant à moi, je n'y suis nullement préparé ; je n'ai point examiné les documents de l'enquête au point de vue que j'ai aujourd'hui à résoudre, je ne les ai point examinés au point de vue judiciaire ; j'ai examiné les documents au point de vue politique, et je ne m'attendais pas à avoir à statuer aujourd'hui sur le sort de deux de nos collègues.

Non seulement nous n'avons pas examiné les documents au point de vue de la résolution de la question judiciaire ; mais, à côté des documents de l'enquête, il y a les documents fournis par les accusés eux-mêmes, et qu'il me soit permis de m'étonner en cette occasion de la théorie apportée tout à l'heure à cette tribune par un savant et éloquent jurisconsulte, qui, dans je ne sais quel intérêt, vous faisait entendre, ou cherchait à vous faire entendre, que ce que vous aviez à faire ici n'était pas une question qui préjugeât en aucune façon le sort des accusés; que vous n'étiez pas un tribunal; que ce que vous alliez faire n'aurait aucune influence sur le sort des accusés; c'est là une logomachie (*Murmures*), permettez-moi de le dire, indigne de son caractère et de son talent. (*Dénégations. — Oui! c'est vrai! — Interruption.*)

Comment! on vous apporte une proposition d'autorisation de poursuites contre deux des membres de cette Assemblée; on vous soumet les éléments sur lesquels cette proposition s'appuie; on vous demande de former votre jugement sur ces éléments, et vous ne voulez pas que ce jugement ait une portée sur le sort des accusés!

Rappelez-vous la théorie exposée ici et jugée par vous dans une de vos précédentes séances. Qu'a-t-on exposé à cette tribune et soutenu de toutes parts? Qu'il fallait examiner si l'accusation était fondée, si l'accusation n'était pas légère, si l'accusation ne procédait pas d'un sentiment passionné.

Comment voulez-vous juger si une accusation n'est pas légère, si une accusation n'est pas passionnée autrement qu'en examinant les éléments de l'accusation elle-même? Avez-vous fait autrement l'autre jour, et n'est-ce pas après avoir examiné avec attention chacune des charges opposées à Louis Blanc, que vous avez décidé que ces charges n'étaient pas suffisantes pour ordonner l'autorisation de poursuites ?

Qu'on ne vienne pas nous dire que le jugement que nous portons n'a aucune espèce d'influence, de portée sur le sort des accusés. C'est un premier jugement dans lequel nous apprécions les charges, non pas au point de vue de la condamnation, mais au point de vue de l'autorisation ; nous apprécions les charges accumulées contre eux, et il est impossible en raison de soutenir que cette décision-là n'a pas une influence quelconque sur le sort des accusés.

S'il en est ainsi, je soutiens que, pour mon compte, j'ai examiné avec autant de soin que qui que ce soit les documents de l'enquête, et je ne suis pas en état de statuer en connaissance de cause, par ce double motif que je n'ai pas examiné l'enquête au point de vue des charges qui pèsent sur les deux accusés, que je n'ai pas rapproché les charges des éléments de la défense que je ne connaissais pas ; c'est pour avoir le temps de faire cet examen avec réflexion que j'ai demandé le renvoi de la proposition dans les bureaux.

Je comprends qu'il peut y avoir des intérêts politiques qui puissent faire désirer de presser la solution de cette question ; mais, au-dessus des intérêts politiques, il y a les intérêts de la justice, il y a des intérêts très graves, puisqu'il s'agit de deux de vos collègues, et ces intérêts sont immenses, puisque vous pouvez les renvoyer devant un conseil de guerre.

Dans cette situation, il est impossible que vous ne

leur accordiez pas deux ou trois jours pour se préparer à cette discussion et à nous faire juger en connaissance de cause.

Mais la majorité était résolue d'en finir. Après le discours de M. Grévy, l'urgence fut votée par 493 voix contre 292. M. Théodore Bac, dans une chaleureuse harangue, combattit en vain les charges invoquées contre M. Louis Blanc. L'Assemblée avait son siège fait. Par 504 voix contre 252, elle « accorda l'autorisation de poursuites demandée par le procureur général contre le citoyen Louis Blanc, pour l'attentat du 15 mai ». Puis, après avoir entendu MM. Flocon, Morhéry, Mathieu (de la Drôme), le général Cavaignac, président du conseil, James Demontry et Baune, elle accorda, par 477 voix contre 278, la même autorisation en ce qui concernait le citoyen Caussidière; mais, un instant après, elle refusa, par 458 voix contre 281, d'autoriser des poursuites contre lui à raison de l'attentat des 23, 24, 25 et 26 juin, ce qui, suivant la remarque du président, M. Armand Marrast, eût conduit l'ancien préfet de police devant les conseils de guerre. La séance fut levée ensuite. Il était six heures moins un quart du matin.

§ III

DISCOURS

SUR LA

PROPOSITION DU CITOYEN LABORDÈRE

TENDANT A ABROGER LE DÉCRET DU 9 MARS 1848
QUI A SUSPENDU

L'EFFET DE LA CONTRAINTE PAR CORPS

PRONONCÉ LE 1ᵉʳ SEPTEMBRE 1848
A L'ASSEMBLÉE NATIONALE CONSTITUANTE

Quelques jours après, une autre discussion eut lieu, à laquelle M. Jules Grévy prit une part importante. Un représentant, M. Labordère, avait proposé l'abrogation du décret du 9 mars 1848, qui avait suspendu l'effet de la contrainte par corps. Le comité de législation avait accepté cette proposition et chargé son rapporteur, M. Hippolyte Durand, de présenter à l'Assemblée un projet de décret ainsi conçu : « Le décret du 9 mars qui suspend l'exercice de la contrainte par corps cesse d'avoir son effet. » M. Wolowski, qui prit le premier la parole dans la discussion générale, combattit le projet du comité. Il démontra que « les motifs les plus graves puisés dans la politique, dans la morale et dans l'intérêt du commerce lui-même, dont on s'armait pour venir demander le rétablissement de la contrainte par corps, s'opposaient à cette voie d'exécution, qui était un vestige de l'ancienne procédure *des aveux*, qui était un vestige d'une époque de barbarie vers laquelle nous ne devons pas rétrograder ». Après quelques mots de M. Boudet, M. Crémieux, l'ancien ministre de la justice du Gouvernement provisoire, expliqua les motifs qui avaient inspiré les auteurs du décret du 9 mars : « Oui, citoyens, s'écria-t-il, nous avons prononcé l'abolition de la contrainte par corps, comme nous avons prononcé l'abolition de la peine de mort en matière politique *(Acclamations)*, comme nous avons demandé l'abolition de l'esclavage. *(Acclamations et murmures.)*

« Le citoyen Rouher. — Vous avez ruiné les colonies.

« Un membre. — On les a sauvées, au contraire !

« Le citoyen Crémieux. — Nous n'avons pas voulu que cet autre esclavage de tous les jours, qui pèse sur une foule de malheureux et qui atteint à peine ceux qu'il devrait atteindre, que cet autre esclavage se continuât. *(Bravo ! bravo !)* Vous direz si nous avons eu tort, si votre conscience se prononce contre le décret, vous le corrigerez, non en l'abrogeant, mais en modifiant la loi de 1832. » La question était ainsi nettement posée. Après quelques observations de M. Valette (du Jura) et de M. Regnard, M. Jules Grévy prit la parole pour défendre l'œuvre du Gouvernement provisoire, et, dès les premiers mots, entra dans le cœur du sujet. Voici le discours qu'il prononça :

Le citoyen président. — La parole est à M. Grévy.

Le citoyen Grévy. — La contrainte par corps m'a toujours paru faire tache dans notre législation, incompatible avec les principes de notre droit public, contraire aux lois de la justice, de la morale, de l'humanité, inutile au commerce... *(Exclamations)*, inutile au commerce, féconde en résultats fâcheux pour la famille et la société ; elle est condamnée à la fois et par son principe et par ses effets.

Je supplie l'Assemblée de vouloir bien ne pas juger mon opinion sur la simple énonciation que je suis obligé d'en faire, et de vouloir bien attendre les arguments et les développements que j'aurai l'honneur de lui fournir à l'appui des propositions que j'énonce.

Lorsque le décret du 9 mars vint abolir la contrainte par corps, je le considérai comme une des réformes du Gouvernement provisoire les plus conformes au progrès des temps et à l'esprit de la révolution qui venait de s'accomplir.

M. le rapporteur du comité de législation, voulant justifier dans son principe la contrainte par corps, nous en montre l'origine dans les républiques anciennes.

C'est mon premier motif pour la condamner. Il faut, en effet, remonter aux législations barbares pour retrouver la source de la contrainte par corps.

Dans les principes de ces législations, l'homme est une chose qui peut devenir la propriété d'un autre homme.

Par une conséquence nécessaire, le débiteur répond de ses engagements sur sa personne, comme sur toutes les autres choses qu'il possède ; s'il ne paye pas, le créancier le traîne en justice et se le fait adjuger ; il en devient propriétaire, il peut épuiser sur lui son droit de propriété.

C'est le premier état, le beau idéal de la contrainte par corps.

Puis, plus tard, elle se transforme; ce n'est plus à la servitude qu'elle aboutit, c'est à l'emprisonnement; l'homme cesse d'être dans le commerce, mais sa liberté y reste. C'est le deuxième état de la contrainte par corps, telle qu'elle est arrivée jusqu'à nous.

Ainsi, la contrainte par corps, qui a sa source première dans le droit de propriété de l'homme sur l'homme, repose encore aujourd'hui sur cet autre principe non moins barbare, que la liberté est dans le commerce. Voilà le principe qu'il faut professer, qu'il faut soutenir, quand on veut justifier la contrainte par corps.

M. le rapporteur du comité de législation n'a pas osé aller jusque-là; mais ses devanciers ont été plus courageux, et, qu'il me permette de le dire, plus logiques.

En 1829, le ministre de la justice, présentant à la Chambre des pairs le projet qui devint plus tard la loi de 1832, disait :

« L'esprit de commerce, qui tend à réduire en valeur négociable, non seulement les choses matérielles, mais encore les choses incorporelles, et qui cherche à mobiliser toutes les valeurs, ne pouvait manquer de faire entrer dans la masse des capitaux dont l'homme peut disposer sa liberté même, et ce capital devait être d'autant plus précieux qu'il représente à la fois pour chacun ce que son travail peut féconder et ce qu'il peut créer par son industrie. »

Ainsi, voilà qui est clair et franc. La liberté est un capital comme un autre : c'est une marchandise; elle est dans le commerce. Voilà à quoi il faut arriver quand on veut être logique ; voilà le principe sur lequel repose la contrainte par corps.

Ai-je besoin de discuter devant vous cette doctrine grossière et de prouver que la liberté n'est pas une marchandise, qu'elle n'est pas dans le commerce ? Non; la liberté ne peut pas plus être dans le commerce que l'homme lui-même, dont elle est inséparable, dont elle forme le plus noble attribut. La liberté est inaliénable : c'est le principe fondamental de notre droit public; il est écrit expressément dans nos lois : elles défendent formellement aux citoyens d'engager leur liberté et de se soumettre volontairement à la contrainte par corps.

Or je dis qu'à côté de ce principe, qui est la base de notre droit public, la loi de 1832 forme une contradiction manifeste.

En effet, cette loi permet de faire indirectement ce que le principe que je rappelle défend de faire directement.

Comment! par une disposition générale et d'ordre public, il est défendu aux citoyens d'engager leur liberté, de se soumettre volontairement à la contrainte par corps, aux officiers publics de recevoir tout acte dans lequel elle serait stipulée, aux magistrats de la prononcer dans ces circonstances; et, à côté de ce principe général et protecteur de la liberté, il y a toute une législation spéciale qui permet aux citoyens, en formant des engagements d'une certaine nature, en souscrivant des actes revêtus d'une certaine forme, de se soumettre volontairement à la contrainte par corps, c'est-à-dire d'engager, d'aliéner volontairement leur liberté!

Est-il possible de tomber dans une inconséquence plus choquante?

Aussi les partisans les plus éclairés de la contrainte par corps n'ont-ils pas cherché à la justifier en principe; ils ont reculé devant cette nécessité; et, en 1831, M. Portalis, rapporteur de la commission de la Chambre des pairs, dans la discussion de cette même loi de 1832, disait:

« Votre commission s'est abstenue d'examiner la question de savoir si la contrainte par corps devait être ou non maintenue. Ceux de ses membres qui sont convaincus qu'elle est incompatible avec les principes de notre droit public, et qu'elle n'est pas réclamée par les intérêts du commerce, ont jugé que le moment n'est pas venu d'élever une telle discussion; ils ont pensé qu'elle retarderait indéfiniment l'adoption des restrictions qu'on est à peu près convenu d'apporter à une législation rigoureuse, et ils ont préféré ne pas combattre *un principe vicieux* qu'on a peu d'espérance de bannir de notre législation dans les circonstances présentes, que de s'exposer à voir ajourner encore des mesures propres à en atténuer les effets, en rendant les applications qu'il reçoit plus rares et moins sensibles. »

Voilà comment s'exprimait, en 1831, la commission de la Chambre des pairs, par l'organe de son rapporteur. Elle subissait, malgré elle, la nécessité de tolérer quelque temps encore la contrainte par corps ; et elle la subissait pour en restreindre graduellement les applications et arriver progressivement à l'extirper. Elle réprouvait le principe de la contrainte par corps ; elle le qualifie de vicieux. Voilà ce qu'on faisait en 1831. En 1848, sous le Gouvernement républicain, nous sommes en progrès : c'est le principe même de la contrainte par corps qu'on justifie ; on soutient qu'il est en parfaite harmonie avec le principe de notre Gouvernement. Je n'ai pas été peu étonné de trouver une thèse en forme sur ce sujet dans le rapport de votre comité de législation. Il est vrai qu'on ne se met pas en frais d'arguments théoriques ; on y lit seulement que la contrainte par corps ayant toujours existé, c'est une raison suffisante pour qu'elle soit considérée comme n'étant pas incompatible avec les principes de notre Gouvernement.

Je pourrais, messieurs, répondre que cet argument repose sur une base fausse, que la contrainte par corps n'a pas toujours et partout existé, et qu'au moment où je parle, chez toutes les nations qui marchent à la tête de la civilisation, la contrainte par corps tend manifestement à disparaître.

Mais quelle est la valeur de cette argumentation qui consiste à dire que, puisque la contrainte par corps a existé jusqu'à présent, c'est une raison suffisante pour qu'elle existe toujours? Quelle est l'institution surannée, quel est l'abus invétéré qui ne se justifierait pas ainsi par sa longue existence, avec cette méthode d'argumentation qui consiste à mettre le fait à la place du droit?

Je crois donc, messieurs, avoir démontré que le principe de la contrainte par corps est en contradiction ouverte avec le principe fondamental de notre droit public. Le principe de la contrainte par corps est qu'on peut aliéner sa liberté, qu'elle est aliénable; le principe de notre droit public est que la liberté est inaliénable.

On a beaucoup discuté sur la question de savoir si la contrainte par corps est une peine. Cette discussion me paraît avoir roulé sur une confusion de mots.

Si ceux qui soutiennent que la contrainte par corps n'est pas une peine veulent dire qu'elle n'en a pas le caractère légal, les effets légaux, c'est-à-dire qu'elle n'a pas pour objet de punir un fait prévu par la loi pénale, qu'elle n'est pas infligée par les tribunaux de répression, à la requête du ministère public, qu'elle n'a pas les conséquences flétrissantes des condamnations criminelles, ils ont incontestablement raison. Mais s'ils veulent dire que, sous le rapport afflictif, la contrainte par corps n'a pas tous les caractères de la peine, ils sont dans une évidente erreur.

Quelle différence y a-t-il entre le détenu pour dettes et le condamné correctionnellement, sous le rapport que j'indique? L'un n'est-il pas comme l'autre sous les verrous, privé de sa liberté, séparé de sa famille, de ses amis, soumis aux mêmes privations, endurant les mêmes souffrances? Il est donc évident que, sous le rapport afflictif, il n'y a aucune différence entre le condamné correctionnellement et le débiteur détenu pour dettes.

Or je vous demande si infliger une peine afflictive à un fait qui n'est ni un crime ni un délit; si traiter de la même manière, soumettre au même châtiment celui qui a été condamné correctionnellement, frappé par un tribunal de répression pour un fait punissable, et le débiteur insolvable qui n'est que malheureux, ce n'est pas faire abstraction de toute moralité dans l'appréciation des actions humaines; je vous demande si ce n'est pas infliger un mal qui n'a pas été mérité, si ce n'est pas de l'injustice et de l'immoralité!

Et si l'on considère que cette peine sans délit, ce châtiment sans culpabilité, ce n'est pas la société, mais l'intérêt privé, mais la passion individuelle qui l'inflige à son gré; si l'on considère que souvent c'est moins l'espoir de recouvrer une créance désespérée, qu'un sentiment de vengeance ou de colère qui détermine le créancier à user de l'arme qu'il a dans la main... (*Interruption.*)

A gauche. — Oui! oui!

Le citoyen Grévy. — Je m'étonne, messieurs, de ces interruptions; je ne comprends pas qu'il soit possible de contester que souvent l'aigreur qui résulte de la longue attente, des sacrifices faits, des pertes éprouvées, ne détermine pas chez le créancier un sentiment de haine, un sentiment de colère qui se poursuit sur la personne de son débiteur. Cela est incontestable.

Eh bien, si cela est, une loi qui livre ainsi la personne du débiteur au créancier quand celui-ci n'en peut plus tirer que de la douleur, n'est-elle pas une loi évidemment immorale et injuste?

On me répondra que telle n'est pas la pensée de la loi; que la loi n'a pas voulu armer le créancier d'une peine; que c'est seulement un moyen d'exécution qu'elle lui donne.

Mais, messieurs, quelle que soit l'intention de la loi, n'y a-t-il pas l'effet qui subsiste et qui est le même? Est-ce qu'en réalité ce n'est pas une peine, et une peine afflictive, qui est remise aux mains du créancier? et cela ne suffit-il pas pour que, dans son effet, la loi porte une atteinte à la justice et à la moralité?

Ainsi, messieurs, contraire au principe fondamental de notre droit public, contraire aux lois de la justice et de la moralité, voilà la contrainte par corps considérée dans son principe.

Continuant sa démonstration, M. Grévy examine les effets de la contrainte par corps. On soutient qu'elle est utile au commerce. L'orateur montre que les individus qui remplissaient les maisons de détention étaient, non point les commerçants proprement dits ayant marchandises et capitaux, mais de jeunes dissipateurs, quelques pères de famille dans la détresse, beaucoup de chevaliers d'industrie, des hommes appartenant à toutes les professions, et que le besoin ou l'imprudence avaient entraînés à souscrire des lettres de change. Il établit en outre que les créanciers qui tenaient leurs débiteurs en prison n'étaient pas davantage des commerçants, mais en général des faiseurs d'affaires véreuses, des usuriers. Il en tire cette conclusion que le commerce ne se servait pas de la contrainte par corps, et qu'on ne pouvait dire, par conséquent, que la contrainte par corps était utile au commerce. On objecte, il est vrai, que si le commerce ne se servait pas de la contrainte par corps, il pouvait s'en servir, et que c'était là, précisément, l'efficacité de la contrainte par corps, qu'elle était une menace suspendue sur la tête du commerçant et qui le rendait ponctuel dans l'exécution de ses engagements. Cette objection n'a aucune valeur. Lorsqu'un commerçant est embarrassé dans ses affaires, ce dont il a peur, ce n'est pas d'aller en prison, c'est de voir sa signature protestée, « parce que le protêt, c'est la perte de son crédit, et que la perte de son crédit, c'est la faillite, c'est-à-dire la ruine et le déshonneur ». M. Grévy démontre ensuite que la loi de la contrainte par corps est en contradiction absolue avec la loi des faillites, que la loi des faillites paralyse dans ses effets la loi de la contrainte par corps. En effet, l'emprisonnement pour dettes fait naître la faillite, et la faillite fait expirer l'emprisonnement. Ni le failli concordataire, ni le failli placé sous le contrat d'union, et déclaré excusable, ni même celui qui n'a pu obtenir le bénéfice d'excusabilité ne peuvent être soumis à la contrainte par corps. Il n'y a donc pas en prison de commerçants faillis; il ne peut pas y en avoir. Mais, dit-on encore, c'est le commerce qui profite de la contrainte par corps, c'est aux commerçants qu'on donne la contrainte par corps pour se faire payer. L'argument n'a pas plus de valeur que ceux qui précèdent. Le marchand n'a pas en France, comme en Angleterre, la contrainte par corps contre les pratiques qui achètent ses marchandises et ne le payent pas. Chez nous, le système de protection est renversé. Exemple. Voilà un marchand; un client lui prend sa marchandise et ne le paye pas à l'échéance. Le marchand n'a pas la contrainte par corps contre son acheteur; mais si ce marchand ne paye pas le fabricant qui lui a vendu cette même marchandise, il est sous le coup de la contrainte par corps. Ainsi, poursuit M. Grévy, cette loi de la contrainte par corps, qui n'est pas utile au commerce, le déshonore. A ces arguments si concluants, il en ajoute d'autres plus décisifs encore. Nous donnons la fin de son discours d'après le *Moniteur*:

Le principe sur lequel repose la contrainte par corps, c'est que le débiteur est présumé de mauvaise foi, c'est qu'il peut payer et qu'il ne le veut pas; c'est une sorte de torture, comme on vient de le dire, qu'on lui inflige dans la prison pour le forcer à se libérer. La contrainte par corps a donc pour cause une supposition de mauvaise foi, une improbité présumée, et vous étendez la contrainte par corps à tous les commerçants sans exception, c'est-à-dire qu'en déclarant que tous les commerçants, pour tous leurs engagements commerciaux, sont soumis à la contrainte par corps, vous établissez contre eux une présomption universelle de mauvaise foi et d'improbité. (*Très bien!*) Vous déshonorez le commerce sous prétexte de le protéger. Voilà ce qu'il y a de plus clair dans les effets de la contrainte par corps en ce qui concerne le commerce.

On m'a interrompu pour me dire: Il y a des pétitions; le commerce demande le rétablissement de la contrainte par corps.

Il y a des pétitions! Messieurs, pour répondre catégoriquement à cette objection, j'aurais besoin de reconnaître très exactement quels sont les pétitionnaires.

Il y a bien des gens qui vivent de la contrainte par corps, des frais qu'elle entraîne, des mauvaises affaires qu'elle facilite.

Il y a en outre beaucoup de négociants très honorables et très honnêtes qui croient à l'efficacité de la contrainte par corps. Mais demandez-leur quelles sont leurs raisons, car vous n'êtes pas ici pour accepter aveuglément les opinions qui vous viennent du dehors; eh bien, à ces commerçants de bonne foi, qui vous envoient des pétitions, demandez-leur leurs raisons, ils ne donneront pas, j'en suis persuadé, un motif plausible à l'appui de leurs pétitions; c'est un préjugé qui est jeté dans les esprits; il est si facile d'accepter une opinion toute faite, et il y a si longtemps que cette phrase court le monde : « la contrainte par corps est utile au commerce », qu'on accepte cette opinion toute faite et qu'on la transmet à l'Assemblée sous forme de pétition ; mais on se trouverait bien embarrassé si l'on arrivait à la justifier.

Les commerçants les plus éclairés et les plus intelligents ne demandent pas le rétablissement de la contrainte par corps ; il y longtemps qu'ils la jugent comme je le fais à cette tribune. Une des illustrations les plus compétentes du commerce, M. Laffitte, s'exprimait ainsi, en 1838, à la Chambre des députés :

« Disons-le franchement, les besoins du commerce ne réclament point l'exécution de la contrainte par corps ; elle ne s'exerce qu'au profit de l'usure, contre de malheureux pères de famille et quelques jeunes imprudents. »

Si je n'avais occupé déjà si longtemps votre attention, je l'appellerais sur une autre face de la question, sur quelques-uns des effets de la contrainte par corps. (*Parlez! parlez!*) Je déroulerais à vos yeux les effets moraux de la contrainte par corps, sur le débiteur, sur sa famille, sur la société. Je vous montrerais le détenu arraché à sa profession, à son industrie, consumant dans une oisiveté forcée des années précieuses ; les forces de son corps, les facultés de son âme s'altérant par la captivité ; la dépravation des prisons le gagnant peu à peu ; je vous montrerais la femme abandonnée sans ressources, sans protection, exposée à tous les dangers de l'isolement et du besoin ; ses enfants dans l'abandon, réduits à l'état d'orphelins, car avec votre protection exclusive pour l'intérêt du créancier, vous mettez le détenu dans l'impossibilité d'accomplir ses devoirs d'époux et de père.

La femme a-t-elle de la fortune, il faut qu'elle se dépouille, car elle ne peut pas laisser en prison l'homme dont elle porte le nom. Toutes les précautions du père de famille seront impuissantes pour la protéger ; les dispositions protectrices du régime dotal lui-même tomberont devant la nécessité de faire sortir le mari de prison.

Ceci donne même lieu à une fraude très commune.

Deux époux sont mariés sous le régime dotal, ils veulent aliéner, au mépris de la loi, la dot de la femme ; la contrainte par corps leur en offre le moyen. Le mari souscrit des engagements commerciaux simulés, il se fait mettre en prison, et la femme obtient l'autorisation d'aliéner les immeubles dotaux. (*C'est vrai !*) Interrogez ceux de vos collègues qui habitent des anciens pays de droit écrit, où le régime dotal est en faveur, ils vous diront que la contrainte par corps est le moyen habituel de ruiner les familles.

A ces raisons, je voudrais en ajouter une dernière et appeler l'attention de l'Assemblée sur l'économie de la législation spéciale dont on vous demande le rétablissement.

Considérée dans son but, la contrainte par corps est une épreuve de solvabilité ; elle repose sur cette pensée que le débiteur peut payer et qu'il ne veut pas payer. Or, cette pensée de la loi, le fondement sur lequel elle repose, a été perdu de vue par les rédacteurs de la loi : la solvabilité présumée du débiteur est la chose dont on s'est le moins occupé. Quel est le caractère auquel la loi s'arrête pour attacher la contrainte par corps à telle ou telle obligation? C'est le caractère de la créance; quant à la question de savoir, la seule qu'on devrait examiner, si le débiteur possède quelque chose, s'il est de mauvaise foi, si la contrainte par corps peut aboutir à tirer de ses mains les biens qu'il retient, c'est la circonstance dont on s'est le moins occupé; il est cependent évident qu'entre la nature des créances et la solvabilité du débiteur, il n'y a aucune espèce de liaison.

La loi manque donc son but ; elle frappe aveuglément toute une catégorie de débiteurs; elle frappe tous les commerçants, sans distinction entre le commerçant insolvable et le commerçant de mauvaise foi, qui retient encore quelque partie de sa fortune.

Autre inconséquence. Il y a dans la loi deux grandes catégories d'obligations : il y a les obligations de faire et les obligations de donner.

Pour les obligations de faire, il y a un texte dans le Code civil qui dit qu'elles se résolvent en dommages-intérêts ; et, dans le Code de procédure civile, un autre texte porte que, pour toutes les condamnations aux dommages-intérêts, on peut prononcer la contrainte par corps.

Une voix. — Jusqu'à un certain chiffre !

Le citoyen Grévy. — Oui, au-dessus d'un certain chiffre ; cela va sans dire. Il en résulte que, pour toutes les obligations de faire, la contrainte par corps peut être ordonnée.

Et les obligations de donner, la contrainte par corps y est-elle attachée ? Nullement.

Voilà deux classes d'obligations, dont l'une est soumise à la contrainte par corps, tandis que l'autre en est affranchie !

Il y a dans le comité de législation beaucoup de jurisconsultes éclairés et éminents ; je voudrais bien que l'un d'eux prît la peine de nous donner une raison quelconque de cette différence. Je voudrais bien qu'il nous dît pourquoi toutes les obligations de faire sont soumises à la contrainte par corps, et pourquoi les obligations de donner n'y sont pas également soumises ? C'est une inexplicable contradiction !

Je pourrais pousser plus loin cette critique ; je m'arrête ; j'en ai dit assez pour faire voir combien cette législation qu'on veut rétablir était inintelligente, contradictoire, aveugle.

Si, comme le disait tout à l'heure l'honorable M. Crémieux, vous vouliez, ce que je ne puis croire, revenir sur le décret du Gouvernement provisoire et rétablir en principe la contrainte par corps, il serait, en tout cas, impossible de maintenir cette législation, qui n'est qu'un tissu de dispositions incohérentes.

Messieurs, j'ai examiné la contrainte par corps dans son principe; j'ai trouvé qu'elle est incompatible avec les principes de notre droit public, qu'elle outrage les lois de la morale, de l'humanité; je l'ai examinée dans ses effets, j'ai trouvé qu'elle était inutile au commerce, qu'elle ne sert qu'à faciliter l'usure, les trafics honteux, la fraude, le dérèglement; qu'elle est funeste au débiteur, à sa famille, à la société; j'ai montré, enfin, que la législation spéciale qu'on veut nous rendre est un ramassis informe de dispositions vicieuses.

La contrainte par corps est un vieux débris des législations barbares; c'est le dernier vestige du droit de propriété de l'homme sur l'homme; il appartenait à la révolution de février de le faire disparaître; il ne convient pas à l'Assemblée nationale de le restaurer. *(Très bien! très bien!)*

Malgré cette lumineuse démonstration de l'injustice et de l'inefficacité de la contrainte par corps, le ministre de l'intérieur, M. Senard, vint défendre la proposition de décret : « Le Gouvernement, dit-il, ne veut pas l'abolition de la contrainte par corps; il ne veut pas davantage le maintien des abus qui, dans la législation antérieure, l'avaient, à juste titre, rendue odieuse. » Il demanda, en terminant, à l'Assemblée d'abroger le décret qui avait suspendu la contrainte par corps en matière commerciale, et de renvoyer à son comité de législation les amendements proposés pendant la discussion. L'Assemblée entendit encore M. Regnard, adversaire, et M. Bonjean, partisan de la contrainte par corps; puis, conformément à l'avis du Gouvernement, elle vota, par 456 voix contre 237, l'abrogation du décret du 9 mars et renvoya les amendements au comité de législation. Ce comité rédigea un projet de décret en six titres, qui fut adopté dans son ensemble, le 13 décembre, et forma la nouvelle législation sur la contrainte par corps.

§ IV

DISCOURS

SUR LE

PROJET DE CONSTITUTION

(AMENDEMENT TENDANT A CONFIER LE POUVOIR EXÉCUTIF A UN
PRÉSIDENT DU CONSEIL DES MINISTRES NOMMÉ PAR L'ASSEMBLÉE
ET RÉVOCABLE PAR ELLE.)

PRONONCÉ LE 6 OCTOBRE 1848

A L'ASSEMBLÉE NATIONALE CONSTITUANTE

Dès ce moment, M. Jules Grévy comptait parmi les orateurs les plus en vue de l'Assemblée nationale. La discussion de la Constitution allait le faire connaître sous un autre jour : elle devait montrer qu'en lui le puissant dialecticien était doublé d'un profond politique. Il s'agissait de régler le mode de nomination du pouvoir exécutif. Serait-il élu par le peuple, réuni dans ses comices, comme aux États-Unis d'Amérique, ou seulement par l'Assemblée nationale? Le comité de constitution proposait le système de l'élection par le peuple, sans se douter des dangers qu'un pareil mode de consultation pouvait faire courir à la liberté. La disposition qu'il présentait était ainsi conçue : « ARTICLE 41. — Le peuple français délègue le pouvoir exécutif à un citoyen qui reçoit le titre de Président de la République. » La discussion générale concernant cet article et les quatre suivants avait commencé le 5 octobre. Le premier orateur,

M. Félix Pyat, avait combattu l'ensemble du titre relatif au pouvoir exécutif. « Le danger, en France, avait-il dit, est en sens inverse des États-Unis. Aux États-Unis, il est dans la dispersion des provinces, il fallait un Président; en France, il est dans la concentration, il ne faut qu'une Assemblée. » M. de Tocqueville, l'auteur de la *Démocratie en Amérique*, lui avait répondu par un long discours destiné à démontrer que l'Assemblée ne devait pas avoir plus de confiance en elle-même que dans le peuple tout entier. Après lui M. de Parieu, un futur ministre présidant le Conseil d'État de l'Empire, soutint le système de l'élection du Président par l'Assemblée : « Quand vous voulez, dit-il à ses adversaires, un pouvoir fort contre ceux qui désobéiraient à la loi, mais faible vis-à-vis de ceux qui la font, vous allez lui donner, en quelque sorte, des racines de chêne pour mettre au-dessus une végétation de roseau! Vous êtes inconséquents! » M. Fresneau, au contraire, se prononça pour l'élection du Président par le suffrage universel. Enfin, le 6 octobre, M. Grévy prit la parole et défendit le système politique résumé dans l'amendement que voici et qui est demeuré célèbre :

« Art. 41. — L'Assemblée nationale délègue le pouvoir exécutif à un citoyen qui reçoit le titre de *Président du Conseil des ministres.*

« Art. 42. — Comme au projet.

« Art. 43. — Le Président du Conseil des ministres est nommé par l'Assemblée nationale, au scrutin secret et à la majorité absolue des suffrages.

« Art. 44. — Supprimé.

« Art. 45. — Le Président du Conseil des ministres est élu pour un temps illimité. Il est toujours révocable. »

Voici, d'après le *Moniteur*, le texte du mémorable discours que M. Grévy prononça à l'appui de son amendement :

Le citoyen Grévy. — Citoyens représentants, l'opinion que j'apporte à cette tribune heurte les idées reçues dans une partie de cette Assemblée. C'est une raison de plus pour moi de vous prier de m'écouter avec indulgence et sans prévention.

J'ai formulé cette opinion dans un amendement qui viendra en son lieu, et dont la pensée est simple et facile à saisir. Le chef du pouvoir exécutif est élu par l'Assemblée ; il prend le titre de Président du Conseil des ministres. Il est élu pour un temps illimité. Il est toujours révocable. Il nomme et révoque les ministres.

C'est exactement le système qui fonctionne aujourd'hui, et qui est tellement dans l'essence et les nécessités de la démocratie, que l'Assemblée y a été amenée naturellement par la seule force des choses. Je vous propose de le conserver et de le rendre définitif, en le mettant dans la Constitution.

Par cet amendement, je me rapproche du système de ceux qui demandent simplement la nomination du Président de la République par l'Assemblée ; je m'en écarte en ce point capital que, dans leur amendement, la délégation du pouvoir exécutif est faite pour un temps fixe et ne peut être révoquée, tandis que dans le mien elle est faite pour un temps illimité et elle est toujours révocable.

Avant d'entrer dans la discussion, je rencontre

deux objections préjudicielles, que je croyais définitivement écartées, mais auxquelles on revient avec une persistance telle que je vous demande la permission de m'y arrêter un instant moi-même ; je le ferai en peu de mots.

Je veux parler du droit que l'on conteste à l'Assemblée d'organiser le pouvoir exécutif comme elle le jugera convenable. Cette objection se divise en deux branches. Il y a ce qu'on a appelé le droit et ce qu'on a appelé le fait.

Pour ce qui est du fait, c'est-à-dire de la nomination par l'Assemblée actuelle du chef du pouvoir exécutif pour un temps quelconque, pour un temps fixe, je n'ai pas à m'arrêter à cette partie de l'objection : elle ne touche pas à mon système, elle ne touche pas à l'idée que je développe. Je ne m'arrête qu'à l'autre partie de l'objection, au droit contesté à cette Assemblée, non pas de nommer, mais d'organiser dans la Constitution, comme elle l'entend, le pouvoir exécutif.

J'ai entendu dire que nous ne pouvons pas écrire dans la Constitution que le pouvoir exécutif sera délégué par l'Assemblée, parce que le peuple s'est réservé cette délégation. Mais ce que je n'ai pas entendu dire, c'est quand ou comment cette réserve a été faite.

Je voudrais bien savoir comment une Assemblée constituante issue du suffrage universel, délégataire de tous les pouvoirs du peuple, sans conditions, sans limites, investie du plein exercice de la souveraineté, ne pourrait pas faire la Constitution comme elle l'entend. Je voudrais bien qu'on me dit pourquoi ses pouvoirs seraient plus limités pour une partie de la Constitution que pour toutes les autres; pourquoi elle serait moins toute-puissante pour l'organisation du pouvoir exécutif que pour l'organisation du pouvoir législatif ou du pouvoir judiciaire. Comment! nous avons le droit de régler les conditions d'élection du pouvoir législatif, et nous n'aurions pas le droit de régler celles du pouvoir exécutif! Nous pouvons décider que le pouvoir exécutif sera délégué à des consuls, à des directeurs, à un président; nous avons le droit de déterminer la durée de cette délégation, et nous n'aurions pas celui d'en déterminer le mode? Cela est d'autant moins soutenable que, dans le système même de la commission, c'est l'Assemblée qui nomme le président, toutes les fois qu'aucun candidat n'a obtenu la majorité des suffrages, ou que, l'ayant obtenue, il ne remplit pas les conditions d'éligibilité.

Ainsi, ce prétendu principe de l'élection directe est entamé par ceux mêmes qui le proclament.

Je résume ma réponse par un mot. Les articles 41 à 45, qui règlent l'organisation du pouvoir exécutif, sont des articles de la Constitution comme les autres; l'Assemblée constituante a le droit de les rédiger comme elle l'entend, et il n'y a pas plus de raison pour contester ou limiter son droit à l'égard de ces cinq articles qu'à l'égard des cent quinze autres.

Mais, dit-on, le peuple entend lui-même nommer son président.

Qui est en mesure d'affirmer cela? J'admire avec quelle confiance on donne son sentiment pour celui du peuple et on se constitue son organe! J'en demande pardon à ces truchements, mais aujourd'hui que le peuple a reconquis le droit de s'exprimer lui-même, il faut le laisser parler.

Voix à droite. — C'est précisément ce que nous demandons.

Le citoyen Grévy. — Or, lorsque le peuple a remis à ses mandataires des pouvoirs illimités pour édifier la Constitution, il savait parfaitement qu'il ne se réservait pas le droit d'en faire lui-même une partie. *(Rumeurs à droite.)*

Voix à gauche. — C'est évident.

Le citoyen Grévy. — Je vais plus loin. Quand il existerait sur ce point une erreur, un préjugé dans un certain nombre d'esprits, quand il serait vrai, comme le soutenait hier l'honorable M. de Tocqueville, que l'Assemblée, par ses travaux préparatoires, aurait contribué à établir ou à accréditer cette erreur, serait-ce une raison pour les représentants du peuple de prendre une mesure qu'aujourd'hui ils reconnaîtraient funeste? Sommes-nous ici pour subir tous les préjugés, pour accepter aveuglément toutes les erreurs qui viennent du dehors et pour les ériger en lois? Est-ce ainsi que nous comprenons notre mission? Nous en serions bien peu dignes!

Je suis convaincu, pour mon compte, que le peuple voudra ce que ses représentants auront voulu, qu'il acceptera ce qu'ils auront fait, qu'en les envoyant ici revêtus de ses pouvoirs, il s'en est remis à eux du soin de choisir les meilleurs moyens d'établir et de fonder la République.

On fait une deuxième objection qui ne me paraît pas fondée. On prétend que le principe de la séparation des pouvoirs serait violé si la délégation du pouvoir exécutif était faite par l'Assemblée nationale. Je crois, citoyens, que ceux qui font cette objection méconnaissent la nature et la portée du principe qu'ils invoquent.

Quand on dit que les trois pouvoirs doivent être séparés, qu'entend-on par là? Qu'ils doivent être séparés dans leur origine? Non, puisqu'ils procèdent tous d'une source unique, la souveraineté du peuple? Qu'ils doivent être séparés dans leur délégation, c'est-à-dire qu'ils doivent être délégués directement et séparément par le peuple? Non, encore; le principe n'a jamais été entendu, n'a jamais été appliqué ainsi. En France, où l'on a la prétention d'avoir appliqué longtemps le principe de la séparation des pouvoirs, jamais on ne l'a entendu ainsi; jamais le pouvoir judiciaire n'a été délégué séparément et divisément; le pouvoir judiciaire a toujours été délégué d'une manière indirecte par le pouvoir exécutif. La commission elle-même, dans son travail, vous présente des délégations indirectes et collectives. Non seulement le pouvoir judiciaire est délégué par le pouvoir exécutif, mais, pour le cas que j'ai déjà indiqué, où l'élection populaire ne donnerait pas la majorité absolue des suffrages à l'un des candidats à la présidence, c'est l'Assemblée qui nomme.

Le principe de la séparation des pouvoirs n'a donc jamais été entendu et appliqué en ce sens que les pouvoirs doivent être séparés dans leur origine ou dans leur délégation.

Quelle est donc la signification de ce principe ? Il ne signifie qu'une chose, c'est que les pouvoirs doivent avoir une existence distincte et différente, qu'ils doivent être exercés divisément et séparément. Cela est nécessaire, mais cela suffit. Il suffit, pour éviter les dangers que courrait la liberté si le pouvoir qui fait les lois était en même temps chargé de les appliquer ou de les exécuter, il suffit que les pouvoirs soient distincts ; mais il est indifférent que ces pouvoirs procèdent les uns des autres par voie de délégation. Leur existence distincte et séparée est la seule condition nécessaire. Voilà le principe.

Or il est parfaitement désintéressé dans la question. Quelle que soit la résolution à laquelle vous vous arrêtiez, le principe de la séparation des pouvoirs sera respecté, car ils seront distincts dans leur existence, distincts dans leur exercice.

Ces objections écartées, permettez-moi de jeter

un coup d'œil sur le système de la commission. Je ne puis mieux justifier mon opinion qu'en montrant dans son projet les inconvénients et les dangers auxquels je crois que le mien remédie.

Dans la discussion brillante qui s'est élevée sur l'article 20 du projet de Constitution, on a dit plusieurs fois, et dans la discussion d'hier M. de Tocqueville a répété que le pouvoir institué dans le projet de Constitution sous le nom de Président de la République n'a rien de redoutable ; que ce pouvoir se réduit à peu.

Je vais vous en faire juges.

Je conviens avec l'honorable M. de Tocqueville que le Président n'a pas, dans la confection des lois, la part plus nominale qu'effective qui appartenait à la royauté ; je conviens encore avec lui que, pour les affaires étrangères, sa prérogative est un peu moins étendue ; mais à cela près, et à l'intérieur, ce qui est tout pour la question que j'examine, le Président de la République a tous les pouvoirs de la royauté : il dispose de la force armée ; il nomme aux emplois civils et militaires ; il dispense toutes les faveurs ; il a tous les moyens d'action, toutes les forces actives qu'avait le dernier roi. Mais ce que n'avait pas le roi, et ce qui mettra le Président de la République dans une position bien autrement formidable, c'est qu'il sera l'élu du suffrage universel ; c'est qu'il aura la force immense que donnent des millions de voix. Il aura, de plus, dans l'Assemblée, un parti plus ou moins considérable. Il aura donc toute la force matérielle dont disposait l'ancien roi, et il aura de plus une force morale prodigieuse ; en somme, il sera bien plus puissant que n'était Louis-Philippe. *(Rumeurs diverses.)*

Je dis que le seul fait de l'élection populaire donnera au Président de la République une force excessive.

Oubliez-vous que ce sont les élections de l'an X qui ont donné à Bonaparte la force de relever le trône et de s'y asseoir ? Voilà le pouvoir que vous élevez. Et vous dites que vous voulez fonder une République démocratique ? Que feriez-vous de plus si vous vouliez, sous un nom différent, restaurer la monarchie ? Un semblable pouvoir, conféré à un seul, quelque nom qu'on lui donne, roi ou président, est un pouvoir monarchique ; et celui que vous élevez est plus considérable que celui qui a été renversé.

Il est vrai que ce pouvoir, au lieu d'être héréditaire, sera temporaire et électif ; mais il n'en sera que plus dangereux pour la liberté.

Êtes-vous bien sûrs que dans cette série de personnages qui se succéderont tous les quatre ans au trône de la présidence, il n'y aura que de purs républicains empressés d'en descendre ? Êtes-vous sûrs qu'il ne se trouvera jamais un ambitieux tenté de s'y perpétuer ? Et si cet ambitieux est un homme qui a su se rendre populaire, si c'est un général victorieux, entouré de ce prestige de la gloire militaire auquel les Français ne savent pas résister; si c'est le rejeton d'une des familles qui ont régné sur la France, et s'il n'a jamais renoncé expressément à ce qu'il appelle ses droits; si le commerce languit, si le peuple souffre, s'il est dans un de ces moments de crise où la misère et la déception le livrent à ceux qui cachent sous des promesses des projets contre sa liberté, répondez-vous que cet ambitieux ne parviendra pas à renverser la République?

Jusqu'ici toutes les républiques sont allées se perdre dans le despotisme: c'est de ce côté qu'est le danger; c'est donc contre le despotisme qu'il faut les fortifier. Législateurs de la démocratie, qu'avez-vous fait pour cela? Quelles précautions avez-vous prises contre l'ennemi capital? Aucune. Que dis-je? vous lui préparez les voies! vous élevez dans la République une forteresse pour le recevoir!

Voilà mon premier grief contre le système de la commission. Je lui reproche de créer dans une république démocratique un véritable pouvoir monarchique, pouvoir plus considérable que celui du dernier roi, plus dangereux par la limitation même de sa durée, pouvoir qui sera pour le despotisme une tentation et un marchepied, et qui sera dans la République un germe de destruction. *(Très bien!)*

L'espèce de moyen terme auquel la commission s'est arrêtée entre l'élection par le peuple et l'élection par l'Assemblée ne peut qu'ajouter encore aux dangers que je signale.

Si aucun des candidats n'a obtenu la majorité absolue des suffrages, c'est l'Assemblée qui élit le Président parmi les cinq candidats qui ont obtenu le plus de voix.

Or qu'arrivera-t-il? Ou l'Assemblée se fera une loi de respecter le résultat du scrutin et d'appeler à la présidence le candidat qui aura obtenu le plus de suffrages, et alors son intervention n'est qu'un vain simulacre, une formalité oiseuse; en réalité, c'est le peuple qui élit à la majorité relative.

Ou bien, au contraire, l'Assemblée prendra le Président parmi ceux qui n'ont pas obtenu le plus de voix, et, dans ce cas, elle se met en opposition avec le vœu du peuple, elle affaiblit l'homme de son choix et le rend impopulaire; elle arme contre lui ses rivaux et leur fournit le prétexte, que peut-être ils attendaient, de se présenter comme les élus dédaignés du peuple, d'en appeler à lui des préférences de l'Assemblée, d'allumer la guerre civile et de déchirer la France.

Ces conséquences du système de la commission, possibles dans tous les temps, sont à peu près inévitables dans les conjonctures présentes. Je supplie l'Assemblée d'y réfléchir : le système de la commission nous conduit à la guerre civile. *(Approbation sur plusieurs bancs.)*

Ces dangers pour la République, ces dangers pour le maintien de l'ordre et de la paix intérieure n'ont pu échapper à l'esprit des hommes éminents qui composent la commission. Quelles sont donc les considérations impérieuses qui ont pu les faire passer outre et les enchaîner à leur fatale conception?

Seraient-ce les précédents historiques? Ils sont tous contraires. Dans aucune de nos Constitutions antérieures, ni dans celle de l'an VIII, ni dans celle de l'an III, ni même dans celle de 93, la délégation du pouvoir exécutif n'a été faite directement par le peuple.

Seraient-ce les exemples des républiques qui nous entourent? Il n'y en a pas une, pas une seule dans laquelle le pouvoir exécutif soit délégué directement par le peuple. Aux États-Unis, qu'on nous propose sans cesse pour modèle, le Président de la République n'est pas nommé directement par le peuple; il est nommé par voie indirecte, par une délégation plus ou moins compliquée, selon les circonstances.

Ainsi, ce prétendu principe de l'élection directe serait une nouveauté dans l'histoire, une nouveauté dans le monde.

Ce ne sont donc ni les précédents ni les exemples qui ont pu déterminer la commission.

Seraient-ce les principes. Et lesquels? J'ai entendu parler du principe de la souveraineté du peuple; en quoi ce principe est-il intéressé à ce que la délégation du pouvoir exécutif soit directe ou indirecte, divise ou indivise? Est-ce que le pouvoir judiciaire n'est pas un exemple constant d'une délégation indirecte? Est-ce que l'Assemblée devant laquelle je parle n'est pas un exemple d'une délégation indivise? Il n'est donc pas nécessaire au principe de la souveraineté du peuple que la délégation soit directe ou indirecte, divise ou indivise; on n'osera soutenir une pareille thèse, l'histoire et la raison en feraient trop facilement justice.

Seraient-ce ces principes constitutionnels qui ont reçu naguère à cette tribune une si brillante exposition? Est-ce un nouvel essai du système de la pondération et de l'équilibre?

Citoyens, je vais dire une chose qui paraîtra peut-être déplacée, téméraire, dans la bouche d'un homme nouveau et sans autorité; mais elle m'est arrachée par une conviction irrésistible.

Plus j'examine attentivement le jeu des institutions constitutionnelles et les faits historiques qui l'éclairent, plus je demeure convaincu que, lorsque les publicistes du xviiie siècle, et après eux l'école moderne qui a professé et appliqué leurs principes, ont considéré le gouvernement des trois pouvoirs comme un gouvernement de pondération et d'équilibre et, par conséquent, comme une forme de gouvernement définitive et dernière, ils ont commis la plus grande erreur politique de ce temps-ci.

Ils ont trouvé, en Angleterre, une nation à l'état de transformation politique, n'étant plus sous la monarchie absolue et n'étant pas encore en République; ils ont trouvé là une royauté, une aristocratie et une démocratie en présence, se partageant la souveraineté, et, par une suite nécessaire, le gouvernement.

Leur erreur a été de croire que ces trois éléments formaient équilibre, et qu'il résultait de leur pondération une forme de gouvernement stable et pouvant être définitive. Leur vue, concentrée sur le présent, ne s'est portée ni sur le passé ni sur l'avenir; ils n'ont pas vu que l'élément populaire ne s'était établi qu'en déplaçant les deux autres, que le terrain qu'il avait gagné avait été perdu par la royauté et l'aristocratie, qu'il poussait lentement, mais incessamment sa conquête, et qu'il en résultait une lutte sourde dont l'inévitable issue est le triomphe de l'élément démocratique sur les deux autres. *(Approbation à gauche.)*

Aujourd'hui, messieurs, que le temps a marché, nous pouvons mesurer du regard le progrès accompli, nous pouvons voir le terrain perdu d'un côté et gagné de l'autre ; nous pouvons marquer les progrès de la lutte en Angleterre, nous pourrions peut-être en prévoir le terme.

En France, où le même essai a été tenté, la lutte a été plus courte et plus terrible ; savez-vous pourquoi, citoyens représentants? C'est parce qu'en France cette lutte a été un duel entre le peuple et la royauté sur le cadavre de l'aristocratie?

En France, l'aristocratie n'a pas survécu à 89, et tous les efforts tentés depuis pour la galvaniser et en constituer une deuxième Chambre ont été impuissants. *(Très bien!)*

Voilà pourquoi cette deuxième Chambre, privée de vie, n'a jamais pu jouer qu'un rôle de comparse dans la lutte du peuple contre la royauté. Voilà pourquoi cette lutte a été un duel à mort, une lutte terrible, une lutte plus courte.

L'honorable M. Odilon Barrot invoquait, il y a quelques jours, et avec autant de force que d'éloquence, les leçons de l'histoire en faveur du système d'équilibre et de pondération.

L'histoire! A chaque page elle nous montre l'antagonisme et le conflit organisés sous ces noms menteurs de pondération et d'équilibre.

Remontez aux causes de toutes les révolutions qui se sont accomplies en France depuis soixante ans, vous trouverez toujours que ces révolutions sont sorties des conflits de pouvoirs indépendants entre eux, et que ces conflits ont été la conséquence forcée de cette indépendance. Voilà ce que l'histoire vous montrera *(Très bien!)*

Eh quoi! vous assistez depuis trente ans à cette lutte de tous les jours, de tous les instants, du peuple contre la royauté, vous y avez joué votre rôle, un grand et honorable rôle, vous avez pris part à toutes ces luttes, vous avez assisté à toutes ces révolutions, et vous nous parlez encore de pondération et d'équilibre! *(Très bien!)*

Pouvoirs indépendants, conflits ; conflit de

pouvoirs, révolutions, voilà ce que les événements écrivent depuis soixante ans à chaque page de notre histoire.

Avions-nous besoin des leçons de l'histoire pour arriver à ce résultat, et le simple bon sens ne nous y eût-il pas conduits! Comment a-t-on pu s'imaginer si longtemps qu'on pouvait mettre en présence des corps politiques avec leurs intérêts, avec leurs passions, avec leurs tendances à s'agrandir, et qu'ils resteraient en équilibre comme des corps inertes et passifs?

Ce n'est pas que je condamne d'une manière absolue et pour tous les temps cette forme de gouvernement ; je reconnais, au contraire, que pour les temps de transformation, de transition entre la monarchie absolue et la République, c'est la seule forme possible. Lorsque la souveraineté est divisée en plusieurs éléments qui se heurtent, la forme de gouvernement qui les met en présence et qui donne à chacun d'eux une partie du terrain est la seule praticable : aux époques d'antagonisme, la forme de gouvernement qui l'organise.

Mais, lorsque la collision est éteinte, lorsque la monarchie et l'aristocratie abattues laissent la démocratie maîtresse du champ de bataille, vouloir appliquer à ce nouvel état l'ancienne forme, vouloir scinder l'unité démocratique pour en opposer les parties les unes aux autres dans un inévitable antagonisme, c'est un anachronisme et un non-sens. *(Très bien!)*

Citoyens représentants, vous l'avez vous-mêmes compris et jugé ainsi, lorsque vous avez, à une très forte majorité, prononcé qu'il n'y aurait qu'une Chambre ; les raisons de décider sont les mêmes.

Pourquoi avez-vous repoussé la seconde Chambre ? Parce qu'elle est la représentation de l'aristocratie ; parce qu'elle est un pouvoir aristocratique, et qu'il n'y a plus d'aristocratie en France.

Pourquoi maintiendriez-vous l'autre pouvoir, le pouvoir d'un seul, le pouvoir de la royauté, quand il n'y a plus de royauté ?

Vous aviez à opter entre deux systèmes, le système du passé, celui de la division de la souveraineté en trois branches, et le système que j'appellerai le système du présent, ou au moins le système de l'avenir, le système de l'unité de la souveraineté. Vous vous êtes prononcés contre le premier en repoussant la seconde Chambre ; vous ne pouvez aujourd'hui, sans une inqualifiable inconsequence, y revenir après l'avoir mutilé ; en ramasser les deux éléments restants pour en faire une sorte de gouvernement bâtard, qui aurait pour effet inévitable d'aggraver les inconvénients du premier, en réorganisant un antagonisme sans tempérament, sans issue, par conséquent plus direct et plus dangereux.

Voilà, citoyens représentants, par quelle pente irrésistible la logique des principes et des faits conduit au système de mon amendement, ou, pour mieux dire, à votre système, car c'est vous, et non pas moi, qui l'avez trouvé. Et, pour y arriver, vous n'avez eu qu'à vous abandonner au cours des idées et des événements. Il ne reste plus en France qu'un seul élément, l'élément démocratique ; il ne peut plus y avoir qu'une seule représentation, l'Assemblée nationale, laquelle réunira comme vous tous les pouvoirs, mais, comme vous, n'exercera que le législatif, et, comme vous, déléguera l'exécutif, lequel déléguera lui-même le judiciaire.

Voilà par quelles raisons je repousse le système de la commission ; voilà aussi pourquoi je repousse le système de l'amendement, qui se borne à faire nommer le Président de la République par l'Assemblée. Quoique beaucoup moins dangereux que le premier, ce système participe néanmoins de son vice radical, en ce que, en aliénant pour un temps déterminé le pouvoir exécutif, il crée dans l'État deux pouvoirs indépendants ; il organise les conflits, et, par suite, la déconsidération, l'affaiblissement, et, finalement, les révolutions.

Pourquoi, d'ailleurs, s'enchaîner pour un temps quelconque à un homme ? Pourquoi se mettre dans l'impossibilité de l'arrêter à temps, si c'est un ambitieux qui se démasque ou un incapable qui s'égare ?

Pourquoi, au contraire, si le Président de la République justifie la confiance du pays, si sa politique est bonne, pourquoi le briser au bout de trois ans, pour inaugurer, avec un personnage nouveau, une politique différente ?

Les inconvénients fourmillent. Quelle situation faites-vous à chaque changement de ministère, au Président que vous clouez pour trois ou quatre ans sur son fauteuil?

Je comprenais, à la rigueur, ce rôle difficile, dangereux, qu'on faisait jouer à la royauté; elle était irresponsable. Mais, comment! vous avez un chef du Gouvernement que vous déclarez responsable, un chef du Gouvernement qui n'est plus l'être passif de la fiction constitutionnelle, un chef du Gouvernement qui doit avoir une politique à lui, politique à laquelle son ministère doit s'associer, politique dont il est le principal instrument; et, lorsque cette politique aura perdu dans l'Assemblée la majorité, lorsque le ministère qui la soutient aura été renversé, le chef du Gouvernement restera à son poste, il se fera l'instrument d'une politique différente, et voilà comment vous entendez la considération, la dignité, la force que vous voulez lui donner!

Je parle de la force du Gouvernement. Tout le monde sent le besoin d'un gouvernement fort; tout le monde le cherche, et c'est au nom de ce besoin que la commission, dans son travail, préconise son système. Ni la commission, ni l'amendement de M. Flocon, ni aucun des amendements analogues ne vous donneront un gouvernement fort; ils vous le promettront tous, aucun d'eux ne vous le donnera.

Un gouvernement fort, vous ne l'aurez qu'à une condition, à la condition qu'il s'appuiera constamment sur l'Assemblée, qu'il sera constamment d'accord avec l'Assemblée, qu'il réunira à sa propre force la force de l'Assemblée, et qu'il agira ainsi avec toutes les forces réunies du pays. Juin et les jours qui l'ont suivi l'ont assez montré. Quel est le gouvernement qui aurait pu faire ce que le Gouvernement actuel a accompli? Quel est le gouvernement indépendant, ne tirant ses forces que de lui-même, qui eût pu accomplir les choses que le Gouvernement actuel a faites? Quel est le gouvernement qui eût pu voiler si longtemps tous les principes et toutes les lois? Quel est le gouvernement qui eût pu changer le cours de la justice ordinaire, suspendre les journaux, maintenir l'état de siège pendant trois mois, l'état de siège que le gouvernement de Louis-Philippe n'a pas pu maintenir pendant trois jours?

A gauche. — C'est vrai.

Le citoyen Grévy. — Un gouvernement constitué comme celui que vous avez, c'est un gouvernement dont la force est irrésistible, parce que, je le répète, il résume dans son action toutes les forces du pays. Il a un avantage immense, c'est que ces forces, il ne peut qu'en bien user : tout-puissant quand il agit avec l'Assemblée, il est nul et impuissant quand il agit sans elle; avec elle, il peut tout; sans elle et contre elle, il ne peut rien.

A gauche. — Très bien! très bien!

Le citoyen Grévy. — Quelques-uns se préoccupent, au contraire, de cette concentration des pouvoirs. Vous avez entendu les mots de Convention, de dictature : l'honorable M. de Parieu a déjà fait hier, à cette objection, une réponse qui ne sera pas sortie de vos esprits. Il a montré combien il y a peu de réflexion et de justice dans les exemples tirés de la Convention et appliqués à des gouvernements réguliers. Il vous a dit que la Convention était un gouvernement qui non seulement réunissait en délégation, mais en exercice, tous les pouvoirs; que la Convention ne faisait pas seulement comme vous, qu'elle ne retenait pas seulement le pouvoir législatif, mais qu'elle retenait et exerçait par ses comités, c'est-à-dire par elle-même, le pouvoir exécutif; elle exerçait même quelquefois le pouvoir judiciaire. C'est une différence capitale que je signale à mon tour à votre attention.

Il y en a une autre non moins importante. La Convention était un pouvoir dictatorial : elle se mettait au-dessus des lois. Quelle comparaison y a-t-il à établir entre un pareil pouvoir et une Assemblée agissant dans le cercle tracé par la Constitution? Seconde différence radicale.

L'Assemblée que vous constituerez n'aura que le pouvoir législatif; elle déléguera le pouvoir exécutif; elle n'aura d'autres pouvoirs que ceux que la Constitution lui accordera. Je le répète, il n'y a ni justice ni réflexion à établir aucune comparaison entre des situations si distinctes.

On parle de gouvernement par l'Assemblée, on s'en effraye. Si par là on entend l'exercice du pouvoir exécutif par l'Assemblée, je viens de répondre. Si on veut parler de l'influence qu'exercera toujours l'Assemblée sur le pouvoir exécutif, je déclare qu'à mes yeux c'est la chose du monde la plus naturelle, la plus légitime, la plus nécessaire. Partout où il y aura une Assemblée délibérante, la direction générale de la politique appartiendra à cette Assemblée. Il en était ainsi même sous l'ancien gouvernement. Sous la monarchie, qui conduisait la politique générale du pays? N'était-ce pas l'Assemblée qui faisait et qui défaisait les ministères? N'était-ce pas la Chambre des députés? Dans un gouvernement populaire, le pouvoir est dans une Assemblée; c'est là sa condition, comme la condition du pouvoir dans une monarchie est d'appartenir à un homme.

C'est la réponse que j'ai à faire à ceux qui, par réminiscence ou par habitude, jettent constamment les yeux sur la place qu'occupait le trône et demandent où sera le pouvoir.

Le pouvoir sera dans une Assemblée. Dans une démocratie, il ne peut, il ne doit pas être ailleurs.

A gauche. — Très bien! très bien!

Le citoyen Grévy. — Voilà, citoyens représentants, les observations que j'avais à vous soumettre à l'appui de mon opinion; je vous supplie de les méditer.

La forme de gouvernement que vous éprouvez

depuis trois mois, et avec laquelle vous avez traversé de si grandes difficultés, est la seule qui satisfasse aux exigences des principes et aux nécessités des circonstances, la seule qui vous donnera un gouvernement fort, la seule qui affirmera la République, la seule qui épargnera à la France de nouveaux déchirements. Vous avez été assez heureux pour la trouver, soyez assez sages pour vous y tenir. *(Vive approbation à gauche.)*

M. Jules de Lasteyrie, qui parla ensuite, s'attacha à réfuter l'irréfutable argumentation de M. Grévy, et proposa l'élection à deux degrés par le pays, comme en Amérique. Après lui, M. Leblond défendit une proposition dont il était l'auteur, et qui consistait à faire nommer le Président par l'Assemblée, à fixer la durée de ses pouvoirs à quatre années, et à décider qu'il ne serait pas rééligible. Puis M. de Lamartine monta à la tribune. Jamais le grand orateur ne fut plus éloquent et plus imprévoyant. La thèse qu'il soutint, aux applaudissements enthousiastes de l'immense majorité de l'Assemblée, peut se résumer ainsi : Il n'y a pas à craindre que les dynasties déchues, errantes sur la terre étrangère, briguent la candidature à la Présidence de la République. Pour la légitimité, ce serait une abdication. Et, pour la monarchie de Juillet, tenter, six mois après sa chute, de rentrer cachée dans l'urne d'un scrutin, ce serait une vraie pitié, ce serait ridicule, et ce qui est ridicule n'est pas possible en France. Mais il y a la crainte d'un « fanatisme posthume » en faveur des héritiers du trône impérial. Il y a ceux qui exploitent au profit des factions la gloire la plus éclatante de notre pays. « Eh bien ! s'écria M. de Lamartine, je dis que ces hommes seraient promptement, inévitablement trompés dans leurs espérances; je dis que, pour arriver à un 18 brumaire dans le temps où nous sommes, il faut deux choses : de longues années de terreur en arrière, et des Marengo, des victoires en avant... *Vive approbation.* — *(Sensation prolongée.)*

« ... Nous n'avons ni des années de terreur en arrière, ni des Marengo en avant. Tranquillisons-nous donc... »

Puis il ajouta que la République avait rallié à elle tous les cœurs, et qu'il fallait avoir foi dans la nation; que si l'on pouvait corrompre les hommes par petits groupes, on ne pouvait pas les corrompre en masse. « En mettant dans les mains et dans la conscience de chaque citoyen électeur de la République, dit-il, le gage, la participation à cette souveraineté, dans votre élection, dans celle du Président de la République, vous donnez à chacun de ces citoyens le droit et le devoir de se défendre lui-même, en défendant la République, et vous donnez aussi à chaque citoyen de l'empire le droit d'être le vengeur de ces attentats s'ils venaient jamais à contester de nouveau cette enceinte et le gouvernement du pays. » Et il termina par une magnifique péroraison :

« Oui, s'écria-t-il, quand même le peuple choisirait celui que ma prévoyance, mal éclairée peut-être, redouterait de lui voir choisir, n'importe : *Alea jacta est!* Que Dieu et le peuple prononcent! Il faut laisser quelque chose à la Providence! Elle est la lumière de ceux qui, comme nous, ne peuvent pas lire dans les ténèbres de l'avenir! *(Très bien! Très bien!)*

« Invoquons-la, prions-la d'éclairer le peuple, et soumettons-nous à son décret. *(Nouvelle sensation.)* Peut-être périrons-nous à l'œuvre, nous? *(Non! Non!)* Non, non, en effet, et il serait même beau d'y périr en initiant son pays à la liberté. *(Bravo!)*

. . . .

« Mais enfin, si ce peuple s'abandonne lui-même; s'il venait à se jouer avec le fruit de son propre sang, répandu si généreusement pour la République en février et en juin; s'il disait ce mot fatal, s'il voulait déserter la cause gagnée de la liberté et des progrès de l'esprit humain pour courir après je ne sais quel météore qui brûlerait ses mains!... *(Sensation.)*

« Qu'il le dise! *(Mouvement.)*

« Mais nous, citoyens, ne le disons pas du moins d'avance pour lui! *(Nouveau mouvement.)*

« Si ce malheur arrive, disons-nous au contraire le mot des vaincus de Pharsale : *Victrix causa diis placuit sed victa Catoni!* *(Sensation.)*

« Et que cette protestation contre l'erreur ou la faiblesse de ce peuple soit son accusation devant lui-même et soit notre absolution à nous devant la postérité! » *(Très bien! très bien! — Longs applaudissements.)*

Le *Moniteur* constate qu'à la suite de ce discours, de nombreux représentants se pressèrent sur les marches de la tribune, où l'orateur fut accueilli par les plus sympathiques félicitations. Le langage de M. de Lamartine produisit au dedans et au dehors de l'Assemblée une immense impression. On ne se demanda pas s'il n'était point du devoir des représentants de la nation de prémunir, par de sages lois, le peuple contre les causes d'erreur ou de faiblesse; on ne se demanda pas s'il était prudent d'abandonner les destinées de la France au hasard, sous prétexte qu'on ne pouvait pénétrer les ténèbres de l'avenir. On oublia les prophétiques paroles de M. Grévy. L'Assemblée se jeta tête baissée dans l'abîme, en répétant le mot de Lamartine : *Alea jacta est!* A la séance du 9 octobre, plusieurs orateurs prirent encore la parole, M. de Roux-Lavergne, M. Larabit, M. Defontaine, M. Ferdinand de Lasteyrie; mais l'Assemblée les écouta à peine. M. Théodore

Bac prononça en faveur de l'amendement un discours d'une logique serrée et d'une réelle éloquence. Après une réponse de M. de Saint-Gaudens, l'amendement fut mis aux voix et repoussé par 643 suffrages contre 158. Parmi les noms des 158 votants de l'amendement, nous relevons les suivants : François Arago, Étienne Arago, Audry de Puyraveau, Bac, Beaune, Bruckner, Carnot, Édouard Charton, Victor Chauffour, David (d'Angers), Pascal Duprat, Fleury, Glais-Bizoin, Greppo, Guinard, Joigneaux, Lamennais, Laurent (de l'Ardèche), Laussedat, Ledru-Rollin, Armand Marrast, Martin-Bernard, Mathé, Mathieu (de la Drôme), Proudhon, Pyat, Quinet, Rampont, Ronjat, Teulon.

Le sort en était jeté! Cependant les événements ne devaient pas tarder à justifier les pressentiments de M. Grévy. Déjà dans son *Histoire de l'Assemblée nationale constituante*, publiée en 1850, M. Babaud-Laribière, après avoir résumé en quelques pages cette grave discussion, avait tracé en ces termes le portrait de l'auteur de l'amendement concernant le pouvoir exécutif : « M. Grévy, qui a attaché son nom à cette importante question, était un des membres les plus distingués de la Constituante. Rien qu'à le voir, on se sentait attiré vers lui ; il avait quelque chose de méditatif dans l'allure, et son vaste front dévasté par l'étude imprimait à sa parole une séduisante autorité. Son éloquence était plus raisonnable qu'entraînante ; mais on aimait à l'entendre, parce qu'il s'adressait plutôt au bon sens qu'à la passion.

« Bon sens bien prévoyant, surtout dans cette question de la présidence ! Car, en faisant abstraction des principes, il était évident que la République n'était pas encore assez profondément incrustée dans les mœurs pour n'avoir pas à redouter l'influence et l'ambition d'un homme porté au pouvoir par des millions de suffrages. Le prestige de la royauté s'était effacé dans une révolution ; pourquoi donc essayer aussi vite de le rétablir? Que M. de Lamartine ait cru au bon sens infaillible du peuple, son cœur et son imagination sont là pour l'absoudre; mais l'Assemblée ne devait-elle pas prévoir que le caprice, l'enthousiasme, la passion, les rancunes, les souvenirs se mêleraient de l'élection, et qu'il pourrait sortir de l'urne un nom à la place d'un homme[1]? »

Daniel Stern raconte que la présentation de l'amendement de M. Grévy jeta l'Assemblée dans un étonnement profond : « M. Grévy, dit l'historien de la Révolution de 1848, jouissait parmi ses collègues d'une réputation incontestée de rectitude d'esprit et de modération. En le voyant s'associer, comme il le faisait par son amendement, aux vœux du parti le plus extrême, la majorité ne revenait pas de sa surprise. Elle l'écouta néanmoins avec attention... Mais l'Assemblée était si loin alors de songer au despotisme, elle puisait dans son honnêteté un tel désir de se montrer désintéressée, que les avertissements de M. Grévy ne produisirent sur elle aucun effet[2]. »

L'Assemblée ne devait pas tarder à s'apercevoir qu'elle avait commis une irréparable faute en repoussant l'amendement de M. Grévy. L'ambitieux auquel faisait allusion l'éloquent orateur est parvenu à renverser la République. Quoi d'étonnant si, durant les jours sombres du second Empire, le souvenir des républicains vaincus s'est porté sur l'homme politique qui avait prévu le danger et donné le moyen de l'éviter?

1. Babaud-Laribière, *Histoire de l'Assemblée nationale constituante*, Paris, 1850; 2 vol. in-18, t. Ier, p. 181-182.

2. Daniel Stern, *Histoire de la Révolution de 1848*. Paris, 1851-1853; 3 vol. in-8°, t. III, p. 298-299.

§ V

DISCOURS

SUR LE PROJET DE

DÉCRET RELATIF A L'ÉLECTION

DU PRÉSIDENT DE LA RÉPUBLIQUE

PRONONCÉ LE 28 OCTOBRE 1848

A L'ASSEMBLÉE NATIONALE CONSTITUANTE

Quelques jours après, le 28 octobre 1848, M. Jules Grévy reparut à la tribune. L'Assemblée discutait le projet de décret sur la nomination du Président de la République. La commission proposait de rédiger l'article 6 dans les termes suivants :

« Art. 6. — Aussitôt après la vérification des pouvoirs du Président de la République et son installation, il entrera en exercice des droits qui lui sont attribués par la Constitution, à l'exception toutefois du droit spécial qui lui est conféré par l'article 57. »

Mais M. Deslongrais avait déposé un amendement qui conservait la première partie du texte de la commission et, après le mot « Constitution », proposait de dire : « Toutefois, l'Assemblée nationale conservera l'intégralité de ses pouvoirs souverains et constituants jusqu'à l'installation de la prochaine Assemblée législative. » Et M. Pleignard, conservant l'amendement de M. Deslongrais, y ajoutait ces mots : « A l'exception toutefois de ceux indiqués dans les articles 55, 56, 57. » Défendus par leurs auteurs et par MM. de l'Espinasse et Besnard, ces amendements, surtout celui de M. Deslongrais, furent combattus par M. de La Rochejacquelein et par M. Vivien, membre de la commission. M. Crémieux prit ensuite la parole. « Avant tout, dit-il en terminant, quand on constitue un pays, il faut parler au bon sens, à la raison du pays. Eh bien, ni la raison ni le bon sens du pays n'admettront que le peuple souverain nomme le pouvoir exécutif, et qu'une Assemblée souveraine déclare qu'elle restera souveraine et absolue, malgré cette nomination, comme pouvoir exécutif et comme pouvoir législatif. » L'Assemblée, après ce discours, manifestait par une vive agitation son embarras et ses inquiétudes. C'est à ce moment que M. Jules Grévy intervint dans la discussion. Les circonstances étaient critiques. Il s'agissait de ne point ajouter une faute nouvelle aux fautes déjà commises. Cette fois, le vigoureux dialecticien parvint non seulement à se faire écouter de l'Assemblée, mais encore à s'imposer à elle et, finalement, à la convaincre.

Nous reproduisons les observations de M. Grévy d'après le *Moniteur*. Les voici :

Le citoyen Grévy. — Citoyens représentants, la difficulté qui nous arrête n'est, je le crains bien, que le prélude de celles qui attendent l'Assemblée dans la voie où elle s'est engagée...

Quelques voix. — C'est très vrai !

Le citoyen Grévy. — Toutefois, celle-ci me parait tenir en partie à la manière dont la question est posée. Je crois qu'elle ne l'a encore été très nettement ni d'un côté ni de l'autre. L'organe de la commission demandait tout à l'heure à ses adversaires la définition, l'énumération des pouvoirs que l'Assemblée, selon l'amendement de M. Deslongrais, entendait conserver. Lorsqu'on lui adressait, du côté opposé, la même question, il n'y répondait pas plus que ses adversaires; mais, au fond de son argumentation, on trouvait ce qu'on vient de retrouver plus explicitement dans les expressions de l'honorable M. Crémieux, ceci, que l'on entend réduire l'Assemblée actuelle au rôle d'une Assemblée législative, purement et simplement. *(C'est vrai!)*

Tout le monde est d'accord que l'Assemblée ne peut pas conserver le droit de révoquer le Président. La raison en est simple. Quand le Président sera nommé en vertu de la Constitution, la Constitution aura été exécutée; il est parfaitement évident qu'elle ne pourra pas dès lors être modifiée, et, par conséquent, que le Président ne pourra pas être révoqué.

Mais quels sont les pouvoirs que l'Assemblée aura aliénés par suite de l'élection du Président? Le pouvoir exécutif, purement et simplement, tel que le Président actuel l'exerce. La seule différence qui existera entre la situation dans laquelle nous allons entrer et celle où nous sommes aujourd'hui, c'est que le Président ne sera pas révocable, tandis qu'il l'est en ce moment; mais, quant à ses pouvoirs, ils seront les mêmes.

Que restera-t-il donc à l'Assemblée? Tout, excepté le pouvoir exécutif régulier dont elle sera irrévocablement dépossédée; tout, c'est-à-dire le pouvoir législatif d'abord, à quoi vous voulez indûment la réduire; de plus, le pouvoir constituant, et, en outre, les pouvoirs extraordinaires, dont vous avez fait un assez frappant usage pour que je n'aie pas besoin de les rappeler, les pouvoirs souverains, sans limites, à l'aide desquels vous êtes sortis des crises difficiles que vous avez traversées et dont vous pourrez avoir besoin d'user encore pour consolider et maintenir la République contre les attaques de ses ennemis.

J'ai été étonné d'entendre M. Crémieux vous dire que vous aviez le droit de faire les lois organiques et vous contester le pouvoir constituant. Si ce n'est pas de votre pouvoir constituant que vous ferez les lois organiques, vous n'avez pas le droit de les faire.

Plusieurs membres. — C'est clair!

Le citoyen Grévy. — Vous n'avez pas le droit de les faire; vous êtes une Assemblée constituante, et non pas une Assemblée législative. *(Vive adhésion.)*

Vous n'êtes qu'une Assemblée constituante, et c'est parce que les lois organiques sont une partie intégrante de la Constitution, c'est parce qu'elles en sont le développement et le complément nécessaire, que vous avez le droit de les faire.

Si ce ne sont que des lois ordinaires, si c'est le pouvoir législatif qui doit les édicter, elles ne sont pas de votre compétence; vous ne pouvez pas vous transformer en Assemblée législative; ce serait une véritable usurpation. Lorsque votre pouvoir constituant aura été épuisé, votre obligation est de vous retirer.

Vous avez décidé, très sagement selon moi, que vous feriez les lois organiques, parce que c'est là la partie la plus essentielle de la Constitution. Vous ne pouvez donc pas vous laisser dépouiller de votre pouvoir constituant, et l'on a donc tort de vous dire que vous ne serez qu'une Assemblée législative. Vous continuerez d'être une Assemblée constituante.

Restent les pouvoirs extraordinaires qui ne font pas partie du pouvoir exécutif régulier, ces pouvoirs souverains, dictatoriaux, dont vous avez usé dans des circonstances cruelles; ces pouvoirs, les aliénerez-vous? Et en faveur de qui? Pour quoi? En avez-vous le droit? Vous tenez votre mandat du peuple, il est sacré pour vous; vous devez le respecter et l'exécuter jusqu'au bout. Quand votre mission sera accomplie, vous vous retirerez; mais jusque-là vous n'avez pas le droit de la modifier. Quand vous auriez le droit de mutiler le pouvoir que vous tenez du peuple, la prudence vous le défendrait!

Quels sont les événements qui vous attendent? Quelles sont les épreuves que la République a encore à traverser? Qui le sait? Et vous voudriez, dans les circonstances où nous sommes, aliéner des pouvoirs auxquels le salut de la République est attaché! Je le répète, la prudence vous le défendrait quand vous en auriez le droit.

Ainsi, en me résumant, l'Assemblée n'aliénera, par l'élection du Président, que le pouvoir exécutif ordinaire, le pouvoir exécutif tel qu'il existe dans les lois; l'Assemblée conservera tout le reste, c'est-à-dire le pouvoir législatif, le pouvoir constituant et les pouvoirs extraordinaires illimités qui résultent de la souveraineté dont le peuple lui a remis le plein exercice. *(Marques nombreuses d'approbation.)*

Ce discours produisit sur l'Assemblée une impression profonde. On y trouvait la plupart des arguments que devait employer plus tard M. Grévy pour combattre la funeste proposition de M. Rateau. Immédiatement M. Deslongrais modifia le texte de son amendement pour le rendre conforme à la thèse de M. Grévy. Il le rédigea ainsi : « Toutefois, l'Assemblée nationale constituante conservera, jusqu'à l'installation de la prochaine Assemblée législative, tous les pouvoirs dont elle est saisie aujourd'hui, sauf le pouvoir exécutif, confié au Président, qu'elle ne pourra en aucun cas révoquer. » Malgré la protestation, d'ailleurs isolée, de M. Goudchaux, cette rédaction fut adoptée par l'Assemblée. Et, après plusieurs autres observations, l'article 6 fut définitivement rédigé dans les termes suivants :

« Art. 6. — Aussitôt après qu'il aura été proclamé par l'Assemblée nationale, le Président de la République exercera les pouvoirs qui lui sont conférés par la Constitution, à l'exception toutefois des droits qui lui sont attribués par les articles 55, 56, 57 et 58[1]; le droit de promulgation étant réservé au Président de l'Assemblée nationale.

1. Les articles 55, 56, 57, 58, mentionnés dans l'article 6 de ce décret, sont devenus, par la discussion et le vote définitif de la Constitution, les articles 56, 57, 58, 59.

« L'Assemblée nationale constituante conservera, jusqu'à l'installation de la prochaine Assemblée législative, tous les pouvoirs dont elle est saisie aujourd'hui, sauf le pouvoir exécutif confié au Président, qu'elle ne pourra en aucun cas révoquer.

« La durée des fonctions du Président de la République sera, pour cette fois seulement, diminuée du nombre de mois nécessaire pour que l'élection subséquente ait lieu le deuxième dimanche de mai. »

La Constitution avait décidé que les membres du Conseil d'État seraient nommés par l'Assemblée nationale. En attendant cette nomination et l'installation du Conseil d'État, le décret du 28 octobre 1848 porta qu'une commission de trente membres, élus par l'Assemblée dans les bureaux, au scrutin secret et à la majorité relative, exercerait les pouvoirs attribués au Conseil d'État par les articles 54, 64 et 79 de la Constitution[1]. Cette commission fut élue le 9 décembre. Sur 553 votants, le premier élu, M. François Arago, obtint 433 suffrages. Vinrent ensuite : MM. Lacrosse, Lamartine, Bedeau, Dupont (de l'Eure), Senard, Goudchaux, Billault, Martin (de Strasbourg), de Tocqueville, Havin, de Parieu, de Rémusat, Jules Simon, Stourm. M. Grévy arriva seizième, avec 264 voix. Les quatorze autres élus furent MM. Boudet, Chambolle, Cormenin, Buchez, Liechtenberger, Carnot, Boulatignier, Armand Marrast, Landrin, Ferdinand de Lasteyrie, de Falloux, Vaulabelle, Baroche, Bixio. L'élection des membres du Conseil d'État eut lieu dans les séances des 10, 12, 13, 14, 16, 17 et 18 avril 1849. M. Grévy, qui, depuis le 5 mars, était vice-président de l'Assemblée nationale, avait décliné la candidature.

---

1. Ces articles sont devenus les articles 55, 65 et 80.

§ VI

RAPPORT

AU NOM DE LA COMMISSION CHARGÉE D'EXAMINER LE PROJET DE LOI

RELATIF A L'APPLICATION DE

L'IMPOT DES MUTATIONS

AUX BIENS DE MAINMORTE

DÉPOSÉ A LA SÉANCE DU 13 DÉCEMBRE 1848

DE L'ASSEMBLÉE NATIONALE CONSTITUANTE

Un projet de loi avait été déposé sur le bureau de l'Assemblée, à l'effet de soumettre les biens de mainmorte à l'impôt des mutations. La commission chargée de l'examiner désigna M. Jules Grévy comme son rapporteur. Elle ne pouvait faire un meilleur choix. La question était grave. Considérée dans ses termes généraux, elle avait occupé les philosophes et les hommes d'État. Elle avait fourni, au dernier siècle, à Turgot, l'occasion de l'admirable article *Fondation* dans l'*Encyclopédie*. Elle méritait de solliciter l'attention des légistes et des politiques de la deuxième République. Le rapport présenté par M. Grévy, au nom de la commission, était tel qu'on le devait attendre d'un éminent jurisconsulte doublé d'un homme d'État. Il commençait par un clair et rapide exposé de la question :

Citoyens représentants, les établissements de mainmorte, dont l'existence se perpétue par une subrogation successive de personnes, acquièrent souvent, aliènent rarement et ne meurent jamais. Leurs biens, dont la masse va sans cesse augmentant, sont retirés du commerce, au grand préjudice de la richesse nationale, du trésor public, de la masse des contribuables. Au préjudice de la richesse nationale : car, d'une part, ces biens ne fournissent aucun aliment au mouvement fécondant des transactions; et, d'autre part, ils restent, sous le rapport de la production, dans un état d'infériorité tel, que les immeubles *productifs*, possédés par les gens de mainmorte, quoique représentant une contenance de 4,983,127 hectares, c'est-à-dire le dixième de toutes les propriétés imposables de France, ne rendent cependant qu'un revenu de 64,209,456 francs, c'est-à-dire le trente et unième du revenu général. Au préjudice du trésor public : car ces biens, immobiles aux mains des mêmes propriétaires, ne fournissent rien à l'impôt des mutations. Au préjudice de la masse des contribuables : car les biens de mainmorte, ne produisant pas le tiers de ce que produisent les autres biens, ne contribuent à l'impôt direct que dans cette proportion affaiblie, ce qui surcharge d'autant les biens des particuliers.

L'ancienne législation avait de sages dispositions, soit pour combattre la tendance des gens de mainmorte « à acquérir des fonds naturellement destinés à la subsistance et à la conservation des familles », soit pour « dédommager le souverain de la perte que souffraient l'État et le public de la sortie des biens du commerce ».

Une des principales était l'établissement d'un droit dit d'*amortissement*, fixé tantôt à une ou plusieurs années des revenus de la propriété amortie, tantôt au sixième ou au cinquième de cette propriété, selon sa nature.

Depuis l'abolition de ce droit, en 1789, l'équité réclamait une disposition législative qui établît sur les immeubles passibles de la contribution foncière, et appartenant aux établissements de mainmorte, une taxe représentative des droits de transmission entre vifs et par décès.

Tel est l'objet du projet de loi que vous nous avez chargés d'examiner.

Votre commission en adopte pleinement le principe. Elle y voit un hommage rendu à la règle fondamentale en matière d'impôt, l'égalité ; un terme apporté à une violation préjudiciable de cette règle.

Le rapporteur indique ensuite les objections qui ont été faites dans la commission : l'État accordant des subventions à un certain nombre d'établissements de mainmorte, ces subventions devront être augmentées en raison du nouvel impôt, et ce sera prendre d'une main pour rendre de l'autre; imposer les hospices et les établissements de charité, c'est imposer les pauvres ; le projet est impolitique, et la loi sera impopulaire. Puis il les réfute une à une. Beaucoup d'établissements de mainmorte ne reçoivent aucune subvention et possèdent d'importantes propriétés qu'il est inique de soustraire aux charges communes ; pour les autres, il n'y a rien de contradictoire entre la subvention et l'impôt, sauf à fixer en conséquence le chiffre de la subvention ; les hospices et les établissements de charité sont à la charge des communes, et ce seraient ces dernières, et non les pauvres, qui profiteraient de l'exemption des droits ; enfin une loi qui a pour objet de mettre un terme à une inégalité injuste, de faire cesser un préjudice notable pour le trésor, et de contribuer à remettre dans le commerce la dixième partie du territoire qui en est sortie, au grand dommage de la prospérité publique, n'est pas une conception impolitique et ne saurait être une loi impopulaire.

Le rapporteur explique que la commission a fait entrer dans les dispositions de la loi les sociétés anonymes, bien qu'elles n'aient qu'une durée limitée, parce qu'elles ont une existence beaucoup plus longue que la période moyenne des mutations, et en a exclu les droits d'usage en bois, appartenant à des communautés d'habitants, dans les forêts des particuliers et de l'État, parce que, considérés dans leur nature, ces droits d'usage sont une servitude, et considérés dans leur émolument, ils sont un revenu mobilier, et que, sous aucun de ces aspects, ils ne peuvent être atteints par un impôt destiné à frapper seulement les propriétés immobilières. Il ajoute que la commission a repoussé la demande faite par un de ses membres, d'étendre l'impôt aux valeurs mobilières, autres toutefois que celles qui sont affectées à un objet d'utilité générale. Puis il justifie en quelques mots l'économie du projet de loi ainsi conçu :

« PROJET DE LOI

« *Article premier.* — Il sera établi, à partir du 1ᵉʳ janvier 1849, sur les biens immeubles passibles de la contribution foncière, appartenant aux départements, communes, hospices, séminaires, fabriques, congrégations religieuses, consistoires, établissements de charité, bureaux de bienfaisance, sociétés anonymes et tous établissements publics légalement autorisés, une taxe annuelle représentative des droits de transmission entre vifs et par décès. Cette taxe sera calculée à raison de 62 fr. 05 pour franc du principal de la contribution foncière.

« *Art.* 2. — Les formes prescrites pour l'assiette et le recouvrement de la contribution foncière seront suivies pour l'établissement et la perception de la nouvelle taxe. »

§ VII

DISCOURS

SUR LE PROJET DE LOI RELATIF A L'APPLICATION DE

L'IMPOT DE MUTATION

AUX BIENS DE MAINMORTE

PRONONCÉ LE 16 JANVIER 1849

A L'ASSEMBLÉE NATIONALE CONSTITUANTE

La première délibération sur ce projet de loi commença à la séance du 16 janvier 1849. M. Félix Grellet, qui prit d'abord la parole, combattit le projet, parce que, suivant lui, il frappait surtout les établissements de bienfaisance, les maisons de charité. Les considérations invoquées par cet orateur ayant paru faire une certaine impression sur l'Assemblée, le rapporteur, M. Grévy, monta à la tribune pour lui répondre. La plupart des arguments qu'il invoqua se trouvent consignés dans le rapport qu'on a lu plus haut. Nous reproduisons ici les passages les plus importants de son discours :

Citoyens représentants, l'honorable préopinant a critiqué le principe du projet de loi; rien ne me paraît cependant moins susceptible de critique. Il avait déjà, dans le sein de la commission, développé les objections qu'il vient de reproduire à la tribune,

CHAPITRE PREMIER.

et la majorité de la commission, après les avoir examinées et pesées, n'avait pas cru devoir s'y arrêter.

Un point fondamental qui nous a servi de base, c'est la règle générale en matière d'impôt, c'est-à-dire l'égalité ; il faut que toute la matière imposable soit soumise à l'impôt, qu'aucune partie de cette matière ne puisse y échapper. C'est là la règle.

Les biens des particuliers sont soumis à deux espèces d'impôts, l'impôt foncier et l'impôt de mutation. Les biens des établissements de mainmorte ne sont soumis qu'à l'impôt foncier. Quant à l'impôt de mutation, leur immobilité aux mains des mêmes propriétaires les y soustrait. Est-ce là de l'égalité, de l'équité en matière d'impôt ?

J'examinerai tout à l'heure une à une les objections produites. Disons d'abord un mot de la différence qu'on prétend rencontrer entre ce qui existait autrefois et ce qu'on veut rétablir aujourd'hui ; je veux parler du droit d'amortissement qui, sous l'ancienne législation, législation de privilège cependant, frappait les biens de mainmorte ; ces droits qui ont varié avec le temps, avec la nature des immeubles, et qui frappaient tous les biens de mainmorte, étaient établis, il n'est pas permis de le contester, pour tenir lieu de l'impôt des mutations.

L'orateur répond ensuite aux deux arguments qui consistent à dire : d'abord, que les établissements de biens de mainmorte étant subventionnés par l'État, il faudrait augmenter les subventions en raison du nouvel impôt, et que ce serait prendre d'une main pour rendre de l'autre ; ensuite, qu'imposer les hospices et les établissements de charité, ce serait imposer les pauvres. Il poursuit en ces termes :

Le citoyen Grévy. — On a dit aussi que ce serait un impôt fictif, que la plus grande partie du produit sortirait des caisses de l'État sous forme de subventions.

On a établi des calculs sur des documents ; je ne sais quels peuvent être ces documents, je ne sais pas sur quels renseignements on a pu établir de semblables calculs, car ceux qui nous ont été produits conduisent à un résultat tout à fait différent.

On en a induit, par une singulière exagération, que les neuf dixièmes de cet impôt sortiraient des caisses de l'État après y être entrés.

Je ne comprends pas où l'on a pu trouver les éléments d'un pareil calcul. Nous croyons, au contraire, d'après les documents qui nous ont été fournis, qu'il n'y aura pas plus d'un vingtième de cet impôt qui sortira des caisses de l'État sous forme de subvention. Certainement, si l'Etat devait rendre les neuf dixièmes de l'impôt sous une autre forme, ce ne serait pas la peine de faire une loi pour l'établir.

Mais je ne sais pas où M. Grellet a pris ses calculs. Il résulte au contraire des documents fournis que c'est à peine si un vingtième sera rendu aux établissements de bienfaisance sous forme de subvention.

En résumé, l'impôt est nécessaire pour établir l'égalité entre les contribuables ; il faut que tous les immeubles soient soumis aux mêmes charges. Les immeubles des établissements de mainmorte ne sont affranchis de l'impôt des droits de mutation que depuis la Révolution seulement ; car, avant la Révolution, ils y étaient soumis au moyen d'un droit d'amortissement ; il est donc de toute équité, de toute justice de le rétablir, et ce sera un impôt utile qui sera supporté, non par les pauvres, mais par les propriétaires de ces immeubles.

Le rapporteur montre que les biens des établissements de mainmorte sont d'une contenance égale au dixième de toutes les propriétés imposables de France, tandis qu'ils ne produisent qu'un revenu égal au trente et unième du revenu général. Il termine par les considérations suivantes :

Je sais, pour faire la part de toutes choses, qu'il y a, parmi les propriétés des établissements de mainmorte, des immeubles de peu de valeur ; il faut certainement faire la part de ce dernier élément dans le déficit de la production ; mais, à côté de cela, il faut placer une autre cause, qui y a aussi sa large part, c'est le défaut de culture et de soin que les établissements de mainmorte donnent à leurs immeubles.

Il est évident que les immeubles des communes et d'une foule d'établissements de mainmorte, s'ils étaient aux mains des particuliers, produiraient infiniment plus : le résultat que je mets sous les yeux de l'Assemblée doit l'en convaincre ; on doit espérer que l'impôt de mutation sur les établissements de mainmorte sera une cause efficace qui les portera à aliéner leurs immeubles et à les convertir en valeurs mobilières. Or les valeurs mobilières seront plus productives pour les établissements de mainmorte, et les immeubles qui sortiront de leurs mains seront plus productifs pour la richesse nationale.

Telles sont les considérations qui font insister la commission pour l'adoption du projet de loi.

M. Besnard et M. Grellet parlèrent ensuite contre le projet de loi, qui fut défendu par M. Passy, ministre des finances, et par M. Dupin l'aîné. L'auteur du *Manuel du droit public ecclésiastique français* réfuta, en un langage plein de vigueur, les arguments des adversaires du projet de loi. Il justifia d'un mot la présentation de ce projet. « On a tort de dire, fit-il observer, que c'est un impôt nouveau ; c'est l'impôt qui existe pour tout le monde, appliqué à quelques-uns qui, jusqu'ici, en ont été exempts ou qui s'y sont soustraits. » Il termina ainsi : « Il y a des principes qui peuvent reprendre une certaine vivacité sous la République ; mais il y a un droit commun des Français qui ne date pas d'aujourd'hui et de février ; il y a des conquêtes faites en 1789, dont nous n'avons pas été dépossédés, qui ont fondé le droit commun des Français, droit commun que nous maintiendrons autant qu'il sera en nous sur tous les points où l'on voudrait y faire brèche. C'est au moment où nos finances ont le plus besoin que le principe fondamental de l'impôt soit appliqué, qu'il importe de ne pas laisser introduire d'exception et de consacrer d'une manière absolue que l'impôt doit être payé par toutes les choses et par toutes les personnes indistinctement, et dans la proportion de l'actif de chacun. »

Ces paroles de M. Dupin obtinrent l'assentiment de la majorité. Le débat était épuisé. La clôture de la discussion générale fut prononcée, et l'Assemblée décida qu'elle passerait à une seconde délibération sur le projet de loi. Cette seconde délibération eut lieu le 9 février. Combattus par MM. Huot, Tassel et Legeard de la Diryais, et défendus par M. Hippolyte Passy, ministre des finances, les deux articles du projet furent adoptés après le rejet d'un amendement de M. Leblond tendant à excepter les sociétés anonymes de l'impôt établi par le projet de loi, et l'Assemblée décida ensuite qu'elle passerait à une troisième délibération. La troisième délibération eut lieu le 20 février. M. Paulin Gillon demanda à l'Assemblée d'exclure des prescriptions de la loi les biens des communes, des hospices et des bureaux de bienfaisance. M. Culmann la supplia de rejeter une loi injuste et qui aurait de fatales conséquences dans ses résultats politiques. M. Raudot enfin proposa de réduire de 62 centimes et demi par franc à 40 centimes l'impôt dont la proposition de la commission frappait les biens de mainmorte. M. Grévy dut intervenir à ce moment en sa qualité de rapporteur. Il exposa que l'amendement de M. Raudot reposait sur une erreur matérielle:

On lit, en effet, dit-il, dans les considérants de cet amendement, que le principal de la contribution foncière est environ le huitième du revenu. C'est là, je le répète, une erreur matérielle, et c'est cette erreur qui a conduit l'honorable préopinant à proposer son amendement. Le principal de la contribution foncière n'est pas le huitième du revenu, mais bien 8 pour 100 du revenu, c'est-à-dire le douzième et demi environ : cela est connu de tout le monde.

Le citoyen Montrol. — C'est une erreur !

Le citoyen rapporteur. — On prétend que c'est une erreur; rien n'est plus simple que la démonstration de cette vérité.

Quel est en général, et d'après les estimations officielles, d'après les relevés officiels, le produit des propriétés immobilières en France? C'est 2 milliards. Quel est le montant du principal de la contribution foncière? 160 millions. Faites le calcul : 160 millions, par rapport à 2 milliards, qu'est-ce que c'est? Le douzième et demi, c'est-à-dire 8 pour 100 et non pas le huitième.

La démonstration était complète. L'Assemblée repoussa l'amendement de M. Raudot. Après le vote des articles, l'ensemble du projet fut adopté, au scrutin de division, par 602 voix contre 95, sur 697 votants.

§ VIII

RAPPORT

DU COMITÉ DE JUSTICE

SUR LA PROPOSITION DU CITOYEN RATEAU

TENDANT A

LA SÉPARATION DE L'ASSEMBLÉE CONSTITUANTE

ET A

L'ÉLECTION D'UNE ASSEMBLÉE LÉGISLATIVE

LU LE 9 JANVIER 1849

A L'ASSEMBLÉE NATIONALE CONSTITUANTE

Une occasion nouvelle allait s'offrir à M. Grévy d'éclairer l'Assemblée et la France sur les desseins de la contre-révolution, et de proclamer en même temps du haut de la tribune nationale les vrais principes de gouvernement. Les événements du 15 mai et l'insurrection de juin avaient causé une profonde émotion dans le pays. Beaucoup de citoyens qui, au mois d'avril, avaient donné leur voix aux listes républicaines, se montraient inquiets du lendemain. La réaction avait su tirer habilement parti de cette disposition des esprits. L'active propagande du comité de la rue de Poitiers, exploitant la crainte de la révolution sociale, n'avait pas peu contribué à éloigner une partie du pays de la République.

Après la trop significative élection du 10 décembre, la réaction pensa que le moment était venu de frapper un coup décisif.

Le 29 décembre, un membre obscur de la représentation de la Charente-Inférieure, M. Rateau, qui passait pour le confident de M. Dufaure, déposa la proposition suivante sur le bureau de l'Assemblée :

« *Article premier*. — L'Assemblée législative est convoquée pour le 19 mars 1849. Les pouvoirs de l'Assemblée constituante prendront fin le même jour.

« *Art*. 2. — Les élections pour la nomination des 750 membres qui devront composer l'Assemblée législative auront lieu le 4 mars 1849. Chaque département élira le nombre de représentants déterminé par le tableau annexé au présent décret.

« *Art*. 3. — Jusqu'à l'époque fixée pour la dissolution, l'Assemblée nationale s'occupera principalement de la loi électorale et de la loi relative au Conseil d'État. »

La pensée de M. Rateau et de ses amis était aisée à deviner. Ils comptaient que les élections prochaines seraient défavorables à la République, et que la majorité rétrograde de la nouvelle Assemblée pourrait arriver, par les voies légales, au renversement de ce régime détesté.

L'hésitation n'était pas permise aux républicains. Ils se prononcèrent unanimement contre la proposition de M. Rateau, laquelle, d'ailleurs, était faite en violation de la Constitution. Le comité de la justice chargea son rapporteur, M. Jules Grévy, de conclure au rejet de cette proposition. Un rapport aboutissant aux mêmes conclusions fut présenté, au nom du comité de législation, par M. Dupont (de Bussac).

Le 9 janvier 1849, M. Grévy monta à la tribune et donna lecture de son rapport. Voici les passages principaux de cet important document :

Le citoyen Grévy, *rapporteur*. — Citoyens représentants... les deux comités, après de vifs débats, ont émis le même avis, et le comité de la justice, auquel le rapport appartient, m'a chargé de vous le présenter en son nom.

Un premier point, dont tout le monde convient, c'est que la durée de l'Assemblée constituante est déterminée par son mandat. Elle ne peut ni se retirer avant de l'avoir exécuté, ni rester après l'avoir accompli. Dans le premier cas, elle déserterait sa mission ; dans le second, elle usurperait ; dans l'un et l'autre cas, elle trahirait la confiance du peuple.

Cette question : Le moment est-il venu pour l'Assemblée constituante de se dissoudre ? revient donc à celle-ci : L'Assemblée constituante a-t-elle rempli son mandat ?

Ce mandat, quel est-il ?

De constituer la République, c'est-à-dire de lui donner les institutions fondamentales ; en d'autres termes, sa Constitution et ses lois organiques, qui en sont le complément nécessaire, la partie la plus essentielle. Qu'est-ce, en effet, que la Constitution sans les lois organiques ?

Un recueil de principes abstraits, élastiques, dont on peut faire sortir les institutions les plus diverses, et qui ne peuvent être organisés dans leur esprit que par l'Assemblée dont ils émanent.

Une Assemblée constituante qui se retirerait après avoir écrit dans une Constitution quelques principes décharnés, et qui laisserait à une autre Assemblée l'organisation des institutions fondamentales, n'aurait de constituante que le nom. Celle qui la remplacerait en exercerait plus réellement qu'elle les pouvoirs et la mission.

Après avoir invoqué l'exemple des précédentes Assemblées constituantes et montré que l'Assemblée nationale, se conformant aux traditions de ses devancières, avait, dans l'article 115 de la Constitution, décidé qu'elle procéderait à la rédaction des lois organiques, puis énuméré ces lois organiques dans la loi du 11 décembre 1848, le rapporteur continua en ces termes :

Ainsi le mandat de l'Assemblée constituante est déterminé par la nature des choses, par les précédents, par vos décrets, par la Constitution : ce mandat comprend les lois organiques.

L'Assemblée, avant d'avoir fait ces lois, ne peut donc se dissoudre sans déserter son mandat et sans violer la Constitution.

Ce serait le premier exemple d'une grande Assemblée qui, appelée à l'insigne honneur de donner à un peuple affranchi des institutions républicaines, se troublant aux clameurs des vieux ennemis de la liberté, abandonnerait son œuvre inachevée et violerait elle-même la Constitution sortie de ses mains. *(Très bien! très bien! — Vif assentiment.)*

Quel respect pourrait inspirer à ses ennemis cette Constitution déchirée par les mains qui l'ont faite. Quelle pourrait être sa force? Quelle serait sa durée? Et cette Assemblée, chargée des destinées d'une révolution si glorieuse, cette Assemblée dont la mission était si grande, et dont la fin le serait si peu, quel jugement lui serait réservé? *(Très bien! très bien!)*

Le rapporteur examine ensuite, les unes après les autres, les raisons présentées à l'appui de la proposition de M. Rateau :

1° *L'Assemblée actuelle et le Président de la République ne peuvent exister simultanément.* — Il fallait donner cet argument à l'Assemblée nationale lorsqu'on est venu lui demander de décréter l'élection anticipée du Président de la République. L'incompatibilité n'est pas davantage fondée sur ce fait que l'Assemblée réunit au pouvoir législatif le pouvoir constituant. En effet, toutes les Assemblées de revision seront dans le même cas. En quoi même l'Assemblée actuelle peut-elle être moins compatible avec le pouvoir exécutif qu'une simple Assemblée législative? M. Grévy termine par une claire allusion à des incidents tout récents :

« Bien des gens annonçaient que l'Assemblée serait hostile au Président de la République; ils le croyaient peut-être à force de le désirer.

« La sagesse de l'Assemblée a fait mentir ces prédictions. Son attitude en face du nouveau pouvoir ne permet plus aux hommes de bonne foi d'élever un doute sur la loyauté de son concours, et les bills d'indemnité de certains votes prouvent combien elle est disposée à sacrifier à la concorde. » *(Mouvement.)*

2° *L'élection du 10 décembre a été faite dans un sentiment hostile à l'Assemblée.* — Le peuple a fait son choix entre les divers candidats à la présidence de la République. Qu'est-ce qui autorise à dire que le sentiment des électeurs était hostile à l'Assemblée? « Et où n'ira-t-on pas avec de telles interprétations? Quel pouvoir sera hors de leurs atteintes? S'il est permis de tourner aujourd'hui l'élection du Président contre l'Assemblée, qui empêchera de tourner demain l'élection de l'Assemblée contre le Président? *(Très bien! très bien!)* Quel gouvernement sera possible à ce prix? »

3° *L'intérêt du pays exige que l'Assemblée se retire.* — Le pays sort à peine des agitations électorales; son intérêt n'est point d'y être replongé immédiatement. Le rapporteur conclut ainsi :

L'intérêt du pays n'est pas de voir fixer, plusieurs mois à l'avance, la dissolution de l'Assemblée, pour que, pendant ce long laps de temps, la guerre électorale, qui n'attend que ce signal pour se déchaîner de nouveau, vienne étouffer les premiers symptômes du calme renaissant et achever la ruine des affaires.

L'intérêt du pays est que l'Assemblée conduise à fin son œuvre, qu'elle donne à la République ses institutions et au peuple les réformes financières que la Révolution lui a promises et que la Constitution lui a assurées. *(Nouvelle approbation.)*

Cette question de dissolution est capitale pour la République. Ceux qui en douteraient peuvent s'en convaincre à l'ardeur des partis et à la violence de leurs attaques contre l'Assemblée.

A-t-elle besoin de se justifier du reproche qu'ils lui adressent de vouloir se perpétuer? Qui ne sait que son mandat, et, par conséquent, sa durée, sont exactement déterminés; que peu de temps lui suffira désormais pour achever sa tâche, et que son existence sera beaucoup moins longue que celle des Assemblées constituantes qui l'ont précédée?

En conséquence, le comité de justice, d'accord avec le comité de législation, a l'honneur de vous proposer de ne point prendre en considération la proposition du citoyen Rateau. *(Marques prolongées d'approbation.)*

L'impression produite par ce rapport, si clair et si décisif, fut considérable. La discussion sur la prise en considération avait été fixée au 12 janvier. Le parti réactionnaire avait fait de nombreuses recrues dans les rangs de la gauche modérée de la Constituante. C'étaient des dupes plutôt que des complices, mais leur adhésion à la proposition Rateau ne fut pas moins fatale à la République. Après un débat auquel prirent part MM. Desèze, de Montalembert, Odilon Barrot, ministre de la justice, président du Conseil, qui parlèrent en faveur de l'adoption de la proposition, et MM. Pierre Bonaparte et Billault, qui la combattirent, l'Assemblée nationale, par 400 voix contre 396, sur 796 votants, c'est-à-dire à la majorité de 4 voix, rejeta les conclusions du rapport de M. Grévy[1]. La prise en considération de la pro-

---

1. Les chiffres indiqués par le Président à la fin de la séance du 12 janvier étaient ceux-ci : nombre de votants, 805; pour

position Rateau était votée. C'était une première et importante victoire pour les partisans de la dissolution de l'Assemblée constituante. L'Assemblée décida ensuite, dans la séance du 13 janvier, que la proposition de M. Rateau serait renvoyée aux bureaux.

l'adoption, 401 ; contre, 404 ; mais, après vérification, ils furent rectifiés, comme il est dit plus haut, au début de la séance du 13 janvier.

§ IX

NOUVEAU RAPPORT DU CITOYEN GRÉVY

SUR

LA PROPOSITION DU CITOYEN RATEAU

LU LE 25 JANVIER 1849

A L'ASSEMBLÉE NATIONALE CONSTITUANTE

La commission de quinze membres chargée d'examiner cette proposition fut composée de MM. Roux-Lavergne, Billault, Dupont (de Bussac), Jules Favre, Saint-Gaudens, Havin, Marie, Degoussée, Pierre Bonaparte, Sarrans jeune, Lignier, Liechtenberger, Combarel de Leyval, Regnard, Grévy, rapporteur. Parmi ces commissaires, un seul, M. Combarel de Leyval, avait voté pour la prise en considération de la proposition de M. Rateau. Il semblait que l'Assemblée, comprenant les dangers de la politique qu'on voulait lui faire adopter, se fût ravisée. La réaction avait mis à profit le temps écoulé pour diriger contre l'Assemblée une violente campagne, non seulement dans la presse, mais dans les conseils généraux. Un vaste pétitionnement avait été organisé pour l'amener à se séparer. La bataille était donc attendue des deux côtés avec une égale impatience. Elle promettait d'être vive et acharnée. Lorsque, le 25 janvier, M. Grévy monta à la tribune pour donner lecture de son rapport, une scène inoubliable eut lieu. Un grand nombre de représentants se précipitèrent au bureau en demandant, les uns à parler pour, les autres à parler contre les conclusions du rapport. L'agitation fut telle qu'elle arracha à un membre cette exclamation : « C'est un 15 mai électoral ! » Le président, M. Armand Marrast, donna l'ordre aux secrétaires de déchirer les listes d'inscriptions, et il fut décidé que les inscriptions ne pourraient avoir lieu qu'après le dépôt du rapport. M. Grévy put enfin commencer la lecture de son travail.

Clair, net et d'une concision éloquente, ce rapport était de nature à obtenir l'adhésion de ceux qui ne se trouvaient pas irrévocablement engagés dans la politique du comité de la rue de Poitiers. M. Grévy commençait par déclarer que la commission, après avoir examiné la proposition du citoyen Rateau et celles qui s'y rattachaient par voie d'amendement, avait rejeté, à l'unanimité, celles de ces propositions qui déterminaient dès à présent pour la dissolution de l'Assemblée un jour préfixe, et repoussé à la majorité celles qui avaient pour objet la revision du décret du 15 décembre, portant énumération des lois organiques, comme tendant au même but et entraînant les mêmes conséquences. Il conclut ainsi sur ce premier point :

Elle (la commission) a recherché si, depuis le décret du 15 décembre, il est survenu pour l'Assemblée des motifs de revenir sur sa décision ; elle n'a trouvé que des raisons d'y persister.

D'un côté, l'état avancé des travaux préparatoires des lois organiques, l'activité qui leur est imprimée, l'ardeur avec laquelle l'Assemblée aspire au moment de se dissoudre *(Rires à droite)*, tout démontre que quelques mois lui suffiront désormais pour achever sa tâche. La décision qui lui enlèverait aujourd'hui une partie de ces travaux commencés aurait le double inconvénient de lui faire perdre le fruit du temps qu'elle y a consacré et de mutiler son œuvre, sans rapprocher beaucoup le jour de sa dissolution.

D'un autre côté, les circonstances dans lesquelles ces propositions se produisent, la portée politique qu'elles en reçoivent, les commentaires qui les accompagnent, les motifs dont on les appuie, la violence morale qu'on emploie, ne permettent pas à l'Assemblée de s'y arrêter. *(Approbation à gauche.)*

La question était bien posée. Le rapporteur montre ensuite qu'un pas a été fait depuis la discussion du 12 janvier, que le droit de l'Assemblée n'est plus contesté par personne. Doit-elle revenir sur sa décision de faire les lois organiques, ou bien doit-elle y persister? Elle doit y persister « pour affermir dans les voies républicaines le pouvoir nouveau dont elle n'a avancé l'heure qu'afin de veiller elle-même sur ses premiers pas ». Elle doit y persister, parce que « la République ne peut être mieux défendue que par l'Assemblée dont elle est l'ouvrage. Elle doit y persister, enfin, à cause des arguments mêmes et des moyens qu'on ose employer contre elle. » L'un de ces arguments consistait à dire que l'Assemblée, s'étant compromise dans l'élection du 10 décembre, ne pouvait rester en face du pouvoir sorti de cette élection. Déjà, dans son premier rapport, M. Grévy l'avait examiné et en avait montré l'inanité. Il reprend sa thèse et l'appuie de motifs nouveaux. L'Assemblée, comme corps politique, ne s'est immiscée par aucun acte dans l'élection du Président de la République. Ses membres y ont pris part en leur qualité d'électeurs ; voilà tout. La doctrine d'après laquelle l'Assemblée ne peut rester en face du Président de la République, parce que la majorité des représentants a porté ses suffrages sur un candidat autre que celui qui a été élu, est grosse de conséquences; elle mène tout droit au conflit et à la désorganisation des institutions. Le rapporteur poursuit en ces termes :

C'est à l'Assemblée nationale qu'on demande de reconnaître implicitement, par un vote, qu'elle s'est compromise, qu'elle a méconnu la réserve qui lui était imposée, qu'elle s'est placée dans l'impossibilité de garder plus longtemps le pouvoir que le peuple lui a confié! Comment pourrait-elle se représenter devant lui après un pareil jugement rendu par elle-même? Ne voit-elle pas qu'on lui demande de décréter sa condamnation?

Non, elle ne s'est pas compromise, parce que ses membres se sont montrés en même temps électeurs indépendants et représentants loyaux! Elle ne peut signer l'arrêt qu'on lui présente.

Elle ne peut non plus se retirer devant l'attitude et le langage du ministère. *(Très bien! très bien!)*

Le concours qu'elle lui offre, il le repousse *(Oui! oui!)*; il lui dit en face que c'est elle qui le paralyse, que son temps est fait, qu'il faut qu'elle se sépare.

L'Assemblée nationale obéira-t-elle à une injonction? *(Très bien! très bien!)* Abandonnera-t-elle, pour se retirer plus vite, ses travaux inachevés? Acceptera-t-elle, aux yeux du pays, la responsabilité de l'inaction du Gouvernement?

Votre commission n'a pu prendre sur elle de vous le proposer.

Une autre cause l'en eût, d'ailleurs, détournée. Je veux parler de ce système d'intimidation et de violence morale (à droite : *Oh! oh!* — *Très vive approbation à gauche*) organisé au dehors contre l'Assemblée, de ces articles de journaux, de ces pétitions, de ces protestations... (quelques membres de la droite font entendre des protestations dont les termes ne parviennent pas jusqu'à nous et qui provoquent des cris : *A l'ordre!*), de ces protestations dans lesquelles on lui signifie, en termes menaçants, que ses pouvoirs sont expirés, qu'on les révoque au besoin, qu'elle ait à se dissoudre.

Il est inutile de discuter l'importance de ces démonstrations qui, malgré le zèle de ceux qui les ont provoquées, n'ont produit jusqu'aujourd'hui que 173,113 signatures. *(Exclamations ironiques sur plusieurs bancs.)*

Plusieurs voix. — Sur 8 millions d'électeurs.

Le citoyen rapporteur. — La question est plus élevée : elle touche au principe même de l'autorité et aux conditions nécessaires de l'ordre. Il s'agit de savoir si un nombre quelconque d'individus, parlant au nom du peuple, ont le droit de violenter les pouvoirs issus du suffrage universel et de s'arroger l'exercice de la souveraineté. *(C'est cela! — Très bien! très bien!)* Il s'agit de savoir si l'Assemblée constituante sanctionnera un semblable précédent.

Qu'elle y prenne garde! Le jour où de pareilles manifestations seraient subies, le jour où elles prendraient racine dans les mœurs, c'en serait fait de l'autorité en France.

Ils sont bien imprudents, ceux qui, dans un intérêt passager, ne craignent pas de créer de tels précédents, et l'Assemblée donnerait un bien funeste exemple si, en cédant à cette pression, elle les laissait s'établir.

Voilà, citoyens représentants, comment une simple question de dissolution s'est agrandie et a changé de caractère. Il ne s'agit plus de savoir si l'Assemblée se dissoudra un peu plus tôt ou un peu plus tard; il s'agit de savoir si, accusée de s'être compromise, sommée par le ministère, violentée par les partis, elle peut se retirer devant ces attaques. Ce n'est plus sa dissolution qui est en cause, c'est son indépendance et sa dignité. *(Nouvelles marques de vif assentiment.)*

C'est le sort de toutes les Assemblées constituantes d'être harcelées dans leur œuvre par les intérêts et les passions qu'elles mécontentent. On sait avec quelle violence la première Constituante fut attaquée dans les derniers mois de son existence. On lui contestait aussi ses pouvoirs, et ni les articles de journaux ni les pétitions ne lui manquèrent. Que fussent devenus et les grands travaux et le grand nom qu'elle a laissés, si, se troublant à ces attaques, elle se fût abandonnée elle-même?

Que l'Assemblée actuelle ne s'abandonne pas non plus; le pays et l'histoire lui en tiendront compte.

Votre commission conclut au rejet de toutes les propositions. *(Bravo! bravo! Très bien! très bien! — Mouvement prolongé d'approbation.)*

La discussion des conclusions du rapport de M. Grévy fut mise à l'ordre du jour de la séance du lundi 29 janvier. Dans la nuit du 28 au 29 janvier, de très considérables mouvements de troupes eurent lieu à Paris, principalement autour de l'Assemblée, sans que le président Armand Marrast en eût été prévenu. Ces mesures militaires causèrent une vive émotion dans la population parisienne. Averti, le président de l'Assemblée montra une grande mollesse et une déplorable indécision. Cependant, il se décida à inviter le général Changarnier, commandant en chef de l'armée de Paris, à venir à son cabinet pour lui donner des explications. Ayant reçu du général une lettre d'excuses portant qu'il ne pouvait se rendre à l'Assemblée, parce qu'il se trouvait chez le Président de la République, M. Marrast, en vertu du droit qui lui était attribué par le décret du 11 mai 1848, investit aussitôt le général Lebreton du commandement supérieur des troupes placées autour de l'Assemblée. Au début de la séance du 29 janvier, ces événements étaient vivement commentés par les représentants. Les uns, et c'étaient les plus avisés, y voyaient une tentative de coup d'État faite par le Président de la République d'accord avec le général Changarnier. On racontait à ce propos que Louis Bonaparte avait paru à cheval aux Champs-Élysées devant les troupes. Les autres considéraient que ces mesures militaires tendaient seulement à exercer une pression sur l'Assemblée dans le but de l'amener à voter la proposition de M. Rateau. Les explications confuses et embarrassées données par M. Odilon Barrot, ministre de la justice, président du conseil des ministres, au commencement de la séance, étaient loin d'avoir ramené le calme dans les esprits. Bien peu avaient cru à l'existence de la tentative insurrectionnelle dénoncée par le ministre, et les observations présentées successivement par M. Degoussée, l'un des questeurs, et par le président Armand Marrast, n'avaient pas entièrement satisfait l'Assemblée.

C'est dans ces conditions que commença la première délibération sur les propositions relatives, soit à la convocation de l'Assemblée législative, soit à la modification du décret du 15 décembre concernant les lois organiques. Le premier orateur, M. Fresneau, parla en faveur de la proposition. M. Jules Favre, qui lui répondit, commença par s'élever contre les « mesures extraordinaires » prises par le cabinet et qui, « au moins dans la forme, avaient attenté aux prérogatives de l'Assemblée ». Examinant ensuite le mouvement de pétitionnement relatif à la dissolution, il démontra qu'on voulait se débarrasser de l'Assemblée uniquement « parce qu'elle défendait la République et la Constitution ». Il ajouta que l'Assemblée nationale avait reçu non seulement le mandat de faire la Constitution, mais surtout celui d'asseoir l'ordre dans ce pays, en marchant du côté où le vent de l'avenir pousse la France, c'est-à-dire du côté de la démocratie opérant des réformes. « Si tel est le mandat de l'Assemblée nationale, s'écria-t-il, dans un beau mouvement d'éloquence, la question est de savoir non pas si le vaisseau est construit, mais s'il est lancé à la mer et s'il flotte sans éventualité de tempête, si les pilotes sont sûrs. » Il termina sa longue et éloquente harangue en déclarant qu'il votait « pour la défense de la République, pour la défense du salut du peuple, les conclusions de la commission ».

Par contre, la proposition de M. Rateau trouva un défenseur convaincu en la personne de M. Victor Hugo, alors tout dévoué à la politique de la rue de Poitiers, et de M. Combarel de Leyval, qui, seul, dans la commission, s'était prononcé pour la dissolution de l'Assemblée. Tout le monde comprenait qu'il fallait en finir. Un grand nombre d'orateurs, dont plusieurs du côté gauche, renoncèrent à la parole. Après quelques explications, d'un caractère tout personnel, présentées par le général Cavaignac, M. de Lamartine demanda la division des propositions soumises à l'Assemblée. Il repoussa la proposition de M. Rateau, l'Assemblée ne pouvant avoir l'air de « céder à des sommations injurieuses ». Mais il donna à entendre que d'autres propositions pourraient être admises. Il insista surtout sur la nécessité de montrer au pays que l'Assemblée ne voulait pas se « constituer en long parlement ». Le rapporteur, M. Grévy, répondit à M. de Lamartine que les autres propositions n'avaient pas, comme celle de M. Rateau, subi l'épreuve de la prise en considération, qu'elles n'avaient, par conséquent, que le caractère d'amendements, que ces amendements devaient subir le sort de la proposition principale, que l'Assemblée n'aurait à s'en occuper qu'autant qu'elle aurait admis la proposition principale à une seconde délibération. D'ailleurs, s'ils étaient écartés par suite du rejet de la proposition de M. Rateau, rien n'empêcherait ensuite leurs auteurs de les présenter comme proposition principale.

Après ces explications, le vote commença. Il eut lieu au scrutin secret par appel nominal. Sur 821 votants, 405 voix adoptèrent les conclusions de la commission, et 416 voix se prononcèrent contre ces conclusions, c'est-à-dire en faveur de la proposition de M. Rateau. Ce vote équivalait à un suicide. La seconde délibération eut lieu dans les séances des 6, 7 et 8 février. M. Grévy ne prit point part au débat; mais il vota, le 7 février, contre l'ensemble de l'article 2 de la proposition de M. Lanjuinais substituée à la proposition de M. Rateau. La proposition de M. Lanjuinais était ainsi conçue :

« *Article premier*. — Il sera immédiatement procédé à la première délibération de la loi électorale.

« La deuxième et la troisième délibération auront lieu à l'expiration des délais fixés par le règlement.

« *Art.* 2. — Aussitôt après la promulgation de cette loi, il sera procédé à la formation des listes électorales.

« Les opérations commenceront le même jour dans tous les départements.

« Les élections de l'Assemblée législative auront lieu le premier dimanche qui suivra la clôture définitive desdites listes dans tous les départements.

« L'Assemblée législative se réunira quinze jours après la réunion des collèges électoraux. »

M. Grévy vota, le même jour, pour l'amendement de M. Depasse, tendant à ajouter le budget aux lois que l'Assemblée devait faire avant de se dissoudre, et le 8, pour les propositions de MM. de Lamoricière, Ceyras, Boubée, tendant à ajouter à cette énumération, la première, la loi d'organisation de la force publique ; la seconde, la loi sur l'assistance publique ; la troisième, la loi d'enseignement. Ces trois propositions furent repoussées par l'Assemblée. Enfin M. Grévy fut un des 307 membres qui votèrent que l'Assemblée ne passerait pas à une troisième délibération sur la proposition relative à la convocation de l'Assemblée législative [1].

La troisième délibération eut lieu le 14 février. Après le rejet d'amendements de MM. Émile Péan et Senard, ayant pour objet de décider, le premier, qu'après le vote de la loi électorale et avant sa promulgation, il serait procédé à la

---

1. Sur 801 votants, cette question fut décidée par 494 voix contre 307.

discussion et au vote du budget de 1849, et l'autre tendant à réglementer le mode de discussion du budget des recettes et des dépenses de 1849 par l'Assemblée constituante, amendements pour lesquels avait voté M. Grévy, l'ensemble de la proposition de M. Lanjuinais fut mis aux voix et adopté par assis et levé.

§ X

ÉLECTIONS A LA VICE-PRÉSIDENCE

DE

L'ASSEMBLÉE NATIONALE CONSTITUANTE

La discussion de la proposition de M. Rateau contribua à accroître l'autorité déjà si grande que M. Grévy avait conquise dans l'Assemblée. Quelque temps après, les élections mensuelles pour le renouvellement du bureau eurent lieu. M. Grévy qui déjà, le 5 février 1849, avait obtenu 323 suffrages pour la vice-présidence, c'est-à-dire 41 voix de moins que celles obtenues par M. le général Bedeau, le sixième et dernier vice-président élu, fut de nouveau porté par le parti républicain à l'une des places de vice-président. Il l'emporta cette fois sur le général Bedeau, et fut élu sixième vice-président avec 259 voix. Il fut réélu, le 4 avril, par 319 suffrages. Cette élection de bureau fut la dernière que fit l'Assemblée. Le 15 mai, en effet, elle décida, sur la proposition de M. Crémieux, qu'il ne serait pas procédé à de nouvelles nominations pour la composition du bureau, et que les pouvoirs des président, vice-présidents et secrétaires en fonctions à cette époque seraient prorogés jusqu'à sa dissolution.

§ XI

DISCOURS

SUR LE

SERVICE ADMINISTRATIF ET DE SURVEILLANCE

DES

FORÊTS DANS LES DÉPARTEMENTS

PRONONCÉ LE 17 AVRIL 1849

A L'ASSEMBLÉE NATIONALE CONSTITUANTE

M. Grévy, on l'a vu déjà, ne s'occupait pas exclusivement des questions concernant le droit public et la politique constitutionnelle. L'administration générale et les finances sollicitaient également son attention. Il avait prononcé son premier discours à l'Assemblée nationale à l'occasion d'une proposition relative aux boissons. La discussion du budget des finances de 1849 lui permit d'exposer ses idées en matière d'administration forestière. La commission proposait, sur le personnel du service administratif et de surveillance des forêts dans les départements, une réduction de 231,500 francs. Le ministre des finances, M. Hippolyte Passy, craignant de heurter le sentiment de l'Assemblée, n'avait pas formellement et directement combattu les propositions de la commission. Profitant de cette situation, le rapporteur, M. Goutay, avait essayé de démontrer qu'après la réduction demandée, le service pourrait néanmoins être convenablement exercé. Tel n'était pas l'avis de M. Grévy, et, en sa qualité d'habitant du Jura, M. Grévy connaissait les conditions d'existence de l'administration forestière. Malgré les dispositions peu favorables de l'Assemblée, il prit la parole, et plus courageux que le ministre des finances, il défendit le budget proposé par le Gouvernement. Il commença par établir, contrairement à l'assertion de la commission, que le personnel de 1848 était moins nombreux que celui de 1832, et qu'il coûtait moins cher qu'à cette époque. L'agent important de l'administration des forêts, c'est l'inspecteur. Or il est impossible à un inspecteur d'administrer plus de 20,000 hectares. Avec la réduction proposée du nombre des inspecteurs, on donne à beaucoup d'inspecteurs 40,000, 50,000, 60,000 et 70,000 hectares à administrer. Ils ne pourront y suffire. Il en résultera deux conséquences principales. La première, c'est que les inspecteurs, ne pouvant pas faire en temps utile des opérations qui seront doublées, triplées, quadruplées, ne pourront pas opérer les ventes à l'époque où elles doivent l'être. M. Grévy établit cette assertion par des preuves irréfutables :

> Ceux qui connaissent cette matière savent de quelle importance il est que les ventes se fassent au plus tard au mois de septembre. La raison est celle-ci : il faut que le bois puisse s'abattre avant l'hiver ; il faut que le marchand puisse vendre le bois de chauffage au commencement de l'hiver, et le bois de construction au printemps. Il y a, en outre, cette raison que, si la vente ne se fait qu'en hiver, le bois ne sera pas abattu, et la coupe vidée avant le mois d'avril. Or, si l'abattage n'est pas fait avant avril, vous perdrez une feuille, c'est-à-dire l'accroissement d'une année. Et savez-vous ce que sera cette perte?

Les forêts produisent annuellement 42 millions. Vous aurez au moins un quart ou un tiers des coupes en retard, et, par conséquent, un tiers ou un quart de l'accroissement d'une année perdu, c'est-à-dire le tiers ou le quart de 42 millions. Voilà la perte que vous allez faire subir à l'État pour une misérable économie de 200,000 francs.

Plusieurs voix. — Vous êtes dans le vrai.

Le citoyen Grévy. — Oui, je suis dans le vrai! J'y suis si bien que c'est en grande partie à l'organisation actuelle de l'administration, et particulièrement du système des ventes, qu'il faut attribuer l'accroissement énorme du produit des forêts, lequel s'est élevé, comme l'a dit M. le ministre des finances, de 17 millions, dans la période de 1832 à 1847.

Il y a, pour faire les ventes au plus tard en septembre, une autre raison que je vous signale. C'est le moyen d'appeler un plus grand nombre d'acheteurs et d'établir entre eux la concurrence. En effet, si les acheteurs ne peuvent pas vendre immédiatement leur bois pour faire face à leurs traites, qui, vous le savez, sont échelonnées de trois mois en trois mois, à partir de janvier; s'ils sont obligés de se mettre à découvert pendant une année du montant du prix des ventes, il n'y en a qu'un très petit nombre qui peuvent se présenter aux adjudications. Dans tous les cas, c'est une charge qui retombe, en définitive, sur l'État, qui vend d'autant moins cher.

Enfin, si l'inspecteur a une circonscription trop

étendue, il est obligé de faire de gros lots pour les ventes, autre cause qui éloigne les petits marchands et tue la concurrence.

Je n'insisterai pas sur ces conséquences, tout le monde les entrevoit; toutes les opérations, les estimations, les aménagements, les améliorations des forêts, tout en souffrira, et tout cela se résumera en pertes pour le Trésor.

M. Grévy termina en déclarant qu'il appuyait de toutes ses forces le chiffre du Gouvernement. Ce discours, si concluant dans sa simplicité, souleva de nombreuses marques d'approbation dans l'Assemblée. En vain le rapporteur revint-il à la charge. Après quelques paroles de M. Goudchaux, adversaire, lui aussi, de la réduction, les propositions de la commission, mises aux voix, furent repoussées, et le chiffre du Gouvernement fut adopté. Cette victoire du bon sens était due entièrement à M. Grévy. Le rapporteur, M. Goutay, fut doublement battu. L'Assemblée achevait de nommer les conseillers d'État. Dans deux scrutins, M. Goutay avait obtenu le plus grand nombre de voix, sans toutefois atteindre au chiffre de la majorité absolue. Au dernier scrutin, qui eut lieu le 18 avril, et qui termina l'opération, il fut battu par M Boussingault. Son insuccès de la veille n'avait peut-être pas été étranger à sa défaite du lendemain.

§ XII

DISCOURS
SUR LES INTERPELLATIONS
DU CITOYEN JULES FAVRE
RELATIVES AUX AFFAIRES D'ITALIE

PRONONCÉ LE 7 MAI 1849

A L'ASSEMBLÉE NATIONALE CONSTITUANTE

On connaît les origines de l'expédition de Rome. Le Piémont avait été écrasé par l'Autriche, et la population de Rome s'était soulevée contre le gouvernement pontifical. Le général Cavaignac, chef du pouvoir exécutif, avait, sans consulter l'Assemblée, chargé M. de Corcelles, représentant du peuple, d'aller dans les États romains en qualité d'envoyé extraordinaire, et avait donné l'ordre de le faire escorter par quatre frégates à vapeur portant à leur bord trois mille cinq cents hommes, avec mission d'assurer la liberté personnelle du pape et de lui permettre de se retirer en France. Ces résolutions du Gouvernement avaient provoqué de vifs débats dans l'Assemblée, les 28 et 30 novembre. Mais 480 représentants avaient approuvé l'initiative du général Cavaignac, et 63 représentants seulement s'étaient prononcés contre. Ce jour-là, M. Grévy s'était trouvé dans la majorité, avec MM. Crémieux, Corbon, Charras, Charton, Pascal Duprat, Glais-Bizoin, Kestner, Armand Marrast,

Senard, Jules Simon. Cependant le départ des troupes fut suspendu lorsqu'on apprit que le pape avait quitté furtivement Rome et s'était réfugié à Gaëte.

Les événements avaient suivi leur cours. Tandis que la République était proclamée au Capitole, le 10 février 1849, le Gouvernement du président Louis Bonaparte cherchait les moyens de rétablir Pie IX dans ses États.

Ces projets étaient soigneusement dissimulés à l'Assemblée et au pays. Mais l'idée même d'une expédition ne répugnait pas à la majorité de la représentation nationale. Voyant les États romains menacés à la fois par l'Autriche et par les troupes napolitaines, l'Assemblée se demandait s'il n'était pas nécessaire d'intervenir pour maintenir l'influence française dans les États romains et assurer tout au moins aux populations des institutions libérales. C'est dans cette pensée que, le 30 mars, M. Bixio présenta, au nom du comité des affaires étrangères, une résolution conçue en ces termes : « Que si, pour mieux garantir l'intégrité du territoire piémontais et mieux sauvegarder les intérêts et l'honneur de la France, le pouvoir exécutif croyait devoir appuyer ses négociations par l'occupation partielle et temporaire d'un point quelconque en Italie, il trouverait dans l'Assemblée nationale le plus sincère et le plus entier concours. » Combattue par MM. Billault et Ledru-Rollin, appuyée par MM. Jules Favre, Thiers et Odilon Barrot, président du conseil, cette résolution avait été adoptée par 444 voix contre 320.

Le 16 avril, le président du conseil, M. Odilon Barrot, prenant texte de l'ordre du jour de M. Bixio, vint demander d'urgence un crédit de 1,200,000 francs pour l'entretien sur le pied de guerre, pendant trois mois, d'un corps d'armée qui occuperait un point de l'Italie centrale où une crise était imminente. Malgré les efforts de MM. Emmanuel

Arago, Ledru-Rollin et Schœlcher, sur le rapport favorable de M. Jules Favre, l'article 1ᵉʳ du projet de loi portant demande de crédit pour l'envoi d'un corps expéditionnaire en Italie fut adopté, le 16 avril, au scrutin de division, par 395 voix contre 283; et, le lendemain, l'ensemble du projet par 388 voix contre 161. M. Grévy figura les deux fois dans les rangs de la minorité.

Le Gouvernement, représenté par M. Odilon Barrot, ministre de la justice et président du conseil, et par M. Drouyn de Lhuys, ministre des affaires étrangères, avait du reste déclaré à la commission, et celle-ci avait consigné cette déclaration dans son rapport, que « sa pensée n'était pas de faire concourir la France au renversement de la République qui subsistait actuellement à Rome ». Mais le corps expéditionnaire, commandé par le général Oudinot, après avoir débarqué à Civita-Vecchia, s'était, sans qu'une intervention étrangère se fût produite, et sans qu'une contre-révolution se fût manifestée dans les États romains, dirigé sur Rome et avait attaqué la République romaine. Dès que la nouvelle de cette agression fut parvenue à Paris, M. Jules Favre adressa une interpellation au Gouvernement. Le discours qu'il prononça à la séance du 7 mai fut un long et vigoureux réquisitoire contre le ministère. « La France, s'écria-t-il en terminant, la France, elle a toujours été, de tout temps, quand elle a été dirigée par des chefs dignes d'elle, le chevalier de la liberté et des idées généreuses et libérales! *(Applaudissements à gauche.)* Et qu'en faites-vous de la France? Vous en faites le gendarme de l'absolutisme. Avec des perfidies et des phrases équivoques, vous déterminez un vote, et, de ce vote, vous en usez pour faire que le nom de la France soit maudit. » En terminant, l'éloquent orateur conjura l'Assemblée d'aviser, de prendre vigoureusement, patriotiquement un parti. En vain M. Odilon Barrot, président du conseil, essaya de déplacer les responsabilités et de disculper le ministère. Après un discours du général de Lamoricière, qui, dans cette circonstance, marcha d'accord avec la gauche, et des observations de MM. Flocon, Drouyn de Lhuys, ministre des affaires étrangères, une réplique de M. Jules Favre, et quelques mots de MM. Odilon Barrot, Flocon et Deslongrais, l'Assemblée adopta la proposition de l'auteur de l'interpellation, tendant à la nomination immédiate d'une commission qui serait chargée d'examiner les instructions données à M. le général Oudinot et de poursuivre le reste de cette affaire. Elle décida ensuite que cette commission ferait son rapport le soir même. Interrompue à cinq heures, la séance de l'Assemblée fut reprise à neuf heures cinq minutes. Le président, M. Armand Marrast, commença par donner connaissance à l'Assemblée des noms des commissaires élus par les quinze bureaux. M. Grévy avait été élu par le deuxième bureau. La commission se constitua en choisissant M. Goudchaux comme président et M. Chavoix comme secrétaire. Après une nouvelle suspension, à dix heures et demie, le rapporteur, M. Senard, monta à la tribune. Il termina en proposant à l'Assemblée, au nom de la commission, la résolution suivante : « L'Assemblée nationale invite le Gouvernement à prendre sans délai les mesures nécessaires pour que l'expédition d'Italie ne soit pas plus longtemps détournée du but qui lui était assigné. » Le ministre des affaires étrangères s'efforça de démontrer que les troupes françaises ne pouvaient reculer au moment où l'armée autrichienne et l'armée napolitaine allaient se mettre en marche vers les États romains. Après une réponse tout à fait décisive du rapporteur, un incident très vif eut lieu au sujet de la communication de pièces diplomatiques. Malgré la résistance du ministre des affaires étrangères, le président de la commission, M. Goudchaux, donna connaissance à l'Assemblée d'une dépêche du consul de France à Civita-Vecchia. Au

CHAPITRE PREMIER.

milieu des explications, d'ailleurs très embarrassées, du ministre, M. Grévy se leva et adressa à l'orateur une interpellation qui ne fut point entendue des sténographes. M. Drouyn de Lhuys répéta en terminant « qu'il était évident que le général Oudinot, en quittant Civita-Vecchia avec 5,600 hommes, n'allait pas à Rome dans la pensée qu'il y rencontrerait une résistance vigoureuse ». Cette assertion était inexacte. M. Grévy le fit voir aussitôt. Nous reproduisons, d'après le *Moniteur*, les courtes observations qu'il présenta à l'Assemblée à ce sujet :

Le citoyen président. — M. Grévy a la parole.

Le citoyen Grévy. — Je n'ai qu'un seul mot à dire. Je suis fâché qu'une interruption qui m'est échappée involontairement m'amène à la tribune; mais je n'ai pas compris comment M. le ministre des affaires étrangères est venu, à deux reprises différentes, vous assurer avec une pareille insistance que, lorsque le général Oudinot est parti de Civita-Vecchia, il ne croyait pas rencontrer de résistance, alors qu'il a dans son dossier une lettre dont je vais donner lecture à l'Assemblée, et dans laquelle le général annonçait qu'il partait avec l'intention d'attaquer les Romains.

Voici cette lettre :

« Les hommes qui ont plongé dans l'anarchie les populations romaines ne peuvent se résigner à quitter le pouvoir... »

Le citoyen ministre des affaires étrangères. — On a lu cela!

Le citoyen Grévy. — Permettez, on n'a pas lu ce qu'il y a à la fin : cela n'a que quatre lignes, ne soyez pas impatient.

« Le gouvernement romain nous lance une sorte de défi que le devoir et le sentiment militaire me prescrivent de relever sans délai... »

Le citoyen ministre des affaires étrangères. — Oui, la mise hors la loi de l'armée française!

Le citoyen Grévy. — « Le matériel n'est pas entièrement débarqué, et pourtant je n'hésite pas à marcher directement sur Rome avec 5,600 hommes seulement environ. »

Est-ce là le langage d'un homme qui comptait ne rencontrer aucune résistance? *(Très bien! — Aux voix! aux voix!)*

Après le rejet d'un amendement de M. Baraguey d'Hilliers, le scrutin de division eut lieu sur la résolution présentée par la commission. Par 328 voix contre 241, sur 569 votants, cette résolution fut adoptée. La proclamation du vote fut accueillie par de nombreux cris de : *Vive la République!* Le nom de M. Grévy, il est inutile de l'ajouter, figura parmi les membres de la majorité qui condamnèrent la marche sur Rome.

§ XIII

INTERPELLATIONS DU CITOYEN GRÉVY

RELATIVES A LA

LETTRE

ÉCRITE PAR LE PRÉSIDENT DE LA RÉPUBLIQUE AU GÉNÉRAL OUDINOT

Commandant en chef de l'expédition d'Italie

FAITES LE 9 MAI 1849

A L'ASSEMBLÉE NATIONALE CONSTITUANTE

Le Gouvernement s'empressa de répondre au vote de l'Assemblée par un véritable défi : une lettre du Président de la République au général Oudinot, que publia la *Patrie*. C'est au sujet de cette lettre que M. Grévy adressa des interpellations au président du conseil, au début de la séance du 9 mai. Nous reproduisons ses paroles d'après le *Moniteur*.

LE CITOYEN PRÉSIDENT. — L'ordre du jour appellerait la suite de la délibération sur le budget du ministère de la guerre; mais M. Grévy a demandé la parole pour adresser des interpellations à M. le président du conseil.

M. Grévy a la parole.

LE CITOYEN GRÉVY. — Citoyens représentants, l'Assemblée, dans sa séance d'avant-hier, a pris une décision par laquelle elle exprime la pensée que l'expédition d'Italie a été détournée de son but ; elle a invité le Gouvernement à prendre sans délai les mesures nécessaires pour l'y ramener. Le premier acte du Gouvernement qui a suivi cette décision est une lettre publiée par le journal *la Patrie*, non reproduite, il est vrai, par le *Moniteur*, mais ne portant la signature d'aucun ministre ; cette lettre, adressée au général Oudinot, est ainsi conçue :

« Élysée national, 8 mai 1849.

« Mon cher général,

« La nouvelle télégraphique qui annonce la résistance imprévue que vous avez rencontrée sous les murs de Rome m'a vivement peiné. J'espérais, vous le savez, que les habitants de Rome, ouvrant les yeux à l'évidence, recevraient avec empressement une armée qui venait accomplir chez eux une mission bienveillante et désintéressée.

« Il en a été autrement ; nos soldats ont été reçus en ennemis : notre honneur militaire est engagé ; je ne souffrirai pas qu'il reçoive aucune atteinte. Les renforts ne vous manqueront pas. Dites à vos soldats que j'apprécie leur bravoure, que je partage leurs peines, et qu'ils pourront toujours compter sur mon appui et sur ma reconnaissance.

« Recevez, mon cher général, l'assurance de ma haute estime.

« L.-N. Bonaparte. »

Je prie l'Assemblée de remarquer que la dépêche télégraphique arrivée au Gouvernement, et annonçant la résistance opposée à nos troupes sous les murs de Rome, est à la date du 3 mai, et que ce n'est que cinq jours après, le 8 mai, le lendemain du jour où l'Assemblée a rendu sa décision, qu'a été écrite la lettre dont je viens de donner lecture.

Je demande au Gouvernement si cette lettre est une correspondance privée ou si c'est un acte officiel? Je lui demande quelle est sa valeur, quelles sont sa signification et sa portée? Je demande au Gouvernement s'il entend exécuter la décision prise par l'Assemblée dans sa séance du 7 mai.

Selon la réponse du Gouvernement, j'aurai à proposer à l'Assemblée telles mesures que sa dignité et l'intérêt de la République me paraîtront commander. *(Très bien! très bien!)*

M. Odilon Barrot, président du conseil, répondit à M. Grévy que la lettre publiée par la *Patrie* était une lettre de sympathie, d'encouragement, de reconnaissance envers des soldats engagés dans une lutte soutenue pour la France, et que le Gouvernement, tout en ne désavouant rien de cette lettre, ne la considérait point comme un acte de cabinet. En ce qui concerne le vote du 7 mai, le président du conseil ajouta que le Gouvernement s'était occupé des suites à donner à la résolution de l'Assemblée, qu'il avait envoyé en Italie un représentant, M. de Lesseps, et lui avait tracé des instructions dans un esprit parfaitement conforme à ce qui était résulté du débat. Ces explications ne parurent pas satisfaisantes à M. Ledru-Rollin. L'éloquent tribun démontra que la lettre du Président de la République infirmait la décision de l'Assemblée, qu'elle constituait par conséquent un acte de la plus haute gravité. Il termina en dénonçant les misérables équivoques du langage du président du conseil, et en déclarant que « ce qu'il fallait, c'était une protestation vigoureuse, pour faire comprendre au pays que le premier magistrat qu'il avait mis à sa tête ne conservait ni son honneur ni celui de la République ». Ce discours fut accueilli par de très vifs applaudissements sur les bancs de la gauche. Après une réponse de M. Odilon Barrot, M. Clément Thomas vint déclarer qu'il y avait dans l'acte du Président de la République une de ces usurpations d'autorité qui affichent les allures impériales, et qui ne doivent pas être tolérées. Il demanda qu'une adresse fût rédigée pour que l'Assemblée fît connaître directement au Président de la République son opinion sur la lettre objet du débat.

L'impression ressentie par M. Grévy à la suite de ces explications ne paraît pas avoir été aussi vive que celle de MM. Ledru-Rollin et Clément Thomas. Au milieu de l'agitation causée par les dernières paroles de M. Clément Thomas, il reprit la parole et commença par se plaindre de ce que M. Ledru-Rollin eût, au début de son discours, blâmé le parti auquel il avait fini par aboutir, en concluant, comme l'orateur l'avait fait lui-même, qu'il n'y avait pas en ce moment de résolution à présenter à l'Assemblée, et que le débat devait être ajourné. M. Ledru-Rollin l'interrompit par ces mots : « Il fallait au moins protester ! » M. Grévy continua en disant qu'à la question posée par lui, le Gouvernement avait fait une réponse catégorique que, pour son compte, il acceptait complètement.

Est-ce à dire pour cela, ajouta-t-il, que nous devons fermer les yeux sur la suite qui sera donnée à cette déclaration et sur l'exécution qui sera imprimée à notre résolution? Non; et, puisque le Gouvernement nous annonce pour demain, pour un instant prochain, des dépêches qui lui feront connaître les faits et qui mettront l'Assemblée en état de prendre les résolutions qu'elle ne peut pas prendre à l'heure qu'il est, dans l'ignorance où elle est des faits accomplis, il me semble qu'il est de toute équité et de toute prudence d'attendre. *(Très bien!)*

Plusieurs voix. — Et la lettre?

Le citoyen Grévy. — Je persiste donc à penser, et le défaut des conclusions des orateurs qui m'ont précédé à la tribune confirme cette pensée, que le seul parti à prendre pour l'Assemblée est de remettre à demain la suite du débat.

Le citoyen Baraguey d'Hilliers. — Et la proposition de M. Clément Thomas!

Le citoyen Grévy. — Je demande formellement la continuation du débat à demain.

L'ajournement fut, en effet, prononcé. Le débat continua dans les séances du 10 et du 11 mai. A la séance du 11, M. Ledru-Rollin apporta à l'Assemblée une dépêche du général Changarnier, commandant supérieur des forces de Paris, à tous les généraux de brigade placés sous ses ordres, par laquelle il mettait à l'ordre du jour de l'armée la lettre du Président de la République au général Oudinot, avec ce commentaire qui était un outrage direct pour l'Assemblée :

« Faites que cette lettre soit connue de tous les rangs de la hiérarchie militaire; elle doit fortifier l'attachement de l'armée au chef de l'État, et elle contraste heureusement avec le langage de ces hommes qui, à des soldats français placés sous le feu de l'ennemi, voudraient envoyer pour tout encouragement un désaveu. »

« Citoyens, ajouta M. Ledru-Rollin, d'autres pourraient faire ici des phrases oratoires, le texte serait beau ; moi, je vous demanderai simplement ceci : Êtes-vous des hommes? La main sur le cœur, avez-vous le sentiment de votre dignité? Si vous l'avez, répondez à cet insolent défi par un acte d'accusation, ou, comme hommes et comme représentants, disparaissez, car vous avez l'opprobre au front ! » *(Applaudissements à gauche.)* La discussion continua, vive, animée, souvent interrompue par de violentes clameurs. M. Jules Favre termina un long discours sur l'expédition romaine et l'échec subi par nos troupes sous les murs de Rome, en demandant à l'Assemblée de se retirer dans ses bureaux et d'y nommer une commission chargée de préparer une résolution portant que, d'après sa conduite dans l'expédition d'Italie, le ministère avait perdu la confiance du pays. L'ordre du jour demandé au sujet de cette proposition fut adopté, au scrutin de division, par 329 voix contre 292, sur 621 votants. M. Grévy vota contre l'ordre du jour. Puis vint la question de savoir si la proposition déposée par MM. Ledru-Rollin, Victor Considérant, Schœlcher et un grand nombre d'autres représentants de la gauche tendant à décréter d'accusation le Président de la République et ses ministres, serait renvoyée dans les bureaux. Au scrutin de division, par 388 voix contre 138, sur 526 votants, le renvoi fut repoussé. M. Grévy figure parmi les membres absents au moment du vote. Il avait sans doute estimé que les auteurs de la proposition commettaient une faute en voulant répondre par la mise en accusation du Président de la République et de ses ministres à un acte émané du commandant supérieur des

CHAPITRE PREMIER.

forces de Paris. Mais il est indubitable qu'à ce moment le Président et plusieurs de ses ministres conspiraient ouvertement contre la République. L'inqualifiable dépêche adressée à l'issue de la séance du 11 mai par le ministre de l'intérieur, M. Léon Faucher, aux préfets, dans le but d'influencer les élections pour l'Assemblée législative qui avaient lieu dans le moment même, en est une preuve certaine, et les événements qui suivirent établirent, hélas! la clairvoyance des auteurs de la demande de mise en accusation et de ceux qui la votèrent.

§ XIV

RAPPORT

SUR LE

PROJET DE LOI TENDANT A SUSPENDRE L'EXÉCUTION

DANS LE DÉPARTEMENT DE LA SEINE

DE

L'ARTICLE 67 DE LA LOI DU 22 MARS 1831

SUR LA GARDE NATIONALE

LU LE 10 MAI 1849

A L'ASSEMBLÉE NATIONALE CONSTITUANTE

Fidèle à sa politique contre-révolutionnaire, le ministère présidé par M. Odilon Barrot avait présenté un projet de loi ayant pour but de suspendre, pendant trois mois, dans le département de la Seine, l'article 67 de la loi du 22 mars 1831 relatif au commandement des gardes nationales. C'était créer une sorte de dictature militaire au profit du commandant supérieur de la première division militaire, le général Changarnier, bien connu pour sa haine de la République, et que les monarchistes affectaient de considérer comme un nouveau Monck. La commission repoussa le projet de loi, et le rapporteur, M. Grévy, fut chargé d'expliquer les motifs de son refus. Il donna lecture de son rapport le 10 mai 1849, le jour même où les débats relatifs à l'expédition romaine devaient continuer dans l'Assemblée.

Le rapport de M. Grévy débute, selon l'habitude du représentant du Jura, par un rapide exposé de la question. Un arrêté du Président de la République, en date du 20 décembre 1848, a réuni, entre les mains du général Changarnier, le commandement en chef des troupes de la première division militaire au commandement supérieur des gardes nationales de la Seine. On a vu dans cet arrêté la suspension de l'article 67 de la loi du 22 mars 1831, portant que « aucun officier exerçant un emploi actif dans les armées de terre ou de mer ne peut être nommé ni officier ni commandant supérieur des gardes nationales en service ordinaire », et, par suite, la violation de l'article 51 de la Constitution, lequel défend au Président de la République de suspendre en aucune manière l'empire des lois. A une interpellation à lui adressée, le 26 décembre, le président du conseil, M. Odilon Barrot, répondit qu'il reconnaissait que l'arrêté était contraire aux prohibitions de la loi de 1831, que la mesure n'était que temporaire, et que le Gouvernement rentrerait le plus tôt possible dans la légalité. Sur cette assurance, l'Assemblée passa à l'ordre du jour. Le 3 avril, le Gouvernement n'étant pas encore rentré dans la légalité, MM. Deludre et Ledru-Rollin proposèrent, comme moyen de le contraindre à exécuter la loi, de supprimer le traitement du commandant supérieur des gardes nationales de la Seine, et l'Assemblée vota cette suppression. Au lieu de rapporter son arrêté, le Gouvernement, désireux de chercher toute occasion de conflit, présenta un projet de loi tendant à suspendre, pendant trois mois, dans le département de la Seine, la disposition de l'article 67 de la loi du 22 mars 1831. La commission le repoussa par neuf voix contre six. La minorité comprenait d'habiles casuistes qui prétendirent que l'article 67 n'était point violé, et que sa disposition était conciliable avec l'arrêté du 20 décembre, par la raison que ce n'était pas le commandement de la garde nationale qui avait été réuni au commandement de la première division militaire; mais, au contraire, le commandement de la 1re division militaire qui avait été joint au commandement de la garde nationale. Cet argument, cité par M. Grévy, obtint un franc succès d'hilarité. Après l'exposé que nous venons de résumer, le rapporteur entre dans le vif de la question et apprécie avec une grande hauteur de vues et une grave éloquence la proposition du Gouvernement. Il s'exprime ainsi :

La gravité de cette demande a frappé votre commission. La suspension des lois, sous l'empire de la Constitution, est une de ces extrémités redoutables auxquelles il n'est permis de recourir que dans le cas d'une absolue et évidente nécessité. Hors de là, elle n'est plus qu'un expédient funeste, à l'usage des gouvernements violents ou incapables. Elle fait perdre à la loi quelque chose de son inviolabilité, elle lui ôte son prestige et sa force ; elle énerve et discrédite le pouvoir, qui, dans une république, ne peut être fort et respecté qu'à la condition de s'appuyer sur la loi dont il n'est que l'exécuteur; elle compromet l'ordre, qu'on ne cherche aujourd'hui que dans les mesures exceptionnelles, et qu'on ne peut trouver que dans la légalité.

Si la loi est bonne, il faut l'exécuter; si elle est mauvaise, la changer; mais il ne faut pas que son exécution soit une affaire de circonstance et de majorité. La loi, le pouvoir, l'ordre y perdraient également.

Lorsqu'on fonde un gouvernement auquel on donne pour base unique la loi, il faut montrer pour elle plus de respect qu'on ne le fait depuis un an. Il est temps de mettre un terme aux mesures d'exception, si l'on veut laisser à la loi quelque autorité, au peuple quelque foi en elle, au Gouvernement républicain quelque solidité.

Le danger grandit encore et devient plus imminent lorsque la loi qu'il s'agit de suspendre est une de celles qui intéressent la sûreté de l'État, comme l'article 67 de la loi du 22 mars 1831.

Cette disposition est aussi vieille que la liberté en France. La loi du 29 septembre 1791 et le décret de la Convention du 15 thermidor an II ont posé le principe de l'incompatibilité des deux commandements; et lorsque le gouvernement constitutionnel succéda au despotisme impérial, l'ordonnance du 17 juillet 1816 fit revivre cette sage prohibition. La Restauration elle-même prit ombrage de cette sorte de préfecture prétorienne qu'on a créée dans la République.

Ce n'est pas seulement, en effet, parce que ces deux éléments de la force publique, la garde nationale et l'armée, sont deux institutions profondément différentes et dans leur organisation et dans leur but, deux corps qui ne peuvent être inspirés du même esprit, soumis à la même action, obéir de la même manière; ce n'est pas seulement parce que, relevant de ministères différents, les deux commandements doivent, sous peine de difficultés, de tiraillements infinis, être séparés, que la loi de 1831 défend de les réunir; c'est principalement, et avant tout, parce que confier à un seul homme toutes les forces militaires qui occupent et entourent la capitale, avec le droit d'en disposer arbitrairement pendant vingt-quatre heures, c'est livrer en ses mains le sort du Gouvernement.

Cette délégation poussée jusqu'à l'abandon de la direction suprême, cette abdication entre les mains d'un chef militaire, cette dictature élevée à côté, ou plutôt au-dessus du Gouvernement, est un acte d'insigne faiblesse ou de haute imprudence.

C'est un danger permanent pour nos institutions, un coup d'État sans cesse suspendu sur les libertés publiques. *(Approbation à gauche.)*

Poursuivant sa démonstration, M. Grévy réfute l'argument relatif à la responsabilité ministérielle. Il démontre qu'il n'y a point là une question de confiance :

Le ministère peut répondre de ses intentions; mais qui répondra de celles des partis qui se serrent derrière lui, et qui ne cachent ni leurs espérances ni leurs projets? *(A gauche :* Très bien! très bien!)

Qui ne sait l'espoir qu'ils fondent sur certains arrangements militaires, auxquels l'influence de leurs chefs n'est pas restée étrangère? Lorsque l'événement sera consommé, que fera-t-on de la responsabilité du Gouvernement?

Le rapporteur ajoute que si les yeux toujours tournés du côté où n'est plus le péril, le ministère ne le voit pas où il est aujourd'hui, c'est à l'Assemblée à l'avertir « et à ne pas lui permettre de livrer aux aventures le sort de la République ». Il se défend du reproche d'attaquer une personnalité militaire. La commission croit que la position du général Changarnier n'est pas bonne dans une république. « Il ne suffirait pas que celui qui l'occupe ne voulût point en abuser ; il ne faut pas qu'il le puisse. » Vainement objecte-t-on que cet état de choses est temporaire. Dans trois mois l'Assemblée constituante n'existera plus ; elle ne sera pas là pour faire exécuter la loi qu'elle aura suspendue. « Et, d'ailleurs, ces trois mois ne suffiront-ils pas pour un attentat ? N'embrassent-ils pas l'époque à laquelle les ennemis de la République ajournent la réalisation de leurs espérances et l'exécution de leurs projets? » *(Nouvelle approbation à gauche.)*

En terminant, M. Grévy déclare que le ministre de l'intérieur n'avait pu prouver à la commission que l'ordre public fût menacé, que, d'ailleurs, la perspective de nouveaux troubles n'entraînerait nullement la nécessité de réunir les commandements avant le jour du danger. Du reste, l'Assemblée a déjà prononcé sur la question, et « le projet du Gouvernement n'est qu'un appel de son jugement porté devant elle-même ». Elle jugera si, « lorsque rien n'est changé depuis sa décision, il n'est pas de sa dignité autant que de l'intérêt de la République d'y persévérer ». Tels sont les motifs pour lesquels la commission propose à l'Assemblée de rejeter le projet de loi.

§ XV

DISCOURS

SUR LE PROJET DE LOI AYANT POUR OBJET LA SUSPENSION

PENDANT TROIS MOIS

DANS LE DÉPARTEMENT DE LA SEINE

DES DISPOSITIONS DE

L'ARTICLE 67 DE LA LOI DU 22 MARS 1831

SUR LA GARDE NATIONALE

PRONONCÉ LE 19 MAI 1849

A L'ASSEMBLÉE NATIONALE CONSTITUANTE

Le rapport de M. Grévy avait fait une si grande impression sur l'Assemblée que le Gouvernement et les amis du Gouvernement n'eurent plus désormais qu'une préoccupation, empêcher la discussion du projet de loi, de manière à arriver à l'époque où l'Assemblée constituante céderait la place à l'Assemblée législative. Ces dispositions d'esprit apparurent clairement à la séance du 16 mai, où M. Grévy, combattu par le président du conseil, tenta en vain de faire mettre la discussion du projet de loi en tête de l'ordre du jour de la séance suivante. Le 19 mai, M. Legeard de la Diriays demanda l'ajournement du projet de loi sur la garde nationale. Appuyée par MM. Maréchal, de La Rochejaquelein, de Tracy, ministre de la marine, et Larabit, la proposition d'ajournement fut combattue par MM. Goudchaux, Laussedat, Clément Thomas, et repoussée, au scrutin de division à la tribune, par 294 voix contre 254, sur 548 votants.

Ce vote indiquait par avance quel était le sentiment de l'Assemblée sur le fond de la question. M. Odilon Barrot, président du conseil, ne s'y méprit point. Il prononça néanmoins un discours dans lequel il invoqua toute sorte de considérations, notamment la question de confiance, et tenta d'émouvoir l'Assemblée en représentant la sécurité publique comme menacée, ce qui lui valut cette verte réplique de M. Crémieux : « Si vous avez tant peur, laissez la place à ceux qui n'ont pas peur. » Un représentant non réélu à l'Assemblée législative, M. Louis Perrée, vint déclarer ensuite au milieu des murmures qu'une Assemblée qui allait se séparer dans huit jours ne pouvait s'ériger en juge du Gouvernement.

C'est à ce moment que M. Grévy prit la parole pour défendre les conclusions de son rapport. Après avoir réfuté en quelques mots la thèse de M. Perrée, il répondit au président du conseil qu'il avait tort de se plaindre de la situation faite au Gouvernement, que si le ministère avait exécuté la décision du 30 avril, il ne se trouverait pas en présence d'une Assemblée à qui l'on demande de se mettre en contradiction avec elle-même. Il entra ensuite dans le cœur du débat :

Écartons tout de suite ce qui paraissait toucher davantage M. le président du conseil, dans la situation où il se trouve devant l'Assemblée. Non, je le déclare pour mon compte, et je crois pouvoir le déclarer pour le compte de la majorité de la commission, il n'y a pas, dans la décision qu'elle a prise et qu'elle propose à l'Assemblée de confirmer, une pensée de défiance contre la loyauté des hommes qui sont assis sur ces bancs! Non, cette pensée n'a pas été pour nous la raison déterminante de la solution que nous proposons à l'Assemblée; mais le ministère, et c'est sa faute, s'est placé dans une situation telle que ce n'est plus, en quelque sorte, de lui qu'il s'agit, et que c'est en vain qu'il voudrait couvrir de sa responsabilité une situation dont il n'est plus maître.

Il a fait, en réalité, au commandant supérieur de la première division militaire et de la garde nationale de Paris une situation qui lui échappe à lui-même, et que sa responsabilité ne suffit plus à garantir.

On a donné à un général un pouvoir exorbitant; non seulement on lui a remis dans les mains toutes les forces militaires qui occupent la capitale et qui l'entourent, mais on lui a donné le droit d'en disposer arbitrairement pendant vingt-quatre heures sans avoir à rendre compte à qui que ce soit. Quelque honorables que soient les hommes assis sur ces bancs, peuvent-ils nous répondre de l'usage qui sera fait de ce pouvoir pendant ces vingt-quatre heures?

Voilà ce qui alarme la commission, voilà ce qui alarme l'Assemblée, c'est que vous ne pouvez répondre de l'usage qui sera fait de ces pouvoirs exorbitants.

Ainsi, je déclare que ce n'est pas tant la défiance que nous pouvons avoir dans les intentions personnelles des membres qui sont assis sur ces bancs...

CHAPITRE PREMIER.

Une voix. — Allons donc!

Le citoyen rapporteur. — Je ne comprends pas qu'on suspecte cette déclaration; je déclare franchement que je ne crois pas que les hommes qui sont là, qui ont accepté le pouvoir de la République, qui l'ont entre les mains, soient capables de la trahir. Mais, si je ne me défie pas de leurs intentions, je me défie de leur politique. La question est entre eux et nous, elle est au-dessus d'eux. Tant pis pour eux s'ils ont placé un homme au-dessus d'eux, s'ils lui ont fait une situation illégale!...

Le citoyen Odilon Barrot. — Je demande la parole.

Le citoyen rapporteur. — Le péril existe; et quand nous apercevons les partis qui se groupent, qui ne cachent pas leurs projets, qui en indiquent l'exécution, qui en fixent la date, que ces partis sont entrés dans des arrangements militaires, vous voudriez que nous, amis de la République, nous ne conservions pas de la défiance!

Quant à nous, cette défiance est profonde; elle est profonde dans le sein de la commission. Elle a examiné cependant si, à côté de cela, il y avait des raisons graves, si le Gouvernement fournissait des doutes pour justifier la nécessité absolue de maintenir, entre les mains du commandant supérieur de la garde nationale de Paris, la réunion des deux commandements. Nous avons prié M. le ministre de l'intérieur de se rendre au sein de la commission ; nous l'avons pressé de questions, nous lui avons demandé, sans entrer dans des détails qui pussent compromettre ou sa politique, ou la police, ou la justice ; s'il avait des faits qu'il pût nous préciser d'une manière même générale ; s'il avait quelques preuves à nous fournir d'un état exceptionnel des esprits; si nous sommes dans un état normal ; s'il y a quelque chose, au fond, de différent de ce qui apparaît à la surface, car enfin, il faut bien le reconnaître, l'état des esprits est bien différent de ce qu'il était il y a dix mois ; si, sans fournir à l'Assemblée aucune preuve, et sur une simple affirmation générale, on peut venir dire : Nous avons des inquiétudes sur la sécurité publique, quand aucun symptôme ne se manifeste au dehors, quand le désordre ne parait pas devoir se produire dans les rues, il n'y a pas de raisons pour que dans trois mois, dans six mois, dans un an, on ne puisse venir tenir le même langage, et que l'Assemblée ne soit obligée de s'y rendre. Les apparences sont certainement contraires aux troubles dont on cherche à effrayer l'Assemblée. *(Approbation à gauche. — Murmures sur les autres bancs.)*

Je dis et je répète que rien dans ce qui apparaît au dehors ne légitime cette défiance manifestée par le Gouvernement ; je dis que tout, au contraire, la combat.

De qui craindrait-on aujourd'hui une émeute, un appel à la violence ? De la part des partis avancés ? Je dis que, pour mon compte, il me semble que leur situation est plus rassurante qu'elle ne l'a jamais été. *(Approbation à gauche.)* Mais suivez, suivez leur attitude, le langage de leurs organes ; s'il y a quelque chose de frappant, au contraire, dans cette situation, c'est le parti pris déclaré d'une manière unanime par les organes de ces partis de faire un appel au droit, de se servir du suffrage universel, de s'attacher à la Constitution dont ils se déclarent aujourd'hui les premiers défenseurs. *(Marques d'approbation à gauche.)*

Voilà ce que les partis les plus avancés disent tous les jours : il y a loin de là à l'approche d'une émeute. Ce n'est pas ainsi qu'on parlait à la veille de juin ; j'ai donc raison de dire que, dans les apparences, dans ce qui se produit au dehors, rien ne fait soupçonner une émeute prochaine.

M. Crémieux vous le disait tout à l'heure : cette nouvelle élection, cette troisième élection générale, qui pouvait faire concevoir aux gens pusillanimes quelques craintes, ne s'est-elle pas accomplie dans des circonstances telles, au milieu d'un tel ordre, d'un calme tel que l'on peut avoir désormais une confiance absolue dans l'exercice du suffrage universel, dans l'attitude des partis, dans leurs dispositions à se servir du droit?

M. Crémieux le disait, et je le répète après lui, ce ne peuvent pas être des partis qui se forment au nom du droit, au nom des majorités, qui en appellent au suffrage universel, qui s'insurgent contre le suffrage universel ; car ils se perdraient par cela même. Une insurrection contre le suffrage universel, de la part d'un parti qui appuie son existence sur le droit, sur le suffrage universel, c'est un contre-sens, c'est une contradiction qu'ils se donneraient à eux-mêmes, un coup mortel dont ils se frapperaient! *(Très bien! très bien!)*

Allons plus loin. Il peut rester quelques doutes dans les esprits, selon l'impression sous laquelle on est placé; je constate que le Gouvernement n'a fourni aucune preuve propre à changer nos impressions.

J'ajoute que, nous trompassions-nous à cet égard, et l'avenir nous réservât-il quelques-uns des troubles que nous avons traversés, serait-ce une raison pour réunir à l'avance, pendant un temps indéterminé, les deux commandements dans la même main?

Le rapporteur explique que la commission s'est éclairée sur ce point des lumières des hommes spéciaux, des militaires, et que ceux-ci ont été d'avis qu'il n'était pas besoin de prendre des mesures de longue main en vue d'une semblable éventualité, qu'il suffisait qu'au moment de faire marcher les troupes, on réunît les deux commandements. Il rappelle ce qui s'est passé lors de l'insurrection de juin, et constate que personne n'a allégué comme une des causes des difficultés rencontrées dans les journées de juin la séparation des deux commandements. Il termine ainsi :

Le citoyen rapporteur. — Voilà les raisons qui ont déterminé votre commission. Elle a pensé qu'il fallait mettre un terme à cette suspension de la loi, d'une loi que chacun regarde comme nécessaire, puisque personne n'en demande l'abrogation; et si, dans les circonstances où nous sommes, quand on ne peut signaler aucun fait particulier, aucun danger spécial, on ne met pas un terme à la suspension de la loi, il n'y a pas de raison pour que dans un mois, dans trois mois, dans six mois, on le fasse.

Je n'ajouterai plus qu'un dernier mot : c'est que si l'Assemblée actuelle ne prend pas soin de faire exécuter elle-même la loi qu'on a suspendue et dont elle a toléré pendant quelque temps la suspension, elle restera suspendue fort longtemps encore; car on vous parle de trois mois : pour une assemblée qui se retire, c'est l'indéfini; vous ne savez pas ce qui sera fait après vous; vous savez bien que vous aurez fait suspendre la loi; vous savez bien que vous aurez autorisé la suspension, et vous ne savez pas quand on reprendra son exécution.

J'ajoute que l'assemblée qui va venir ne pourra s'en occuper promptement; les premiers travaux qui absorberont ses instants, la Constitution et les travaux plus urgents, prendront ses premiers moments, et il est certain qu'il s'écoulera un temps fort long avant que l'Assemblée puisse statuer sur cette question, si même elle lui est soumise pour ce moment.

Telles sont les considérations qui ont déterminé votre commission et dans lesquelles je persiste en son nom. *(Approbation à gauche. — Aux voix ! aux voix !)*

M. Lacrosse, qui remplissait par intérim les fonctions de ministre de l'intérieur, essaya de justifier la proposition du Gouvernement. M. Clément Thomas lui répondit au sujet du passage de son discours concernant la commission exécutive et les journées de juin 1848, puis M. Grévy reprit la parole pour résumer en quelques mots et préciser ses précédentes déclarations. Voici le texte de sa réponse, d'après le *Moniteur* :

Le citoyen Grévy, *rapporteur*. — Je ne veux pas prolonger le débat; je ne veux soumettre à l'Assemblée qu'une seule considération. *(Parlez!)*

J'ai eu l'honneur de dire tout à l'heure que le sentiment profond de la commission est que, sous forme de suspension temporaire, ce qu'on veut, en réalité, c'est une suspension définitive. *(Assentiment à gauche.)*

Le discours tout entier de l'honorable ministre qui descend de la tribune est la confirmation exacte de ce que j'ai avancé. Il n'est pas un seul de ses arguments qui ne tende, non pas à la suspension temporaire, mais à l'abrogation définitive de la loi de 1831.

Que vous a-t-il dit? Que la Convention n'avait pu se défendre qu'en réunissant les deux commandements; que le tort de la commission exécutive était d'avoir négligé cette réunion.

Quant à la Convention, l'exemple est mal choisi, car c'est elle qui, le 15 thermidor de l'an II, a consacré le principe de l'incompatibilité des deux commandements. Que vous a-t-il dit encore? Qu'il fallait que le commandant supérieur des forces militaires, à Paris, fût connu de longue main ; qu'il y avait aussi des mesures à prendre de longue main, parce que la stratégie des barricades avait fait d'affligeants progrès ; enfin il a cité l'exemple de la magistrature, comme si on pouvait craindre des coups d'État de sa part. Messieurs, la conclusion forcée de ce discours, c'est que la loi doit être abrogée. *(Assentiment à gauche.)*

C'est à l'Assemblée de savoir si elle veut maintenir dans la République d'une manière définitive cette puissance militaire qu'on y a créée, cette espèce de préfecture prétorienne, si cela est compatible avec la liberté et avec l'état des partis en France.

La commission ne l'a pas pensé.

L'émeute ne gronde plus dans la rue, ce n'est plus de ce côté qu'est le danger. *(Assentiment à gauche. — Rumeurs et dénégations à droite.)* Le jour des émeutes est passé ; il est évident que les dangers que court la République ne sont plus là...

A droite. — Si! si!

A gauche. — Non! non!

Le citoyen rapporteur. — L'Assemblée, la République ont traversé le temps des émeutes ; ce sont les coups d'État qui sont aujourd'hui à craindre.

A gauche. — Oui! oui! Très bien! très bien!

A droite. — Non! non!

Le citoyen rapporteur. — Voyez si les partis qui

rêvent le retour de l'ancien ordre de choses ont désarmé : ils sont aujourd'hui l'arme au bras, dans l'expectative de la réalisation de leurs projets. C'est par les coups d'État militaires que les républiques périssent. Il ne faut donc pas donner à un homme une situation telle qu'on puisse, à son insu même, abuser du pouvoir exorbitant qu'il a dans les mains. *(Assentiment à gauche.)*

Je le répète, le danger n'est plus dans les émeutes, le danger est dans les coups d'État. *(Vive approbation à gauche. — Aux voix ! aux voix !)*

M. Odilon Barrot, président du conseil, reprit la parole et s'écria en terminant : « Ne marchandez pas les forces à la sécurité publique. » Puis, après un discours de M. Victor Grandin, partisan du projet de loi, l'Assemblée fut appelée à voter au scrutin de division. Par 293 voix contre 210, sur 503 votants, les conclusions de la commission furent adoptées. Le projet de loi était rejeté. Ce vote fut accueilli par les bravos de la gauche.

Nous ne saurions mieux faire, pour terminer sur ce point, que de reproduire le jugement porté sur M. Grévy par un écrivain qui, à la fin de l'Empire, a dirigé un amer réquisitoire contre les hommes de 1848, et est mort lui-même en combattant pour la Commune de 1871. M. Vermorel termine ainsi le chapitre de ses *Hommes de 1848* consacré à M. Grévy :

« M. Grévy est, avec son confrère au barreau, M. Bac, un des rares hommes qui, dans cette année 1848, si féconde en apostasies et en défaillances, au milieu du tourbillon de l'esprit de parti et des ambitions surexcitées, ont toujours soutenu, sans jamais se laisser détourner, la cause de la liberté et de la démocratie. La droiture de l'esprit fut toujours égale chez lui à la droiture du caractère, et son attitude est d'autant plus remarquable qu'il n'appartenait pas au parti socialiste, ni même à la gauche proprement dite, et ne demandait jamais ses inspirations qu'à sa conscience.

« Cette attitude unique, jointe à une grande modération et à un absolu désintéressement, devait faire à M. Grévy la position la plus élevée dans l'opinion publique. Mais en France, on sacrifie tout à l'apparence : la modestie de M. Grévy l'a laissé dans l'ombre. De tous les hommes de 1848, c'est lui cependant qui a fait constamment preuve du plus remarquable esprit politique, et en même temps de la plus grande sincérité dans ses convictions. Son mérite et sa vertu le désignent pour les premières places, et c'est à cet homme éminent et simple que le peuple, toujours dupe et victime de ceux qui sollicitent bruyamment ses faveurs, devrait, dans le cas où se présenteraient des circonstances graves, confier quelqu'une de ces importantes et délicates missions que ne sollicitent jamais ceux qui en sont vraiment dignes [1]. »

1. A. Vermorel, *les Hommes de 1848*. Paris, 1869; 1 vol. in-12, p. 389-390.

CHAPITRE II

L'ASSEMBLÉE LÉGISLATIVE

§ I

DISCOURS

SUR

LES EFFETS DE L'ÉTAT DE SIÈGE

PRONONCÉ LE 18 JUIN 1849

A L'ASSEMBLÉE NATIONALE LÉGISLATIVE

Aux élections des 17 et 18 mai, d'où sortit l'Assemblée législative, M. Grévy fut de nouveau nommé le premier des sept représentants du Jura. Sur 90,110 électeurs inscrits et 71,295 votants, il obtint 48,740 suffrages. Le dernier de la liste, M. Richardet, avait obtenu 39,820 voix. La situation de la France était profondément modifiée depuis les élections pour l'Assemblée législative. Les troubles politiques, l'insurrection de juin surtout, puis l'élection du président Louis Bonaparte, la déloyale attitude du ministère dont M. Barrot était le chef, l'active propagande du comité de la rue de Poitiers et aussi, hélas! les divisions entre les républicains, avaient eu pour résultat de faire passer la majorité de gauche à droite. Les royalistes et les cléricaux allaient désormais former le bureau de l'Assemblée. A la première élection, M. Grévy ne figura pas sur la liste de la gauche, vouée d'avance à un insuccès certain. Un certain nombre de voix se portèrent néanmoins sur son nom. Il en fut de même à la seconde élection du bureau[1]. A l'élection suivante, la gauche vota pour lui lors de la nomination des vice-présidents, et il obtint 104 suffrages[2]. Dès le premier jour, la lutte avait commencé entre la majorité réactionnaire et la minorité républicaine sur le terrain des affaires extérieures et sur celui des affaires intérieures. Dès le premier jour aussi, M. Grévy fut parmi les plus intrépides et les plus éloquents défenseurs de la République menacée. Le 11 juin, il fut des 203 membres qui votèrent contre l'ordre du jour pur et simple à l'occasion des interpellations relatives aux affaires de Rome, qui fut adopté par 361 voix. Le lendemain, 12 juin, il s'abstint, de même que la plupart des membres de la gauche, dans le scrutin sur les conclusions de la commission chargée d'examiner la proposition de mise en accusation du Président de la République et de ses ministres, conclusions qui furent adoptées par 377 voix contre 7. Le 13 juin, après la manifestation du Conservatoire des arts et métiers, qui permit au Gouvernement et à la majorité de se donner comme les sauveurs de la société, M. Grévy tint tête à la réaction déchaînée. Un représentant du Var, M. Suchet, avait été arrêté par des gardes nationaux au moment où il invitait le colonel Forestier à se rendre auprès des représentants de la Montagne réunis aux Arts et Métiers. M. Crémieux réclama, à la séance du 13, la mise en liberté de M. Suchet, qui, disait-il, n'avait commis ni crime ni délit. Un vif débat

1. Séances des 1er juin et 2 juillet 1849.
2. Séance du 2 octobre.

s'engagea à cette occasion, et le général Le Flô ayant voulu rapporter à l'Assemblée la conversation qu'il avait eue avec M. Suchet arrêté, M. Grévy l'interrompit vivement. Le *Moniteur* rapporte ainsi cet incident :

« Le citoyen Le Flô. — J'ai interrogé M. Suchet, c'est-à-dire que j'ai causé avec lui. Voici ce que m'a répondu M. Suchet...

« Le citoyen Grévy. — Laissez-le s'expliquer lui-même ici; cela vaudra mieux.

« Le citoyen Le Flô. — Je ne demande pas mieux !

« Le citoyen Grévy. — Il n'y a ni convenance ni justice à condamner un de nos collègues sans l'entendre. Cela ne s'est jamais fait. » *(Mouvements divers.)*

L'Assemblée allait peut-être se ranger à cet avis; mais le président du conseil, M. Odilon Barrot, prit la parole, et après quelques observations de M. Napoléon Bonaparte, de M. Victor Lefranc, de M. de Bussières, la question préalable fut adoptée par 328 voix contre 97 sur la proposition d'entendre M. Suchet, et l'autorisation de poursuites fut ensuite accordée par assis et levé. Le lendemain, l'œuvre de répression commença. L'Assemblée accorda l'autorisation de poursuivre les représentants Ledru-Rollin, Victor Considérant, Boichot, Rattier, Ménard, Heitzmann, Rougeot, Rolland, Pfliéger, Landolphe, Avril, Jeannot. A la séance du 13 juin, M. Grévy avait été un des quatre-vingt-deux représentants qui repoussèrent le projet de loi relatif à la mise en état de siège de la ville de Paris et de la circonscription de la 1re division militaire. Après la manifestation du Conservatoire des arts et métiers, quelques imprimeries furent saccagées; un arrêté du pouvoir exécutif suspendit plusieurs journaux, et un commissaire de police fut chargé d'engager d'autres feuilles publiques à ne pas traiter les questions constitutionnelles. Interrogé, le 18 juin, sur ces faits par M. Crémieux, le président du conseil, M. Odilon Barrot, répondit que le Gouvernement avait simplement fait usage de la loi existante. Cette assertion provoqua de vives protestations du côté gauche. Une grave question de droit public était soulevée. M. Grévy prit aussitôt la parole et s'exprima ainsi :

Le citoyen Grévy. — Citoyens représentants, je m'efforcerai d'éviter tout ce qui serait de nature à soulever dans l'Assemblée de nouvelles émotions, et je ramènerai la discussion à son caractère légal. J'accepte la question telle que M. le président du conseil vient de la poser. Il s'agit en effet de savoir quels sont les effets de l'état de siège. L'état de siège existe dans la Constitution ; il peut être déclaré ; mais jusqu'à ce qu'une loi promise par la Constitution en ait réglé les effets, ces effets, comme vient de le dire M. le président du conseil, sont déterminés par les lois antérieures.

La question est donc celle-ci : Quels sont, aux termes des lois actuellement existantes, les effets de l'état de siège? Permet-il au Gouvernement de prendre les mesures qu'il a prises vis-à-vis des journaux qu'il a suspendus?

Je viens soutenir contre M. le président du conseil la thèse soutenue par M. Odilon Barrot en 1832...

A gauche. — Très bien! très bien!

Le citoyen Grévy. — Et pour réfuter son opinion d'aujourd'hui, je n'aurai qu'à emprunter ses arguments d'alors. Bien des choses et bien des hommes surtout ont changé depuis, je le sais ; mais les lois restent les mêmes, et la raison publique aussi.

La question, disais-je, est celle-ci : Quels sont, à l'heure qu'il est, aux termes des lois existantes, les effets de l'état de siège ?

M. le président du conseil, se renfermant dans une allégation générale, dit : Nous puisons dans ces lois le droit dont nous avons usé. Il l'a dit, mais il ne l'a pas prouvé ; il ne pouvait pas le prouver. La preuve contraire, je vais vous la fournir.

Les lois sur l'état de siège sont au nombre de trois ; la loi de 1791, la loi de l'an V, la loi de 1811. Dans les lois de 1791 et de 1811, il se trouve deux dispositions qui règlent les effets de l'état de siège ; car, ne l'oubliez pas, l'état de siège est un état légal ; ce n'est pas, comme quelques personnes sont trop disposées à le croire, à l'admettre, par je ne sais quelle confusion qui s'est jetée dans les esprits, une sorte de dictature, que le Gouvernement peut établir à son gré. L'état de siège est un état légal, un état déterminé par la loi, un état qui ne laisse au Gouvernement d'autres pouvoirs que ceux qu'il détermine. En dehors des effets réglés par l'état de siège, le Gouvernement ne peut rien faire sans se jeter dans l'arbitraire.

La loi du 10 juillet 1791, dont j'énonçais à l'Assemblée une disposition, est ainsi conçue dans son article 10 :

« Dans les places de guerre et postes militaires, lorsque ces places et postes seront en état de siège, toute l'autorité dont les officiers civils sont revêtus par la Constitution, pour le maintien de l'ordre et de la police intérieure, passera au commandant militaire, qui l'exercera exclusivement sous sa responsabilité personnelle. »

Ainsi les pouvoirs qui appartiennent aux magistrats civils pour le maintien de l'ordre et de la police intérieure passent au commandant militaire. Pas autre chose que cela : un simple déplacement des pouvoirs existants, légaux ; une concentration entre les mains de l'autorité militaire des pouvoirs militaires et civils ; voilà purement et simplement les effets de la déclaration de l'état de siège.

L'article 101 de la loi du 24 décembre 1811, dont M. Crémieux vous parlait tout à l'heure, reproduit à peu près dans les mêmes termes la disposition de la loi de 1791. Voici cet article 101 :

« Dans les places en état de siège, l'autorité dont les magistrats étaient revêtus pour le maintien de l'ordre et de la police passe tout entière au commandant d'armes, qui l'exerce ou en délègue telle partie qu'il juge convenable. »

Voilà le texte de la loi de 1811. Il est suivi d'une autre disposition dont je n'entretiens point l'Assemblée parce qu'elle m'écarterait de mon sujet, une disposition d'attribution de juridiction aux tribunaux militaires, disposition que M. le président actuel du

CHAPITRE II.

conseil, en 1831, a fait déclarer abrogée par la Cour de cassation.

Voilà les deux seules dispositions qui règlent aujourd'hui l'état de siège.

Aux termes de ces deux lois, les pouvoirs qui appartiennent en temps ordinaire aux magistrats civils appartiennent, dans les villes en état de siège, à l'autorité militaire; les chefs militaires ont le pouvoir de faire tout ce que feraient les magistrats civils ; ils n'ont pas le droit de faire autre chose.

Or il faudrait que les magistrats civils pussent, dans les temps ordinaires, en vertu des lois existantes, suspendre les journaux, pour que, dans l'état de siège, les commandants militaires eussent ce droit ; car, je ne saurais trop le répéter, il n'y a qu'un simple déplacement d'autorité, il y a réunion dans les mains de l'autorité militaire de tous les pouvoirs civils et militaires; il n'y a pas autre chose.

Je défie toute contradiction à cet égard. On pourra entasser les sophismes, on pourra soulever les passions de l'Assemblée ; je défie qu'on élève rien contre une argumentation si simple et si nette. Il n'y a rien dans les textes que j'ai cités qui confère au Gouvernement, dans la situation où il est placé, les pouvoirs exorbitants dont il use. Il n'y a point de dictature créée par l'état de siège, il n'y a qu'un déplacement de pouvoir, une concentration de tous les pouvoirs dans les mains de l'autorité militaire.

Argumentera-t-on de ce qui s'est passé l'an dernier, de la suspension des journaux opérée par le Gouvernement, avec l'assentiment de l'Assemblée constituante? Je ne pense pas. On a déjà répondu par avance à cette objection, qui n'aurait aucune valeur ici. C'est en vertu des pouvoirs extraordinaires que l'Assemblée constituante réunissait dans ses mains, c'est en vertu des pouvoirs dictatoriaux dont elle a fait un usage que l'histoire jugera, mais un usage qu'elle avait le droit de faire; c'est en vertu de ces pouvoirs seuls qu'elle a pu suspendre les journaux, ordonner les transportations, renvoyer devant des conseils de guerre des individus non militaires. Il y avait là un pouvoir dictatorial dont elle usait, dont le gouvernement placé sous son autorité usait en son nom. Mais aujourd'hui nous sommes sous l'empire de la Constitution; ni l'Assemblée ni le Gouvernement n'ont le droit de suspendre la Constitution.

On vous disait tout à l'heure qu'on agissait sous votre surveillance, sous votre contrôle. Eh bien, vous n'avez pas le droit de donner au Gouvernement le pouvoir de se placer au-dessus des lois; vous pouvez les changer, vous n'avez pas le droit de les violer; vous n'avez pas le droit de vous mettre au-dessus de la Constitution ni d'en suspendre une disposition.

Le citoyen Estancelin. — Mettez encore le Gouvernement en accusation ! *(Rumeurs à gauche.)*

Le citoyen Grévy. — Il y a dans la Constitution un article 51 qui porte...

CHAPITRE II.

Un membre à droite. — L'ordre du jour! *(Rires à gauche.)*

Le citoyen Pascal Duprat. — Il n'y a plus de discussion possible. *(Bruit.)*

Le citoyen Grévy. — Si l'Assemblée ne veut plus de discussion, elle en est la maîtresse. *(Parlez! parlez!)*

A gauche. — Il n'est pas violent, celui-là!

A droite. — Osez tout, on vous écoute!

Le citoyen Grévy. — Je disais qu'il y a dans la Constitution un article 51 qui porte que le Gouvernement ne peut, en aucune manière, suspendre l'empire de la Constitution et des lois.

Il y a dans la Constitution un article 8 qui porte que les citoyens ont le droit d'exprimer leur pensée par la voie de la presse.

Il y a des lois sur la presse qui déterminent les conditions auxquelles les journaux peuvent paraître. Voilà les garanties sous lesquelles les citoyens exercent leurs droits. Vous avez suspendu ces droits. En vertu de quelle loi l'avez-vous fait? Je pose nettement la question; qu'on y réponde!

On a suspendu l'article 8 de la Constitution qui garantit le droit d'exprimer librement sa pensée; on a suspendu les lois sur la presse qui déterminent les conditions auxquelles un journal peut paraître; on a violé l'article 51 de la Constitution qui défend de suspendre en aucun cas l'empire de la Constitution et des lois. De quel droit, en vertu de quel pouvoir l'a-t-on fait?

Voilà les questions que je pose nettement au Gouvernement. Il dit qu'il agit en vertu des lois qui règlent l'état de siège. Qu'il vous dise quelles sont les lois réglant l'état de siège dans lesquelles il a puisé le droit exorbitant, dont il use aujourd'hui, de suspendre les journaux.

Une voix à droite. — C'est le droit de légitime défense.

Le citoyen Grévy. — Il ne le fera pas. Je vous dénonce, je dénonce au pays cet abus de pouvoir ; c'est de l'arbitraire, c'est de la force, ce n'est pas de la légalité, c'est de la violence ! *(Approbation à gauche.)*

Si quelque chose m'étonne, c'est la soumission aveugle et presque générale avec laquelle je vois cette Assemblée se prosterner devant de pareils actes de violence et de force. *(Approbation à gauche. — Murmures à droite.)*

Une voix à droite. — Qui est-ce qui a commencé à faire de la violence ?

Le citoyen Grévy. — Je ne comprends pas que les journaux suspendus, je ne comprends pas que les journaux, placés sous cette intimidation qui rappelle la censure, se soumettent à de pareils actes. *(Rumeurs au centre et à droite.)*

Les journaux suspendus peuvent paraître; il n'y a pas un tribunal en France qui puisse les condamner, parce qu'il n'y a pas une loi qui permette de les suspendre. Je le répète, c'est de l'arbitraire, c'est de la violence, ce n'est pas de la légalité. *(Vive approbation à gauche.)*

Il n'y avait rien à répondre à cette argumentation si pressante et si décisive. M. Odilon Barrot, ministre de la justice, président du conseil, se borna à dire que l'état de siège était une suspension des garanties ordinaires, que c'était l'état de guerre, que c'était la loi de conservation, la loi de salut public. Et, soutenu par les marques d'approbation du centre et de la droite, il ajouta : « Malheur à ceux qui rendent nécessaires de pareils moyens! » En vain, M. Crémieux mit-il en lumière la faiblesse des arguments invoqués par le ministre. M. Grévy avait proposé un ordre du jour ainsi conçu : « L'Assemblée nationale, considérant qu'aucune loi ne donne, même dans l'état de siège, le droit de suspendre les journaux, invite le gouvernement à rentrer dans la légalité, et passe à l'ordre du jour. » La droite se hâta de réclamer l'ordre du jour pur et simple, qui fut adopté par 351 voix contre 154, sur 505 votants. Il est inutile de dire que M. Grévy vota avec la minorité républicaine. Le lendemain, il fut un des 151 républicains qui repoussèrent la loi relative aux clubs.

§ II

DISCOURS

SUR

LA VÉRIFICATION DES POUVOIRS

DES REPRÉSENTANTS DE LA LOIRE

PRONONCÉ A LA SÉANCE DU 21 JUIN 1849
A L'ASSEMBLÉE NATIONALE LÉGISLATIVE

La vérification des pouvoirs des représentants du département de la Loire était à l'ordre du jour de l'Assemblée depuis le 15 juin. Le rapporteur du 7ᵉ bureau, M. de Melun, avait proposé de valider l'élection des sept premiers candidats et d'annuler celles de MM. Duché et Baune, sous prétexte que les deux candidats, séparés d'un très petit nombre de voix de leurs concurrents, avaient été compromis dans un désordre survenu à Saint-Maurice-en-Gourgois. Le 21 juin, ce débat est porté devant l'Assemblée. M. Duché, l'un des deux représentants visés dans le rapport de M. de Melun, prend d'abord la parole. Le rapporteur lui répond, puis M. Grévy monte à la tribune pour combattre les conclusions du rapport. Après avoir rappelé les deux versions qui ont cours au sujet des incidents de Saint-Maurice et montré les erreurs commises par le rapporteur, M. Grévy établit que la différence entre les voix obtenues par les représentants dont l'élection est contestée et celles de leurs concurrents de la liste opposée est pour M. Duché de 262 voix et pour M. Baune de 206 voix. C'est sur ces

CHAPITRE II.

chiffres qu'il faut argumenter. L'orateur continue en ces termes :

Le rapport dit que les sections, que le canton tout entier ont été effrayés. Quelles preuves en donne-t-on ? Aucune. Et c'est cependant la base de l'argumentation. A qui fera-t-on croire que, parce que six jeunes gens dans un état d'ivresse se sont présentés à la porte de la salle et ont fait un peu de tapage, assez de tumulte si vous voulez, pour troubler le bureau et lui faire lever la séance une heure avant l'heure indiquée, il y a eu de quoi effrayer toute une population, effrayer des électeurs, effrayer des hommes, et que cet effroi a été tel, qu'il s'est répandu dans les communes voisines; non seulement qu'il ne s'est pas arrêté dans la section, mais qu'il s'est répandu dans les sections voisines, à 6 kilomètres, à 9 kilomètres, à 10 kilomètres ? A qui le fera-t-on croire? Et si l'on n'en apporte aucune preuve à l'Assemblée, comment admettra-t-elle une pareille allégation? Je le demande à M. le rapporteur, où a-t-il trouvé la preuve, d'abord, qu'un effroi quelconque soit résulté de cette scène d'ivresse, si commune dans les campagnes, et qui y jette si peu d'effroi ? Où a-t-il trouvé la preuve que, dans les autres sections, on en ait eu connaissance, et surtout qu'on s'en soit effrayé? Comment! on veut que dans deux sections, à Saint-Bonnet, à Usson, que dans les deux sections à 6, à 9, à 10 kilomètres, on se soit effrayé de ce que six ivrognes, dans la commune de

Saint-Maurice, seraient venus dans la salle des élections, et qu'ils y aient causé un effroi tel, qu'ils aient tenu les électeurs éloignés du scrutin! Comment peut-on admettre ce fait, et quelle preuve, surtout, en apporte-t-on? Est-ce qu'il n'y a pas eu des procès-verbaux qui ont été dressés par le bureau? Est-ce qu'il y a, dans le procès-verbal du bureau, quelque chose qui l'indique? Rien, absolument rien.

Ainsi, je constate que cette première allégation, allégation capitale, parce qu'elle est la base de l'argumentation du rapport, non seulement est dénuée de toute preuve, mais qu'elle est frappée d'une invraisemblance radicale.

Il y a une autre considération qui frappera l'Assemblée. C'est à trois heures du soir, le 1er juin, que la scène qui aurait pu effrayer, celle qui a fait lever la séance, a eu lieu. Je comprends qu'elle ait pu produire son effet immédiatement dans la section même où elle se passait; mais, dans les sections voisines, à quelle heure aura-t-elle été connue? On vous l'a dit tout à l'heure, il s'agit d'un pays montagneux, dans lequel les communications sont très difficiles. A quelle heure cette scène-là aura-t-elle été connue? Le lendemain, à une heure plus ou moins avancée, selon la distance, selon les difficultés de trajet et de rapports. Il est très probable que si cette scène a été connue, c'est lorsque le scrutin était fermé le second jour, ou, s'il n'a pas été fermé à l'heure voulue, à une heure assez avancée pour que les électeurs des communes voisines eussent voté. Ainsi, en supposant que cette scène ait pu exercer une influence quelconque, cette influence a été trop tardive pour empêcher les électeurs d'exercer leur droit.

J'ajoute une dernière observation, c'est que, pour des sections aussi peu importantes, le dimanche avait suffi pour le vote de l'immense majorité des électeurs; en sorte que, si ce fait avait pu avoir une influence, c'eût été sur un très petit nombre d'électeurs.

M. Grévy examine ensuite les calculs du rapporteur et en démontre l'inanité; puis il termine ainsi :

Voilà, messieurs, les observations que j'avais à vous présenter. Je les résume en deux mots :

Je dis que le rapport manque par sa base, que le fait capital sur lequel il est édifié n'est, en aucune façon, établi, l'intimidation. Rien ne prouve qu'une intimidation ait été exercée, ni dans la section de Saint-Maurice, ni dans les autres; rien, absolument rien ; supposition gratuite, supposition invraisemblable.

Je veux le dire, le fait qu'on signale comme ayant produit une intimidation est, aux yeux de tout le monde, un fait qui n'est pas de nature à l'exercer. Il est impossible que, parce que six jeunes gens qui sont signalés dans le procès-verbal du bureau sont allés faire une scène de tapage à la porte de la salle, ce fait soit de nature à intimider un canton tout entier. On ne le fera croire à personne. Et, en supposant cela, l'effet n'aurait pas pu se produire dans les autres sections du canton, et il faudrait qu'il se fût produit dans toutes les sections pour que M. le rapporteur pût atteindre le chiffre au moyen duquel il voudrait faire annuler les élections de deux représentants.

Ces questions sont des questions de bonne foi et de loyauté. Demandez-vous ce qu'il y a de sérieux dans le rapport; rappelez-vous la sévérité avec laquelle vous avez accueilli de semblables demandes. Quant à moi, je ne vous prie que d'une chose, c'est d'oublier que les deux représentants dont il s'agit appartiennent à la minorité, ou plutôt je vous prie de vous en souvenir pour vous mettre en garde contre les entraînements qui, dans ces sortes de questions, prennent quelquefois la place des règles de la justice et de l'impartialité. *(Aux voix! aux voix!)*

Le rapporteur, M. de Melun, tenta en vain de détruire l'impression causée par ce discours, et après une courte réponse de M. Duché, les conclusions du bureau furent repoussées par 236 voix contre 217, sur 453 votants. Puis l'Assemblée valida l'élection des représentants Duché et Baune.

§ III

DISCOURS

SUR LA DEMANDE EN AUTORISATION

DE

POURSUITES CONTRE SEPT REPRÉSENTANTS

PRONONCÉ LE 4 JUILLET 1849
A L'ASSEMBLÉE NATIONALE LÉGISLATIVE

La manifestation du 13 juin avait fourni à la réaction, maîtresse dans l'Assemblée législative, un prétexte pour décimer le côté gauche. Il ne se passait pas de séance sans qu'une demande en autorisation de poursuites ne fût introduite contre des représentants du peuple. Le 23 juin, le procureur général près la cour d'appel de Bourges avait été autorisé à continuer des poursuites commencées contre le représentant Malardier. A la même séance, le président, M. Dupin, donna connaissance à l'Assemblée d'un réquisitoire du procureur général près la cour d'appel de Bordeaux, demandant l'autorisation de poursuivre le représentant Marc Dufraisse pour un article publié dans le journal *la Ruche de la Dordogne*. Les poursuites furent autorisées, le 7 juillet, sur le rapport de M. Creton. Le 28 juin, le procureur général près la cour d'appel de Paris, M. Baroche, demanda l'autorisation de poursuivre sept représentants : MM. Ronjat, Baune, Beyer, Kopp, Hoffer, Anstett et Louriou, pour participation aux événements du 13 juin. A la même séance, le procureur général Baroche demanda également l'autorisation de poursuivre MM. Martin Bernard, Gambon, James Demontry et Brives, représentants du peuple, pour avoir fait partie d'une société secrète et pris part aux événements du 13 juin. Le même jour furent introduits une requête du procureur général près la cour d'appel de Colmar, à l'effet d'obtenir l'autorisation de continuer les poursuites commencées contre le représentant Pfliéger pour outrages et provocation à la rébellion, et un réquisitoire du procureur général près la cour d'appel de Bourges tendant à obtenir l'autorisation de poursuivre M. Ferdinand Gambon, représentant de la Nièvre, pour avoir surpris ou détourné des suffrages à l'aide de fausses nouvelles. Après la lecture de l'avant-dernier réquisitoire, une partie de la gauche s'écria que « c'était une proscription en masse ». Le 29, à la suite d'un rapport de M. de Kerdrel, l'urgence fut déclarée sur la demande d'autorisation de poursuivre les représentants Martin Bernard, Gambon, James Demontry et Brives. Après une discussion qui occupa les séances des 29 et 30 juin, les poursuites furent autorisées par quatre votes successifs. M. Grévy s'opposa aux poursuites avec la minorité républicaine. Le 2 juillet, M. de Vatimesnil déposa son rapport sur la demande en autorisation de poursuites contre les sept représentants. La commission dont il était l'organe pensait qu'il y avait des motifs suffisants pour autoriser des poursuites contre MM. Ronjat, Beyer, Kopp, Anstett, Hoffer et Louriou; elle déclarait qu'il n'y avait pas lieu à poursuites en ce qui concernait M. Baune. L'urgence fut déclarée, et la discussion du rapport fixée au surlendemain. Le 4 juillet, M. Émile Barrault combattit le premier la demande d'autorisation de poursuites, dans un discours fréquemment interrompu par la droite et le centre, et vivement applaudi par la gauche. Après avoir montré les vingt-cinq places déjà vides sur les bancs de l'Assemblée, M. Émile Barrault, s'adressant à la majorité, s'écria : « Vous avez le droit de dire : ... Je veux entrer d'un pied ferme et dégagé dans la voie des améliorations qui satisferont aux exigences légitimes de tous. Le mal, je veux le vaincre sans coup férir, je veux l'étouffer sous les fruits du bien, et, en faisant ce bien, j'apaiserai les discordes civiles mieux que la vindicte publique; je pacifierai le pays. Vous ne voulez pas, messieurs, avoir toujours la physionomie sévère de la loi qui punit. Il faut bien que vous preniez tôt ou tard la physionomie sereine de la loi qui féconde, qui développe, qui rémunère.

« Encore une fois, vous seriez des hommes d'État et non pas des avocats ou des légistes, si vous disiez à la justice : Vous avez été jusqu'ici, vous n'irez pas plus loin. Et si la justice ne doit pas être l'instrument obséquieux de la politique, la politique ne doit pas être l'instrument servile de la justice. » Après lui, M. Vésin demanda le renvoi du rapport à la commission; puis, après un discours sans conclusion bien nette de M. Victor Lefranc, M. Grévy prit la parole. Il entra immédiatement dans le cœur de la discussion.

Le citoyen président. — La parole est à M. Grévy.

Le citoyen Grévy. — Citoyens représentants, la question qui s'agite est si grave, la doctrine de votre commission me paraît si fausse dans les principes qu'elle pose et si funeste dans les conséquences qu'elle entraîne, que je vous demande la permission de prolonger quelques instants cette discussion. J'essayerai de rétablir les principes tels qu'ils ont été constamment et universellement proclamés et appliqués jusqu'ici.

Il est un premier point dont tout le monde convient, c'est qu'il n'est pas possible d'accorder l'autorisation de poursuites contre un représentant sans un examen préalable. Personne, que je pense, ne le soutiendra; personne ne dira que l'Assemblée, lorsqu'une demande en autorisation de poursuites est apportée devant elle, doit fermer les yeux et livrer ses membres à la justice. Autrement, la demande en autorisation de poursuites ne serait qu'une formalité, l'inviolabilité qu'un mot, et les articles de la Constitution qui la consacrent qu'une déception. Personne donc ne soutiendra que l'autorisation de poursuites ne doit pas être précédée d'un examen.

Voilà mon point de départ. Il faut un examen. Cet examen, sur quoi doit-il porter? par qui doit-il être fait? Voilà les deux questions que le débat a soulevées, et que je vous demande la permission de parcourir rapidement.

Sur quoi doit porter l'examen préalable? Messieurs, vous le reconnaîtrez, si vous voulez vous demander quel est le but de cet examen, ce qu'on doit se proposer en le faisant. Le but de l'examen, on l'a dit, c'est de vérifier si l'accusation est sérieuse. Mais on n'a pas suffisamment expliqué ce qu'on doit entendre par là.

Vérifier si l'accusation n'est pas dictée par la passion, ce n'est pas suffisant. Il faut vérifier, en outre, si l'accusation n'est pas témérairement, légèrement introduite ; car vous ne devez livrer un membre de cette Assemblée que sur une accusation sérieuse, et elle n'est pas sérieuse si elle est le fruit de la passion ou de la légèreté. On sera d'autant moins tenté de me le contester, que la commission a reconnu que, dans le réquisitoire qui a été présenté et dans lequel on demande l'autorisation de poursuivre sept de nos collègues, à l'égard de l'un d'eux, il y a eu légèreté dans la demande, et il n'y a pas, quant à présent, de motif suffisant pour la former.

Ainsi, voilà un point qui me paraît hors de toute controverse. Il faut deux choses pour que vous puissiez accorder l'autorisation : il faut que vous soyez certains que la poursuite est calme, froide, réfléchie et faite avec impartialité ; qu'elle n'est pas passionnée, qu'elle n'est pas non plus téméraire ou légèrement introduite.

Voilà les deux points sur lesquels doit porter l'examen.

Cela posé, je demanderai aux adversaires que nous avons dans cette discussion, si, pour vérifier les deux points dont je viens de parler, à savoir si la demande en autorisation est passionnée ou si elle est légèrement introduite, je leur demanderai s'ils ont d'autre moyen que d'examiner cette demande en elle-même ? Quel autre moyen la commission a-t-elle de savoir si la poursuite est passionnée ou légèrement introduite ?

Je ne pense pas qu'elle possède, plus que vous, le

secret de descendre au fond des consciences pour y chercher les motifs qui font agir? Pour savoir si la poursuite est passionnée, il faut l'examiner dans les faits qui l'ont motivée, dans les bases sur lesquelles elle repose.

Je demande à tous ceux qui m'entendent s'ils connaissent un autre moyen d'apprécier la valeur d'une demande en autorisation de poursuites, le caractère de cette poursuite, que d'examiner les causes qui l'ont déterminée, que de se mettre aux lieu et place du magistrat qui la forme, que de rechercher les mobiles qui le font agir; par conséquent, que d'examiner les faits et les indices sur lesquels il se détermine à vous demander la poursuite. Je prie la commission de nous dire quel autre procédé elle peut employer pour arriver à ce résultat.

Voici ce que M. le rapporteur répond :

« Vous ne décidez pas la question d'après la valeur des preuves ou des indices, vous n'examinez pas les chances d'acquittement ou de condamnation. Vous statuez d'après l'ensemble de la situation. »

Qu'est-ce que cela veut dire, d'après l'ensemble de la situation politique? On vous demande l'autorisation de poursuivre, pour un fait déterminé, un de vos collègues, et vous examinez l'ensemble de la situation politique pour savoir si la poursuite est passionnée ou si elle est légèrement introduite! C'est dans l'ensemble des faits généraux politiques que vous trouverez le lien qu'il y a entre le fait qu'on signale et la culpabilité d'un de vos collègues! Quelle que soit la situation politique, est-ce qu'il ne peut pas se faire que la demande d'autorisation de poursuites soit passionnée ou légèrement formée? Est-ce qu'il ne peut pas y avoir des magistrats passionnés ou légers, quelle que soit la situation? Établissez donc un lien suffisant entre cette situation générale et le fait particulier sur lequel il faut acquérir des lumières !

M. le rapporteur de la commission a si bien senti tout ce qu'il y a de faux et de vide dans cette idée, qu'il l'abandonne à quelques lignes de là, et que, dans le paragraphe suivant, il s'exprime ainsi :

« Faut-il conclure de ce qui précède qu'il n'y a aucune vérification à faire? Non, ce serait évidemment aller trop loin. L'intérêt politique même, tel que votre commission le conçoit, exige un certain examen des faits... »

Ainsi, d'un côté, dans le premier passage, à six lignes de distance, vous déclarez que vous ne décidez pas les questions d'après la valeur des preuves et des indices ; vous n'examinez pas quelles sont les chances d'acquittement ou de condamnation, et, de l'autre côté, vous dites qu'il faut examiner les faits. Quelle contradiction !

Voilà, messieurs, jusqu'où peuvent tomber les esprits les plus éclairés et les plus éminents, lorsqu'ils s'écartent de l'étroit sentier des principes.

J'ai donc le droit de dire que, jusqu'à ce qu'on nous apporte ici un autre critérium, un autre moyen d'investigation, le seul moyen praticable, humain, pour reconnaître le caractère d'une accusation, c'est d'examiner l'accusation elle-même.

On vous l'a dit aux précédentes séances, et cet argument n'a pas trouvé et ne trouvera pas de réfutation : vous n'êtes pas le seul corps appelé à donner des autorisations de cette nature. Les corps judiciaires sont dans le même cas ; le Conseil d'État, à l'égard des fonctionnaires publics, est aussi chargé de donner ou de refuser l'autorisation de poursuivre. Voyez comme ils procèdent. A-t-on jamais contesté au Conseil d'État le droit d'examiner les faits et les preuves, et de se déterminer en conséquence? A-t-il jamais procédé autrement? Les corps judiciaires ne suivent-ils pas la même marche? Pourquoi ne procéderiez-vous pas de la même façon?

M. Dufaure vous disait très éloquemment, dans le passage qu'on lisait tout à l'heure[1] : « Vous voulez accorder à un membre de l'Assemblée moins de protection qu'on n'en accorde à un maire de village. Vous voulez que l'indépendance et la dignité de l'Assemblée nationale soient moins garanties que l'indépendance et la dignité de l'administration ; vous voulez livrer les yeux fermés ; vous ne voulez pas

---

1. C'était un passage du discours prononcé, en 1835, par M. Dufaure à la Chambre des députés, lors de la demande en autorisation de poursuites contre MM. de Cormenin et Audry de Puyraveau. M. Émile Barrault en avait donné lecture à l'Assemblée.

employer les moyens de contrôle, les seuls qu'on puisse employer en pareille circonstance. »

Je crois, messieurs, ce deuxième point parfaitement établi; je crois que l'examen nécessaire qui doit précéder l'autorisation, que cet examen est déterminé par le but même qu'on se propose d'atteindre : vérifier si l'accusation n'est pas passionnée ou n'est pas légère. Pour y arriver, il n'y a pas d'autres moyens d'examiner les faits que d'examiner les indices, de se mettre à la place du magistrat instructeur, et de demander les raisons qui l'ont déterminé, d'apprécier ces raisons, de voir si elles ne sont pas le fruit de la passion ou de la légèreté, et, dans ce cas, d'accorder l'autorisation; dans le cas contraire, de la refuser.

Reste une dernière question : par qui cet examen doit-il être fait? C'est, dit-on, par la commission : vous lui donnez toute délégation à cet effet; vous avez dans le résultat de son travail une confiance aveugle. La commission vous apporte ici sa conviction sans vous en donner les éléments, les motifs, et vous, vous prononcez les yeux fermés!

Messieurs, vous conviendrez que c'est là quelque chose de tout à fait nouveau dans les assemblées délibérantes. Jamais, jusqu'ici, les commissions n'ont fonctionné de cette façon.

Une assemblée qui délègue à une commission le droit de juger pour elle, c'est, je le répète, une chose nouvelle.

Ce serait une grave question que de savoir si l'Assemblée a le droit de faire une pareille délégation, d'aliéner son droit d'examen et de jugement.

Quel est l'usage, quelle est la règle en ces matières? Quel est le droit des commissions? Quels sont le droit et le rôle de l'Assemblée?

Les commissions préparent le travail; les commissions font les recherches et apportent à l'Assemblée le résultat de leur examen; elles proposent une résolution, déclinent leurs motifs; l'Assemblée examine et décide.

Voilà le rôle des commissions; voilà le rôle de l'Assemblée; vous voulez l'intervertir, vous voulez créer une exception; cette exception, où la trouvez-vous? Dans la loi? Non! Dans les précédents? Non! les précédents sont tous contraires; il faut arriver au temps où nous sommes pour trouver cette étrange doctrine, que l'Assemblée délègue le pouvoir de juger ses membres à une commission. Ce n'est pas dans les précédents, ce n'est pas dans la loi que vous trouvez votre exception; où la trouvez-vous? Dans la nécessité? Non, puisque jamais on ne l'a fait jusqu'à présent, ni dans la Chambre des députés, ni dans l'Assemblée constituante. Quoi qu'en ait dit M. Vesin, jamais on n'a procédé ainsi. Il faut arriver au temps où nous sommes, dans les circonstances actuelles, pour rencontrer cette étrange manière de procéder. Je le demande de nouveau, où trouvez-vous cette exception, en matière aussi grave, aux

CHAPITRE II.

droits, au rôle de l'Assemblée, au rôle des commissions? Nulle part; on ne la trouve ni dans la loi, ni dans les précédents, ni dans la nécessité.

On invoque deux motifs : c'est, dit-on, dans l'intérêt de la poursuite, c'est dans l'intérêt de la défense; il faut que la procédure reste secrète, il ne faut pas que des préjugés puissent nuire à la défense. Voilà vos raisons !

Messieurs, si ces raisons avaient en elles-mêmes plus de valeur qu'elles n'en ont réellement, nous aurions à examiner si, quand il se trouve en présence de principes aussi différents, d'un côté ce principe élevé, supérieur à tout autre, qui garantit, par l'inviolabilité de chacun de ses membres, l'indépendance de l'Assemblée; si, quand ce principe se trouve en présence de principes secondaires comme ceux tirés de la nécessité de maintenir le secret de la procédure et de ne pas créer des préjugés défavorables à la défense, si ces principes secondaires ne doivent pas fléchir devant le principe supérieur, le principe en faveur duquel une dérogation est faite à toutes les règles ordinaires? Et assurément, s'il fallait maintenir l'un de ces principes au détriment des autres, ce serait le principe qui protège votre inviolabilité; vous feriez plutôt fléchir les deux autres.

On perd trop souvent de vue, dans cette question, la raison pour laquelle l'inviolabilité des membres de l'Assemblée est consacrée dans la Constitution. Est-ce dans l'intérêt personnel des représentants? En aucune façon. C'est dans l'intérêt de la dignité, de l'indépendance, de l'intégrité de l'Assemblée. Il n'y a pas un intérêt supérieur à celui-là; devant lui, tous les autres fléchissent, même les principes, les règles de la justice, puisque le magistrat instructeur est arrêté aux portes de cette enceinte.

Ainsi, et avant de descendre dans l'examen des deux objections, je ne saurais trop insister sur cette réflexion, qui me paraît mériter toute votre attention; lors même que le principe du secret de la procédure, lors même que le principe de la nécessité de protéger la défense, lors même que ces principes devraient en souffrir, il ne faudrait pas leur sacrifier le principe qui consacre l'inviolabilité de l'Assemblée; il ne faudrait pas souffrir qu'il reçût quelque atteinte; il faut sauvegarder, avant tout, le principe qui assure l'inviolabilité de l'Assemblée.

Mais, messieurs, examinons ce qu'il y a de sérieux au fond de ces objections : ce sont de ces raisons vagues et banales qui perdent beaucoup à être approfondies. Le secret de la procédure! on en exagère singulièrement la nécessité et l'importance.

Dans une foule de cas, il n'y aura pas de procédure; lorsqu'il ne s'agira pas d'un procès déjà commencé, lorsque la poursuite ne comprendra que les représentants inculpés, et lorsqu'elle ne sera pas liée à une procédure déjà commencée, il n'y aura pas de secret de procédure à sauvegarder.

Ainsi, pour tous ces cas, l'objection disparaît.

CHAPITRE II.

Supposons que, comme dans le cas sur lequel nous discutons, il y ait une procédure engagée; quels sont donc les inconvénients immenses qu'il y aurait à soumettre à l'Assemblée quelques dépositions, quelques faits, quelques indices? Jusqu'à présent, ces procédures ont toujours été soumises à l'Assemblée; elles ont été l'objet de discussions à cette tribune; a-t-on jamais entendu dire que la marche de la justice en ait été entravée?

Il y a plus, le secret de la procédure est impossible avec la demande en autorisation de poursuites.

Vous êtes obligés de porter à une commission composée de quinze membres toute votre procédure; vous êtes obligés de la soumettre aux représentants contre lesquels vous demandez l'autorisation de poursuivre. Voilà donc au moins seize représentants qui ont connaissance de cette procédure secrète.

Vous voyez donc bien que le secret de la procédure, dont vous faites un principe si inattaquable, est entamé dans une mesure telle, qu'il n'y a pas grand intérêt à empêcher que les pièces soient déposées sur le bureau de M. le président pour que quelques-uns des membres de l'Assemblée puissent en prendre connaissance, s'ils le désirent.

Ainsi, ce secret de la procédure dont on fait une objection, ce secret de la procédure a été violé, et il le sera toutes les fois qu'il y aura une demande d'autorisation de poursuites, puisqu'il faut nécessairement que la procédure soit communiquée à la commission, aux parties intéressées et à ceux qui veulent prendre leur défense.

Dans l'intérêt de la défense, dit-on encore, il ne faut pas qu'il y ait une décision qui préjuge la culpabilité de l'accusé.

Messieurs, je ne sais pas ce qui se passe au fond des consciences de ceux de nos collègues qui sont l'objet de la demande en autorisation de poursuites, mais je crois qu'ils regardent comme très suspecte votre sollicitude pour leur défense. *(Rires à gauche.)* Je suis convaincu qu'ils se défient de ceux qui s'obstinent à les défendre plus qu'ils ne veulent se défendre eux-mêmes.

Qu'est-ce, au surplus, que ce préjugé dont on fait tant de bruit? N'existerait-il pas toujours? Est-ce que l'autorisation de poursuivre, émanée de cette Assemblée, ne sera pas toujours un préjugé? Est-ce que ce préjugé ne ressortira pas de l'examen de la commission? Il sera même d'autant plus fort que l'examen de la commission aura été plus scrupuleux et plus attentif. Vous ne pouvez pas plus empêcher ce préjugé que la violation du secret de la procédure : il y aura toujours un préjugé qui résultera de l'envoi, par vous, d'un de vos collègues devant la justice.

En quoi consistera ce préjugé, au surplus? On l'exagère singulièrement. Il ne peut porter que sur les choses qui sont à examiner, c'est-à-dire sur ces deux points : si la poursuite est passionnée, si la poursuite est légère. Voilà ce qui aura été préjugé, pas autre

CHAPITRE II.

chose. La culpabilité sera-t-elle préjugée? En aucune façon, pas plus que, par une mise en accusation, la culpabilité n'est préjugée. Il y aura lieu à poursuivre purement et simplement, c'est-à-dire que la commission et l'Assemblée auront déclaré qu'il y a des indices, qu'il y a des faits, qu'il y a quelque vraisemblance; il n'y aura pas là un préjugé de nature à agir sur l'esprit des jurés, au point d'enchaîner leur décision. Vous aurez statué sur une question de vraisemblance, sur une question de présomption; ils auront à statuer sur une question de culpabilité.

Au surplus, ce préjugé est largement compensé par les avantages que les représentants inculpés trouvent dans un examen approfondi.

Assurément, si c'est de leur intérêt personnel que vous vous préoccupez, soyez convaincus qu'ils trouvent plus de garanties d'abord dans un examen approfondi, dans un examen fait à cette tribune, au grand jour, aux yeux du public. *(Interruption au centre.)*

Comment, messieurs, vous vous récriez contre cette expression! Est-ce que la publicité ne doit pas éclairer tous nos actes? Est-ce que vous ne devez pas être en état de rendre compte à celui de vos collègues que vous envoyez devant la justice, des raisons qui vous ont déterminés?

La publicité est la garantie de ceux qu'on veut poursuivre; elle est votre garantie à vous-mêmes contre vos propres entraînements.

J'ai démontré qu'il faut un examen préalable; que

cet examen doit porter sur les faits, sur les indices, sur les circonstances qui ont déterminé le magistrat instructeur à former la poursuite; que cet examen ne peut pas être fait par la commission, mais par l'Assemblée elle-même; qu'il ne peut être dérogé à la règle commune; que la commission prépare le travail, et que l'Assemblée décide.

Cette règle a été suivie jusqu'à présent; elle l'a été dans la Chambre des députés, elle l'a été dans l'Assemblée constituante; il n'est pas un cas, sans même excepter celui que M. Vesin a signalé, dans lequel on ait fait infraction à cette règle. On a parlé des débats qui avaient eu lieu, en 1835, à l'occasion d'une demande en autorisation de poursuites contre MM. de Cormenin et Audry de Puyraveau. Les faits ont été discutés à la tribune, et par M. Odilon Barrot, et par M. Dufaure, et par leurs amis, et par tous les orateurs qui ont pris part à la discussion. J'ai là leurs discours; tous étaient d'avis de la doctrine que je soutiens en ce moment; tous se récriaient avec indignation contre la pensée que l'Assemblée pût être condamnée à livrer un de ses membres sans connaissance de cause et sans être complètement convaincue...

Le citoyen président du conseil. — Vous êtes complètement dans l'erreur. *(Rires à gauche)*.

Le citoyen Grévy. — M. le président du conseil me fait l'honneur de me dire que je suis complètement dans l'erreur...

CHAPITRE II.

Le citoyen président du conseil. — Si vous voulez me permettre de rappeler... (Le citoyen Grévy fait un geste affirmatif.)

Voix à gauche. — N'interrompez pas! — Vous répondrez!

Le citoyen président du conseil. — L'orateur le permet, vous le permettrez bien aussi...

Voix diverses. — Parlez! parlez!

Le citoyen président du conseil, *de sa place.* — On a déjà invoqué un précédent qui ne reçoit aucune espèce d'application à la question actuelle.

Il s'agissait d'une demande en autorisation de poursuites contre MM. de Cormenin et Audry de Puyraveau pour une lettre dans laquelle la Chambre des pairs avait vu un outrage. La question n'était pas de savoir si on permettrait de poursuivre devant la juridiction commune, car c'est précisément ce que nous demandions; la question était de savoir si la Chambre des députés livrerait à la Chambre des pairs un de ses membres pour, par la Chambre des pairs, se donner satisfaction, alors que la réciprocité n'existait pas, alors que si un pair avait outragé la Chambre des députés, ce pair n'aurait pas pu être jugé par la Chambre des députés, ce qui constituait une inégalité profonde, ce qui troublait le principe de l'égalité des pouvoirs. La discussion n'a porté que sur ce point.

Le citoyen Michel (de Bourges). — Je proteste!

Un membre au centre. — Le *Moniteur* fait foi!

Le citoyen président du conseil. — Vous protestez, mais c'est contre l'évidence.

Je renvoie ces messieurs qui protestent au *Moniteur*. La question a été une question constitutionnelle, d'égalité de prérogatives entre les deux pouvoirs...

Un membre à gauche. — Voilà tout?

Le citoyen président du conseil. — ... Et elle ne pouvait pas être autre. Il n'y a pas eu d'information, il ne pouvait pas y en avoir. Il s'agissait d'une lettre, d'une lettre qui était produite, sur laquelle même on n'avait provoqué ni aveu ni désaveu. La question ne s'est engagée ni sur la lettre, ni sur sa portée, ni sur les indices de culpabilité; elle s'est engagée sur le terrain uniquement constitutionnel, et c'est sur ce terrain que l'honorable M. Dufaure et moi avons combattu pour l'égalité des deux pouvoirs. Lisez le *Moniteur*.

Voix à gauche. — Oui! oui! lisez-le!

Le citoyen Grévy. — Messieurs, M. le président du conseil est bien malheureusement servi par ses souvenirs.

Le citoyen président du conseil. — J'ai relu hier même le débat. *(Rires à gauche.)*

Le citoyen Charras. — Avez-vous lu tous vos discours sur les lois de septembre?

Le citoyen président du conseil. — Je les ai relus, et je suis parfaitement conséquent avec moi-même quand je combats vos violences.

CHAPITRE II.

Le citoyen Grévy. — Je reprends. Je dis que M. le président du conseil est bien mal servi par ses souvenirs, et je vais lui en administrer la preuve.

La question qui s'agitait en 1835 n'était pas seulement celle que vient de rappeler M. le président du conseil. Cette question, il est vrai, tenait une large place dans la discussion; mais, à côté de celle-là, il y en avait une autre sur laquelle les orateurs se sont exprimés, et je vais mettre sous vos yeux leurs paroles. La question était de savoir si, en supposant que la Chambre des députés consentît à renvoyer un de ses membres devant la Chambre des pairs qui le demandait, il y avait, dans le cas particulier, lieu de le faire.

On disait tout à l'heure, par un souvenir qui trompait, que l'on n'avait pas demandé à M. Audry de Puyraveau de s'expliquer sur la part qu'il pouvait avoir à l'écrit incriminé. C'est une erreur : M. de Cormenin avait consenti à démentir la signature qu'on avait apposée en son nom au bas de l'écrit. Quant à M. Audry de Puyraveau, ne voulant pas reconnaître la juridiction de la Chambre des pairs, il avait refusé de paraître devant la commission. De là naissait cette question...

Le citoyen président du conseil. — C'est la question.

Le citoyen Grévy. — Oui, c'est la question, et vous allez voir comment vous l'avez comprise et soutenue.

De là, dis-je, venait la question de savoir si, en

supposant que la Chambre des députés dût se subordonner à la Chambre des pairs en renvoyant devant elle un de ses membres, il y avait, dans le cas particulier, des preuves, des indices suffisants contre les deux membres inculpés pour les renvoyer devant la Chambre des pairs.

Ainsi, cette seconde question : le député inculpé est-il suffisamment présumé coupable? cette question était une de celles qui s'agitaient dans la discussion. Et, sur cette question, voulez-vous savoir comment vous et vos amis vous vous êtes exprimés? Je vais vous le dire.

M. Duvergier de Hauranne, qui soutenait les conclusions de la commission, qui combattait, dans ce moment, contre M. Odilon Barrot et ses amis, qui demandait le renvoi de M. Audry de Puyraveau devant la Chambre des pairs et l'obtint, M. Duvergier de Hauranne reconnaissait cependant le principe soutenu par ses adversaires; il s'exprimait ainsi :

« Je ne suis point d'ailleurs de ceux qui pensent que lorsqu'il s'agit de laisser mettre en jugement un de ses membres, la Chambre des députés, simple bureau d'enregistrement, ne peut ni ne doit s'enquérir des faits qui ont amené la poursuite et qui la justifient. La Chambre des députés ne saurait, selon moi, se résigner à un tel rôle, et je déclare, pour ma part, que si la poursuite me paraissait frivole ou sans motif politique, jamais je ne consentirais à renvoyer un de mes collègues, soit devant la Chambre des pairs, soit devant toute autre juridiction. Pour expliquer mon vote, j'ai donc besoin d'examiner les faits et de me rendre compte de la situation. »

Voilà l'opinion de M. Duvergier de Hauranne ; voici celle de M. Hébert, parlant dans le même sens, et pourtant s'inclinant comme lui devant le même principe :

« Quels sont les pouvoirs de la Chambre des députés? Selon moi, les pouvoirs de la Chambre des députés sont illimités. Elle examine avec maturité et pleine connaissance ce que sa dignité lui conseille. Dans cet examen, il faut bien qu'elle apprécie, avant tout, s'*il y a présomption grave de délit ou de culpabilité*, car, dans mon opinion, je n'hésite pas à le dire, la première, la plus grave atteinte qui pût être portée à la dignité de la Chambre des députés, ce serait qu'elle livrât à la Chambre des pairs un de ses membres pour un délit imaginaire; alors l'autorisation qui lui est demandée ne serait qu'une vaine formalité. »

Cette opinion est-elle assez explicite?

Voulez-vous maintenant l'opinion de M. Dufaure, dont on n'a cité tout à l'heure qu'un fragment? Elle vaut à elle seule toute une discussion :

« Messieurs, disait-il, on vous demande la permission de traduire un député devant la Chambre des pairs. Vous êtes obligés, lorsqu'on vous le demande, d'examiner quelle est la situation de l'inculpé et la nature du délit. Aucun de vous ne croit, sans doute, qu'en aveugle, sans examen, la Chambre doive immédiatement accorder l'autorisation qui vous est demandée.

« Si cela est vrai, quelle recherche avez-vous à faire? Mais sans doute elle doit porter sur la possibilité, la vraisemblance du délit reproché à votre collègue; vous devez tâcher de savoir s'il l'a commis; et si rien ne peut vous donner à croire qu'il ait commis ce délit, je ne conçois pas que vous vouliez dépouiller un député de l'inviolabilité qui l'enveloppe, tant que votre autorisation n'est pas accordée, et permettre de le traduire devant la Chambre des pairs.

« Rappelez-vous ce que vous avez fait dans une loi que vous avez récemment votée. Si on veut traduire devant les tribunaux un maire, on en demande l'autorisation au Conseil d'État; mais il faut d'abord une information judiciaire; on entend des témoins, on fait des enquêtes, et on envoie ces documents au Conseil d'État; on n'autoriserait pas, sans une information préalable, la mise en jugement d'un simple maire de village.

« Sans doute, vous ne voudrez pas qu'un membre du Corps législatif ait moins de garanties; ou, si vous voulez monter plus haut, vous ne voudrez pas que la dignité de la Chambre, qui est protégée dans la personne du député par la nécessité de votre autorisation, ait moins de garanties que la dignité du pouvoir administratif, qui est protégée dans la personne du maire par la nécessité de l'autorisation du Conseil d'État. On vous demande cependant, sans information, sans preuve, sans documents qui puissent faire soupçonner la culpabilité de notre collègue, de consentir à l'envoyer à la barre de la Chambre des pairs ; je ne puis l'admettre, je ne puis le concevoir. Vous êtes dans une effrayante contradiction avec la loi que vous avez rendue. »

Voilà l'opinion de M. Dufaure ; maintenant voici celle de M. Odilon Barrot.

A gauche. — Ah ! ah ! Écoutons !

Le citoyen Grévy. — M. Odilon Barrot s'était très longuement étendu sur la question constitutionnelle, la question de subordination d'une Chambre à l'autre ; puis il arrive transitoirement à la question même sur laquelle ses amis venaient de s'expliquer, et il s'écrie :

« Ah ! si le corps du délit était là, sous les yeux, avoué, je concevrais qu'il faudrait résoudre la question constitutionnelle comme vous l'avez fait en envoyant M. Cabet devant le jury, ou en permettant les poursuites à l'égard de M. de La Rochefoucauld, qui les demandait. »

Ainsi M. Barrot se servait comme d'une fin de non-recevoir de cette circonstance, que le corps du délit n'était pas établi ; ce n'était pas le corps du délit...

Le citoyen président du conseil. — Permettez !

Le citoyen Grévy. — Pas d'équivoque ! Le corps du délit matériel existait, c'était une lettre. *(Bruits divers.)*

— M. Michel se lève avec vivacité et adresse à M. le président du conseil quelques paroles que nous ne pouvons entendre.)

Le citoyen Grévy. — La pensée de M. le président du conseil était trop évidente pour qu'il y eût la moindre équivoque à cet égard.

Faites attention que, quant à la lettre, personne ne révoquait en doute son existence ; le seul point qui fût un objet de doute était la question de savoir si M. Audry de Puyraveau l'avait signée, c'est-à-dire la question de culpabilité de M. Audry de Puyraveau ; quant au corps du délit, il existait. Lors donc que M. Barrot s'écriait : « Ah ! si le corps du délit était là, avoué ! » cela voulait dire : Si on avouait avoir signé cet écrit ; c'est de cette circonstance que la preuve de la signature n'était pas établie que M. Barrot s'emparait comme d'une fin de non-recevoir pour écarter la poursuite. Les opinions qu'il exprimait étaient tellement mûries, qu'il s'écrie dans ce même discours : « Telle est ma conviction, je vous déclare que cette conviction est indépendante de la position que j'occupe dans cette Chambre comme membre de l'opposition ; cette conviction, je l'ai comme jurisconsulte et je la soutiendrai dans tous les temps, dans toutes les circonstances ; elle est profonde, entière. » *(Ah ! ah ! — Exclamations et rires ironiques à gauche.)*

Le citoyen Taschereau. — C'est un rire de convention.

Le citoyen Grévy. — Vous le voyez, messieurs, la

doctrine qu'on vous propose d'adopter, la théorie qu'on a créée est chose nouvelle ; elle n'a existé ni dans la Chambre des députés, ni dans l'Assemblée constituante, où l'on discutait à la tribune toutes les autorisations de poursuites demandées; on l'a discutée et pour M. Louis Blanc, dans la première poursuite dirigée contre lui, et pour MM. Louis Blanc et Caussidière dans la seconde poursuite, et pour M. Proudhon, dont parlait tout à l'heure M. Vesin.

Toutes ces questions sont arrivées à la tribune ; elles ont été discutées au grand jour et résolues par l'Assemblée, qui n'a pas prétendu qu'elle devait fermer les yeux et s'en rapporter de confiance au travail de la commission. Cette théorie est chose nouvelle dans nos assemblées ; elle n'y a jamais été professée, elle n'y a jamais été pratiquée; la résolution qu'on vous propose est entachée du vice qui s'attache à toutes nos délibérations ; vous vous laissez entraîner exclusivement aux circonstances, aux intérêts, aux passions du moment; vous ne songez pas à l'avenir. La théorie de votre commission est une théorie de circonstance. On ne l'aurait pas inventée contre des membres de la majorité. (*A gauche:* Très bien! très bien!)

M. Michel (de Bourges), à qui la lettre à la Chambre des pairs avait valu une condamnation à un mois de prison et onze mille francs d'amende, vint s'expliquer sur cet incident de 1835; puis le rapporteur, M. de Vatimesnil, prit la parole pour répondre à ses adversaires. Il déclara que

« la dialectique puissante de M. Grévy » n'avait pas modifié son avis; que l'examen de l'Assemblée devait porter uniquement sur le point de vue parlementaire et politique. La question que devait se poser l'Assemblée, d'après lui, était celle-ci : « L'indépendance de la représentation nationale s'oppose-t-elle, dans la situation donnée, à ce que la mise en jugement qui est demandée soit prononcée? » Il soutint de nouveau que l'examen des pièces devait être fait, non point publiquement par l'Assemblée, mais à huis clos par la commission. Après ces explications embarrassées et confuses, l'Assemblée entendit MM. Grandin et Émile Barrault; puis la première partie des conclusions de la commission, celle qui portait qu'il n'y avait pas lieu, quant à présent, d'autoriser les poursuites contre M. Baune, fut adoptée par assis et levé. MM. Bertholon et Brillier essayèrent en vain de démontrer que M. Ronjat ne s'était pas rendu coupable des actes qu'on lui imputait. La majorité avait sa conviction faite. Elle entendit impatiemment les observations de MM. Sage et Soubies; puis, par 325 voix contre 161, sur 486 votants, elle autorisa les poursuites contre M. Ronjat. Le lendemain, 5 juillet, les poursuites furent de même autorisées, par cinq scrutins distincts, contre MM. Beyer, Kopp, Anstett, Hofer et Louriou. Dans ces six scrutins, M. Grévy vota, avec la minorité, contre l'autorisation de poursuites.

Cependant les rancunes de la majorité n'étaient pas encore satisfaites. Le 7 juillet, l'Assemblée autorisa des poursuites contre M. Pfliéger, représentant du Haut-Rhin. Le 18, elle autorisa des poursuites contre MM. Commissaire, Cantagrel et Kœnig pour faits relatifs à la journée du 13 juin. On se fait difficilement une idée de la passion réactionnaire qui animait la majorité de l'Assemblée législative et de la partialité du président Dupin. La gauche, dont les rangs étaient éclaircis par les proscriptions, répondait souvent par la violence aux violences de ses adversaires; c'étaient alors d'inexprimables tumultes. D'autres fois, elle se servait des moyens que le règlement mettait à sa disposition pour contrarier les projets de la majorité. Ainsi, le 12 juillet, lors de la discussion de la demande d'autorisation de poursuites contre MM. Commissaire, Cantagrel et Kœnig, elle s'abstint en masse de prendre part au vote, et cette manœuvre amena l'annulation de deux scrutins. M. Grévy s'abstint, comme tous ses amis de la gauche. Le 10 juillet, une scène de violence avait eu lieu dans la discussion d'une proposition relative à l'état de siège. M. Duché (de la Loire), ayant dit que la Constitution avait été violée par suite du bombardement de Rome, s'attira un rappel à l'ordre de la part de M. Dupin; il fut rappelé à l'ordre pour la seconde fois pour avoir ajouté que le pays serait juge entre la majorité et la minorité. Puis, ayant renoncé à la parole en déclarant qu'il n'y avait pas de liberté de tribune, il fut, malgré une chaleureuse défense de M. Bac, frappé de la peine de la censure. Le président, M. Dupin, mit tant de hâte à consulter l'Assemblée, et la majorité fit preuve dans tout cet incident de tant de violence, que M. Emmanuel Arago réclama en vain la parole pour un rappel au règlement. Il voulait prouver, et il le fit après le vote, que la peine de la censure ne pouvait être prononcée dans l'espèce. Devant le parti pris du président et de la majorité, plusieurs représentants de la gauche se décidèrent à quitter la séance. M. Grévy resta, mais le *Moniteur* constate qu'il laissa vivement éclater son indignation. Il jeta même au président Dupin cette véhémente apostrophe : « Vous avez appliqué un article qui n'existe pas ! » Quelque temps après, le 19 octobre, M. de Montalembert, ayant, à l'occasion de la discussion des crédits supplémentaires relatifs à l'expédition romaine, fait une vive réponse à M. Victor Hugo qui avait rompu avec la majorité, un violent tumulte s'ensuivit. M. Grévy signala de nouveau la partialité de M. Dupin. « L'orateur, s'écriat-il en s'adressant au président, l'orateur a injurié une partie de l'Assemblée; vous n'auriez pas toléré cela de la part d'un orateur de la gauche. »

A la fin de la séance du mercredi 18 juillet, M. Grévy prit encore la parole au sujet de la fixation de l'ordre du jour. On demandait la mise à l'ordre du jour de la loi sur la presse à la séance du surlendemain, et le rapport de M. Combarel de Leyval ne devait être distribué que le lendemain. M. Grévy protesta contre cette manière d'agir; il demanda à la majorité si elle voulait que la discussion de la loi sur la presse fût sérieuse, et il dénonça hautement les procédés discourtois dont elle usait envers la minorité. « La commission, dit-il, a employé trois semaines à examiner la loi, et vous ne voulez pas laisser aux membres de l'Assemblée, qui ne la connaissent pas, vingt-quatre heures de latitude! » La majorité finit par accorder ces vingt-quatre heures de latitude. Elle remit la discussion au samedi 21 juillet.

§ IV

DISCOURS

SUR LE

PROJET DE LOI RELATIF A LA PRESSE

PRONONCÉ LE 23 JUILLET 1849

A L'ASSEMBLÉE NATIONALE LÉGISLATIVE

La discussion de ce projet de loi, dû à la collaboration de MM. Odilon Barrot et Dufaure, l'un président du conseil et ministre de la justice, l'autre ministre de l'intérieur, commença le 21 juillet. M. Mathieu (de la Drôme) prit le premier la parole pour le combattre. Après lui, parla M. de Montalembert, partisan du projet, et qui profita de sa présence à la tribune pour faire un acte de contrition en partie double : en son propre nom, d'abord, pour avoir commis naguère la faute de critiquer le pouvoir, ensuite au nom de ceux qui, à l'exemple de M. Barrot, après avoir conquis leur renommée dans l'opposition, maintenant qu'ils étaient au gouvernail, brûlaient ce qu'ils avaient jadis adoré. M. Jules Favre, qu'une élection partielle faite dans le Rhône venait d'envoyer à l'Assemblée, réfuta le langage de l'orateur catholique dans un vigoureux et éloquent discours, et M. Odilon Barrot, président du conseil, que l'oraison de M. de Montalembert avait visiblement contrarié, tenta de prouver qu'en travaillant à la loi sur la presse que discutait l'Assemblée, il était resté conséquent avec son passé de chef de l'opposition libérale sous la monarchie de Juillet.

La discussion du projet de loi fut reprise le 23 juillet, et M. Grévy répondit tout à la fois à M. de Montalembert et à M. Barrot, dans un discours qui eut, à l'époque, un très grand retentissement. Nous le reproduisons en entier :

Le citoyen président. — Dans la discussion de la loi de la presse, la parole est à M. Grévy.

Le citoyen Grévy. — Des deux orateurs qui, dans la dernière séance, ont défendu le projet de loi, celui qui s'est le mieux pénétré de son esprit, qui en a le mieux compris et révélé la pensée et le but, c'est incontestablement l'honorable M. de Montalembert. Il avait à soutenir un projet de loi destiné à frapper au cœur la liberté de la presse ; il est allé droit à l'ennemi. Son discours, si éloquent et si instructif, est un acte d'accusation en forme contre la liberté de la presse. Je sais que M. de Montalembert s'en défend : ce n'est pas la liberté de la presse qu'il accuse ; il la respecte, il la chérit, il est prêt à la défendre ; c'est contre la mauvaise presse qu'il a dirigé ses coups. Messieurs, ne vous arrêtez pas à la superficie des choses ; écartez les mots qui sont décevants, attachez-vous à la pensée qui ne peut tromper ; suivez cette pensée dans son développement, et voyez si, au fond des choses et malgré toutes les précautions du langage, ce n'est pas contre la liberté de la presse que ce réquisitoire est fulminé. La liberté de la presse ! Eh ! qui donc a jamais osé l'attaquer en face et s'avouer son adversaire? C'est son immortel honneur de forcer ses ennemis à s'incliner devant elle, à déguiser les coups qu'ils lui portent, et à lui rendre hommage en l'égorgeant. *(Très bien! très bien!)*

Et, comme la liberté de la presse se lie intimement au droit de discussion et d'examen, ou plutôt, comme ils se confondent et ne font qu'une seule et même chose, l'honorable M. de Montalembert, qui n'est pas seulement un brillant orateur, mais qui est en même temps un logicien intrépide, ne s'est pas arrêté à moitié chemin. Il est allé jusqu'au droit de discussion; il l'a pris à partie; il lui a demandé compte des libertés qu'il s'est permises avec le gouvernement déchu. Il a reproché à ses amis de n'avoir pas toujours assez plié le genou et humilié leur raison. Enfin, il a fini en se confessant, avec une componction touchante, d'être tombé quelquefois lui-même dans le péché d'opposition.

La conclusion logique de ce discours, c'est que la liberté de la presse et le droit de discussion ayant fait tous nos maux, il faut les bâillonner l'une et l'autre; c'est à quoi le projet de loi pourvoit amplement. A cette condition, l'honorable M. de Montalembert nous promet un gouvernement qui pourra durer sans révolution jusqu'à douze années.

Ce discours, je n'hésite pas à le dire, est la condamnation éclatante du projet qu'il a pour objet de justifier. Je ne crois pas qu'il soit possible aux adversaires de la loi d'en faire une critique plus juste et plus sanglante.

M. le président du conseil l'a bien senti, et, quoi qu'il ait dû lui en coûter, il s'est empressé de désavouer son compromettant auxiliaire *(Sourires à gauche)*, il s'est efforcé de venger son projet des éloges que M. de Montalembert lui avait donnés ; il s'est écrié que le projet ne supprime pas la liberté, qu'il l'assure au contraire.

Voilà ce que M. le président du conseil a affirmé. Voyons si cette affirmation soutient l'examen.

Les dispositions du projet de loi se divisent en trois catégories :

Premièrement, les articles qui sont empruntés à la législation actuellement en vigueur ;

Deuxièmement, les articles qui sont tirés de la législation de septembre ;

Troisièmement, les dispositions nouvelles.

La première disposition qui frappe l'esprit, c'est celle qui maintient d'une manière indéfinie le cautionnement des journaux. C'est la disposition la plus grave du projet, et j'ajouterai la plus funeste. Lorsque viendra la discussion des articles, je me réserve de vous démontrer que le cautionnement des journaux est tout à la fois un cens pécuniaire imposé à l'écrivain, c'est-à-dire un anachronisme, une caution exigée pour l'exercice du droit qui appartient à tout citoyen d'exprimer sa pensée, c'est-à-dire une mesure préventive, une loi d'exception ; je me réserve de vous démontrer que l'organisation dont le cautionnement est la base aboutit fatalement à un mode de répression injuste, immoral, inefficace ; que cette organisation a pour effet d'altérer la presse dans son caractère et dans sa mission, et de faire des journaux de véritables puissances dans l'État, au grand danger de la République et de la société.

Le cautionnement est incontestablement ce qu'il y a de plus vicieux dans la législation en vigueur. Le projet a pour objet de le maintenir.

De la législation actuelle, le projet passe à la législation de septembre, et ici les emprunts sont infiniment plus nombreux.

La fameuse loi de septembre sur la presse a fourni toutes ses dispositions au projet actuel. A part celles qui érigeaient en attentat les attaques contre la royauté, et qui donnaient attribution de juridiction à la Cour des pairs, lesquelles ont péri avec la pairie et la royauté, toutes les dispositions que la chute de la royauté a laissées debout sont dans le projet actuel. Il n'est pas une seule disposition de quelque importance que ce projet ne reproduise !

M. le président du conseil disait avant-hier qu'il faut savoir emprunter à ses adversaires. Il a si bien pratiqué sa maxime qu'il ne leur a rien laissé. *(Rires à gauche.)*

Ce n'était pas assez d'emprunter à la législation de septembre toutes ses dispositions, le projet de loi les a aggravées.

Je citerai, par exemple, l'article 12, article qui permet, dans plusieurs cas, la suspension des journaux. Il est, dans le projet, beaucoup plus rigoureux que dans la loi de septembre.

Autrefois, d'après la loi de 1828, à laquelle le projet se réfère, il fallait, pour que la suspension des journaux pût être prononcée, que ce fût le même journal qui fût en état de récidive.

Le citoyen Baroche[1]. — C'est une erreur.

Le citoyen Grévy. — Je vous demande pardon ; je vous parle de la législation du 15 juillet 1828, à laquelle renvoie le projet. Cette loi exigeait que ce fût le même journal qui eût été condamné deux fois pour que la suspension pût être prononcée. On va beaucoup plus loin aujourd'hui ; il suffit que ce soit ou le même gérant ou le même journal qui ait été condamné deux fois.

Voilà une première aggravation. En voici une seconde.

Dans la législation de septembre, il fallait que la récidive eût lieu dans l'année, pour que la suspension pût être prononcée. Dans le projet, cette condition disparaît. Quel que soit l'intervalle de temps qui se placera entre les deux condamnations, il suffit qu'il y ait deux condamnations, soit contre le même journal, soit contre le même gérant, pour que la suspension puisse être prononcée.

1. Il était à ce moment procureur général près la cour d'appel de Paris.

CHAPITRE II.

Le citoyen Baroche. — « Dans le cours d'une année », dit le projet de la commission.

Le citoyen Grévy. — C'est du projet du Gouvernement que je m'occupe, et il porte ce que j'indique.

Le citoyen Baroche. — Le projet de la commission dit : « Dans la même année. »

Le citoyen Grévy. — Je parlerai du travail de la commission après, si vous le voulez ; mais je m'occupe dans ce moment-ci du projet du Gouvernement, et ce que j'en dis est très exact.

Troisième aggravation : le projet du Gouvernement crée des cas de suspension qui n'existaient ni dans la loi de 1828, ni dans la législation de septembre. De plus, il y a des cas où la suspension peut être prononcée sans qu'il y ait récidive ; ces cas sont spécifiés dans le second paragraphe de l'article 12.

Enfin, une quatrième aggravation, c'est que (ce que n'avaient osé faire ni la législation de septembre, ni même celle de la Restauration) ce même article 12 enlève aux écrivains le droit d'obtenir leur liberté provisoire sous caution.

Le citoyen Odilon Barrot, *président du conseil*. — Vous vous trompez, vous n'avez pas lu le projet.

Le citoyen Grévy. — Comment ! je n'ai pas lu le projet !

Le citoyen président du conseil. — La détention préventive n'est pas obligatoire !

Le citoyen Grévy. — Je dis que, dans la législation de 1819, l'écrivain pouvait obtenir sa liberté provisoire sous caution, et que c'est de cette faculté que votre projet le dépouille.

Le citoyen président du conseil. — Il *pouvait* l'obtenir!

Le citoyen Grévy. — Maintenant il ne le pourra plus. Vous le voyez, messieurs, ce n'était pas assez d'exhumer des pavés de février la législation de septembre; il appartenait aux auteurs du projet de renchérir sur ses rigueurs.

Ce n'est pas tout. A côté des dispositions empruntées à ce qu'il y a de plus mauvais dans la législation en vigueur; à côté des dispositions exhumées des lois de septembre, et aggravées par le projet, se trouvent des articles nouveaux destinés, soit à créer des délits et des peines qui n'existaient pas, soit à susciter à la liberté, à la publicité et à la défense de nouvelles entraves.

L'honorable président du conseil prétend que cette loi est une loi de liberté, qu'elle assure la liberté et ne la supprime pas. S'il avait voulu entasser dans un projet tout ce qu'il y a de plus détestable dans les législations antérieures et y ajouter tout ce que l'imagination la plus antilibérale peut créer, je lui demande ce qu'il aurait fait de plus.

Voilà le projet. C'est, en résumé, le maintien de ce qu'il y a de vicieux dans la législation actuelle; l'exhumation de ce que le gouvernement de Juillet, dans ses plus mauvais jours, a enfanté de plus hostile et de plus haineux contre la liberté de la presse, le tout couronné de modifications aggravantes et de mesures nouvelles qui appartiennent en propre aux auteurs du projet.

C'est une loi digne de toutes celles qu'on nous apporte depuis le commencement de cette législature ; c'est une des pièces principales de ce système de compression sous lequel on a entrepris d'étouffer les unes après les autres toutes les libertés publiques.

A gauche. — Très bien ! très bien !

Le citoyen Grévy. — J'ai démontré que le projet est pire que la loi de septembre ; quelle censure plus cruelle pouvais-je en faire ? Que puis-je ajouter ? Tout n'a-t-il pas été dit contre ces lois funestes ? N'ont-elles pas défrayé pendant douze ans l'éloquence des hommes qui sont aujourd'hui assis sur le banc ministériel ? Ils ne nous ont laissé rien à dire ! Et cependant ils ont aujourd'hui le courage de nous apporter un projet qui les laisse bien loin derrière lui !

Ils croient qu'en apportant de pareils projets il suffit de dire que la nécessité des circonstances les réclame.

S'il était vrai qu'il fallût, pour gouverner aujourd'hui la France, faire ce que vous avez tant reproché au gouvernement que vous avez combattu, démentir tous vos discours, fouler aux pieds toutes vos doctrines, vous deviez laisser à d'autres cette triste tâche

(Vive approbation à gauche) et ne pas donner une fois de plus à la France le spectacle affligeant d'hommes politiques désertant au pouvoir les principes qu'ils ont arborés dans l'opposition. *(Très bien!)*

Mais c'est là une banale excuse.

Le citoyen Dufaure, *ministre de l'intérieur.* — Je demande la parole.

Le citoyen Grévy. — La nécessité des circonstances, les périls de la société, ce sont les lieux communs à l'usage de tous ceux qui, à toutes les époques, ont porté la main sur les libertés de leur pays. *(Nouvelle approbation à gauche. — Rumeurs à droite.)* Relisez donc, pour votre édification et pour votre condamnation, le fameux rapport de M. de Chantelauze, en tête des ordonnances de Charles X, relisez l'exposé des motifs de l'honorable M. de Broglie apportant à la Chambre des députés les lois de septembre, vous y trouverez votre propre langage. Écoutez ce passage :

« Le mal n'est pas nouveau, dit M. de Broglie, voilà déjà plusieurs années que la funeste industrie des factions s'applique à corrompre les fruits de la révolution la plus légitime, et remet périodiquement en question la monarchie au moment où elle semble s'affermir, les lois quand renait leur empire, la prospérité qui se développe, la société qui se rassoit. La France suit depuis cinq ans une voie de progrès et de dangers tout ensemble ; jamais avec plus de bien-

CHAPITRE II.

être elle n'eut plus d'alarmes ; jamais tant de jours de guerre au milieu de la paix. Le péril, à peine écarté sous une forme, reparaît sous une autre ; l'inquiétude à peine calmée se réveille; et la société, qui veut du bonheur et du repos, qui se sent tous les moyens d'être heureuse et tranquille, est obligée de déployer à toute heure, pour sa sûreté, les forces qu'elle voudrait consacrer à sa richesse et à sa grandeur. »

A droite. — Très bien! très bien!

LE CITOYEN GRÉVY. — Je vous le disais, vous croyez entendre le langage d'aujourd'hui.

Je continue : « La puissance publique triomphe péniblement des luttes auxquelles l'obligent les factions. Vous-mêmes, messieurs, que de temps, que d'efforts, que d'énergie vous a demandés la défense laborieuse de l'ordre! »

A droite. — C'est encore vrai !

LE CITOYEN GRÉVY, *continuant.* — « Et cependant l'ordre ne vous paraît pas encore assuré, et cependant il vous reste à tous un fond d'inquiétude sur l'avenir. »

A droite. — Oui! oui ! c'est la vérité!

LE CITOYEN NOEL (de Cherbourg). — C'est encore bien vrai aujourd'hui!

LE CITOYEN GRÉVY. — N'oubliez donc pas que cela date de 1835, et que ce n'est pas M. le président du conseil que je cite, mais l'honorable M. de Broglie :

« ... Les partis ont jeté dans les esprits un venin qui n'est pas prêt à s'amortir. Les préjugés qu'ils ont répandus, les passions qu'ils ont allumées, les vices qu'ils ont couvés, fermentent, et si, dans ce moment, le règne de l'émeute a cessé, la révolte morale dure encore. » *(Nouvelles marques d'assentiment à droite.)*

« Une exaltation sans but et sans frein, une haine mortelle pour l'ordre social, un désir acharné de le bouleverser à tout prix... »

A droite. — C'est vrai ! c'est vrai !

LE CITOYEN GRÉVY, *continuant*. — « Une espérance opiniâtre d'y réussir, l'irritation des mauvais succès, l'humiliation implacable de la vanité déçue, la honte de céder, la soif de la vengeance, voilà ce qui reste dans les rangs de ces minorités séditieuses que la société a vaincues, mais qu'elle n'a pas soumises. » *(Vive approbation à droite.)*

Une voix à droite. — C'est très bien dit!

Un membre à gauche. — Comme le remède a été efficace!

LE CITOYEN GRÉVY. — Je savais, messieurs, que l'Assemblée ne manquerait pas de saisir l'identité parfaite qu'il y a entre ce langage et celui qu'on tient aujourd'hui. Mon but a été de faire cette démonstration, et ma conclusion est celle-ci : C'est que c'est mot à mot le langage du ministère actuel, le langage qu'on tient toutes les fois qu'on veut confisquer les libertés du pays ; c'est que vous n'avez rien inventé, c'est que vous n'êtes que des plagiaires. *(Approbation à gauche.)*

A droite. — Et vous ?

Le citoyen Grévy. — Oh ! que vos adversaires de 1835 doivent être bien vengés des attaques dont vous les avez poursuivis si longtemps, eux qui assistent aujourd'hui à ce spectacle et qui vous voient condamner à leur emprunter, non seulement leurs lois, mais jusqu'à leurs exposés de motifs...

A gauche. — Très bien !

Le citoyen Grévy. — L'honorable M. de Montalembert, qui nous a expliqué tant de choses dans son beau discours, nous a donné aussi l'explication de ces métamorphoses incomprises du vulgaire, de cette conversion subite qui descend sur les hommes politiques, au moment où ils entrent dans les régions du pouvoir. Selon l'honorable orateur, c'est une chose aussi naturelle qu'elle est heureuse. Dans l'opposition on voit les choses d'une manière radicalement fausse et radicalement téméraire (ce sont ses expressions), les yeux ne s'ouvrent et la lumière ne se fait que lorsqu'on a touché le seuil du pouvoir...

Le citoyen de Montalembert. — Je n'y ai pas touché !

Le citoyen Grévy. — Je ferai remarquer à l'honorable M. de Montalembert qu'il faut que cette grâce d'État opère d'une manière bien soudaine, car c'est du jour au lendemain que nous voyons s'accomplir cette miraculeuse illumination.

Je lui demanderai, toutefois, la permission de mettre en regard de son explication une explication un peu différente et qui emprunte à son auteur quelque autorité.

« Il est des hommes qui, en maniant le pouvoir, se croient habiles parce qu'ils se résignent sans peine à la nécessité du mal. Peut-être sont-ils entrés dans les affaires avec l'intention, je dirai plus, avec le goût de la justice. Des difficultés se sont rencontrées; contre ces difficultés ils ont fait des fautes, ces fautes ont amené des difficultés nouvelles; ils ont eu recours à la force matérielle dont ils disposent pour échapper aux écueils où leur raison avait échoué. Dès lors, le goût de la force les gagne, et ils disent qu'ils ont gagné de l'expérience; ils appellent cela entrer dans la pratique, comprendre les choses et les hommes. Auparavant, ils étaient jeunes, ils rêvaient des chimères; maintenant ils savent le monde et possèdent l'art de le gouverner. Éternelle insolence de la nature humaine! La seule expérience qu'ils aient acquise est celle de leur faiblesse, et ils s'en prévalent comme d'un progrès dans la science du pouvoir! »

J'en demande pardon à l'honorable M. de Montalembert, mais entre son explication et celle de M. Guizot, il m'est impossible de balancer. M. Guizot a sur M. de Montalembert l'avantage de parler en connaissance de cause, et, comme on dit, par expérience.

CHAPITRE II.

Il est un point sur lequel tous les orateurs que vous avez entendus dans cette discussion sont tombés d'accord ; tous vous ont dit : La société est travaillée d'un mal profond, et chacun d'eux, à son point de vue, s'est efforcé d'en rechercher les causes et d'en signaler le remède.

Je vous demande la permission, avant de descendre de la tribune, d'exprimer à mon tour mon sentiment sur ce sujet.

Ce mal se révèle à mes yeux sous ces deux symptômes : 1º désir impatient, exigence impérieuse de réformes, d'améliorations, de bien-être ; 2º scepticisme politique, anarchie intellectuelle qui livre le peuple souffrant et désespérant aux doctrines les plus extravagantes et les plus dangereuses.

Voilà le mal. Quelles en sont les causes? L'honorable M. de Montalembert, sondant à son tour cette plaie sociale, a avoué que ses amis, les hommes politiques du dernier gouvernement, ont, à cet égard, quelques reproches à se faire. Je lui demande la permission de compléter ses aveux.

Pendant les dix-huit ans qu'a duré la dernière monarchie, qu'avons-nous vu? Un gouvernement consumant, dans sa lutte incessante contre les tendances populaires, les forces qu'il aurait dû consacrer, comme le disait M. de Broglie, à la grandeur et à la prospérité du pays ; des hommes politiques, divisés par de mesquines rivalités, tournant toutes les questions intérieures et extérieures en question de cabinet, et rapetissant la politique de la France à des intrigues de portefeuille *(Approbation à gauche)*; au milieu de ces intrigues, le peuple oublié, excepté dans les programmes, où on lui faisait toujours de pompeuses promesses, auxquelles il croyait et qu'il ne voyait jamais s'accomplir.

Et l'on s'étonne qu'après dix-huit ans, après trente ans, devrais-je dire, car ce que je dis de la monarchie de Juillet s'applique également à la Restauration; on s'étonne, dis-je, qu'après trente ans d'attente et de déceptions, les esprits se soient aigris, les souffrances se soient accrues, les exigences soient devenues impétueuses et menaçantes! Vous cherchez la cause de cette soif d'améliorations qui dévore le peuple! La voilà, c'est qu'il en a été sevré pendant trente ans, et qu'il était à bout de patience, lorsque la monarchie l'a légué à la République. *(Marque d'approbation à gauche. — Rumeurs à droite.)*

Le citoyen Belin. — C'est incontestable! Si vous étiez si forts, pourquoi êtes-vous tombés?

Le citoyen Grévy. — Ne cherchez pas non plus ailleurs la cause de cette démoralisation politique qui est le second caractère du mal dont la société est atteinte.

Depuis trente ans, toujours le même spectacle : les hommes politiques changeant de langage et de conduite en changeant de position; répudiant en entrant au pouvoir leurs doctrines, leurs principes, leurs promesses; se faisant jeter chaque jour à la face leurs discours d'autrefois. Et vous demandez pourquoi l'esprit public s'éteint, pourquoi le peuple n'a foi ni dans les hommes ni dans les principes, pourquoi le scepticisme et le découragement le gagnent! Quelle vertu civique résisterait à ce spectacle démoralisant?

Oui, dans ma conviction profonde, c'est au gouvernement monarchique, c'est à ce gouvernement égoïste, sans entrailles pour le peuple... *(Rumeurs et dénégations à droite et au centre.)*

A gauche. — Oui! oui!

Voix à droite. — Allons donc! qu'avez-vous fait de bien, vous autres?

LE CITOYEN PRÉSIDENT DU CONSEIL. — Il n'y a que ces messieurs qui ont des entrailles. *(Exclamations et interpellations diverses à gauche.)*

LE CITOYEN PRÉSIDENT, *s'adressant à un groupe de représentants de l'extrême gauche.* — Qu'est-ce que vous faites donc, messieurs? C'est une séance à part que vous tenez là? *(On rit.)*

LE CITOYEN PONS-TANDE (Ariège). — Nous ne voulons pas laisser insulter la République!

LE CITOYEN LA CLAUDURE. — Nous voulons défendre la République!

LE CITOYEN PRÉSIDENT. — J'invite l'Assemblée au silence.

LE CITOYEN GRÉVY. — Je dis que c'est à ce gouvernement d'intrigues parlementaires, à ce gouvernement sans principes, que remontent l'origine et la cause du mal qui travaille la société.

Et vous, ministres de la République, qui vous êtes chargés de le guérir, quel remède apportez-vous? A ce besoin d'améliorations sociales, quelle satisfaction avez-vous donnée depuis sept mois? Aucune.

A droite. — Et vous!

Le citoyen Grévy. — Quelle satisfaction donnerez-vous à l'avenir? Aucune. Aux progrès effrayants de la décomposition qui ravage le corps social, qu'opposez-vous? La continuation du spectacle et des causes où elle a pris sa source. Toujours le même mépris de la loi, du droit, des principes; toujours l'exemple des mêmes palinodies. C'est le gouvernement déchu qui a amené graduellement la France à l'état où nous la voyons, et c'est à ses errements que vous vous attachez.

Vous ne comprenez pas qu'au point où est arrivée aujourd'hui la France, il est impossible de la gouverner autrement que par la liberté. Vous avez entrepris la tâche criminelle et insensée de la ramener trente ans en arrière, comme si elle pouvait reculer pour longtemps! Vous profitez, pour la charger de liens, d'un de ces moments où, épuisée par une convulsion douloureuse, elle semble avoir perdu l'intelligence et le besoin de liberté! Vous lui appliquez encore une fois ce système de compression qu'elle a brisé si souvent! Vous recommencez la tâche de vos devanciers ; vous vous mettez à votre tour à rouler le rocher jusqu'à ce qu'il retombe et vous écrase !

Un dernier mot.

Si jusqu'ici le gouvernement républicain s'est recommandé par quelque beau côté, ce n'est pas par celui-ci.

Cette forme de gouvernement a toujours paru comporter au dedans une somme de liberté plus grande que le gouvernement monarchique, au dehors une attitude plus en harmonie avec les intérêts de la liberté des peuples.

Voilà par quel côté le gouvernement républicain s'est annoncé et s'est fait accepter à la France.

Cependant qu'avez-vous fait de la République française ?

Voix diverses à droite. — Et vous ? et vous ? vous l'avez tuée.

Le citoyen Grévy. — Au dedans, vous la mettez à un régime plus antilibéral que le régime monarchique, que vous semblez prendre à tâche de faire regretter. Au dehors, la première fois que vous lui faites tirer l'épée, c'est pour égorger la liberté d'un peuple ami. *(Explosion de murmures à droite. — Vive approbation à gauche.)* Dites-moi, si vous aviez entrepris de décrier le gouvernement républicain aux yeux du monde, et de le faire prendre en dégoût par la France, que feriez-vous de plus ?

Le citoyen ministre. — Nous ferions ce que vous faites.

Le citoyen Grévy. — M. le ministre de l'intérieur, se tournant l'autre jour de ce côté (la gauche) de l'Assemblée, disait : Les amis intelligents de la République, ce n'est pas vous, c'est nous.

A droite. — Il avait raison.

Le citoyen Grévy. — Vous, les amis intelligents de la République! Que feriez-vous donc si vous étiez ses plus implacables ennemis? *(Approbation à gauche.)*

M. Dufaure, ministre de l'intérieur, répondit à M. Grévy. La discussion du projet de loi tient peu de place dans son discours, destiné surtout à satisfaire les rancunes de la majorité. Il s'attacha particulièrement à justifier le Gouvernement et l'Assemblée de l'accusation de l'orateur de la gauche : « Vous êtes sans entrailles pour les souffrances du peuple. » Il termina par une menace : « J'allais lui dire (à un interrupteur) que si nous ne savions pas assurer les biens dont je parle, les améliorations qu'on réclame, l'ordre et la sécurité d'où elles doivent découler, il y avait une chose qui était profondément compromise; cette chose, c'est la République, au nom de laquelle vous m'interrompez. » M. Émile Barrault, M. Nettement, M. Pierre Leroux, qui parlèrent ensuite, abordèrent également beaucoup d'autres questions. M. Thiers prononça, à l'occasion de la loi sur la presse, un de ces discours de politique générale où il excellait, rempli d'attaques contre la République, et que la majorité accueillit par des acclamations. Après une réponse très nette et très éloquente de M. Crémieux, qui, lui, n'avait pas perdu de vue l'objet du débat, la discussion générale fut fermée le 24 juillet.

§ V

DISCOURS

sur le

CAUTIONNEMENT DES JOURNAUX

prononcé le 27 juillet 1849

a l'assemblée nationale législative

A la séance du 27 juillet, le président de l'Assemblée législative, M. Dupin, donna lecture de l'article 8 du projet de loi relatif à la presse, ainsi conçu : « Le décret du 9 août 1848, relatif au cautionnement des journaux et écrits périodiques, est prorogé jusqu'à la promulgation de la loi organique sur la presse. » Puis il annonça que M. Pascal Duprat avait proposé un amendement, et il donna immédiatement la parole à M. Grévy. Le représentant du Jura s'exprima dans les termes suivants :

Le citoyen Grévy. — Citoyens représentants, je viens pour combattre l'article du projet qui maintient le cautionnement et appuyer l'amendement de M. Pascal Duprat qui le supprime. Cet article est à mes yeux le plus grave du projet et sans contredit le plus funeste ; funeste à la liberté, funeste à l'ordre, funeste à la presse.

Avant d'entrer dans cette discussion, je veux

écarter une objection préjudicielle, ou, plutôt, une équivoque qui plane sur toute cette délibération.

J'entends dire, depuis le commencement de la discussion, ce que j'entends dire, du reste, à l'occasion de toutes les lois qu'on nous apporte depuis quelque temps; j'entendais dire hier, j'ai entendu répéter tout à l'heure par M. le président du conseil, qu'il ne s'agit que d'une loi qui n'est pas définitive, d'une sorte de loi transitoire, d'une mesure temporaire nécessitée par les circonstances.

Je ne saurais partager cette illusion. C'est toujours à la faveur de prétendues nécessités de circonstances, c'est toujours sous le nom de mesures temporaires que les mauvaises lois entrent dans la législation, et une fois qu'elles y sont, elles y restent. La France n'a pas manqué de gouvernants qui ont eu recours au funeste expédient des lois de circonstances; tous ont qualifié ces lois de mesures temporaires et tous les ont prorogées indéfiniment.

Je pourrais citer de nombreux exemples, le *Bulletin des lois* en fourmille. M. Pascal Duprat en citait hier un qui est mémorable; il rappelait la loi électorale de 1831, laquelle n'avait été faite que pour une seule élection, cette loi qui ne devait durer qu'un an et qui en a duré dix-huit, cette loi temporaire, à l'existence de laquelle la royauté a fini par enchaîner la sienne, et avec laquelle elle est tombée pour avoir voulu la maintenir.

Pour ne pas sortir du sujet qui nous occupe, je

rappellerai la loi de l'an dernier sur le cautionnement des journaux ; cette loi devait expirer le 1ᵉʳ mai. On est venu d'abord en demander la prorogation temporaire, et aujourd'hui on en demande la prorogation indéfinie.

Je pourrais multiplier les exemples : il n'est aucune de ces lois qui n'ait été prorogée au delà du terme primitivement assigné à son existence.

Qu'on en cite une seule qui n'ait pas été prorogée, ou que l'on renonce à nous parler encore de lois temporaires. Les lois temporaires sont un mensonge. Ce n'est pas moi qui le dis, c'est l'expérience de soixante ans. *(Approbation à gauche.)*

Tenez donc pour certain que toutes les lois que vous votez comme lois de circonstances seront définitives, autant du moins qu'il vous est donné d'imprimer ce caractère à vos œuvres. Vous avez voté, il y a quelques jours, une loi qui supprime pour un an le droit de réunion, et avec lui le droit d'association. Vous croyez avoir voté une loi temporaire, vous avez voté une loi définitive. Dans un an, on viendra vous en demander la prorogation, et vous l'accorderez ; on vous la demandera par les motifs mêmes qui ont fait apporter la loi, et vous l'accorderez par les mêmes motifs.

Quant à la loi qui nous occupe, le doute n'est même pas possible. M. le président du conseil a donc oublié ce qu'il a écrit dans son exposé des motifs. Voici ses propres expressions :

« Je crois donc devoir devancer l'époque où vous discuterez la loi générale, pour vous proposer quelques dispositions qui, du reste, en sont en quelque sorte détachées, et devront y prendre place ultérieurement. »

Voilà qui est assez clair. La loi que vous discutez est le premier chapitre de la loi générale : c'est ce que confirme le rapport de votre commission : il renvoie à la loi organique l'examen définitif des questions relatives au taux du cautionnement des journaux. Quant au principe, il le tient pour consacré.

Ainsi, pas d'équivoque, que ceux qui veulent du principe du cautionnement votent pour l'article; mais que ceux qui n'en veulent pas votent contre; car, je le répète, ce n'est pas une loi temporaire que vous faites, c'est une loi définitive.

Cette objection écartée, j'aborde la question.

En examinant en lui-même le cautionnement, et en remontant à la pensée qui lui a donné naissance, on trouve que, par sa nature, comme dans l'intention de ceux qui l'ont créé, il a un double caractère : il est tout à la fois un cens pécuniaire imposé à l'écrivain, et une garantie exigée de lui pour le payement des condamnations éventuelles à l'amende et aux dommages-intérêts.

Le législateur de 1819, qui, le premier, introduisit dans nos lois le cautionnement des journaux, n'accordait l'exercice des droits politiques qu'aux citoyens placés dans une certaine situation sociale.

Pour être électeur, il fallait avoir un cens déterminé ; pour être éligible, un autre cens. Par une conséquence qui avait au moins le mérite d'être logique, celui qui voulut exercer le droit d'exprimer sa pensée, être journaliste, dut aussi avoir un certain cens représenté par un cautionnement.

Voici comment on raisonnait : Un journal est une tribune, souvent aussi retentissante que celle de la Chambre des députés. Or, pour parler au pays, pour traiter ses affaires à la tribune de la Chambre des députés, il faut avoir un cens de mille francs, représentatif d'une fortune d'environ dix mille francs de revenu : donc, pour parler à cette autre tribune, qu'on appelle le journal, il faut avoir un cens de mille francs, c'est-à-dire commencer par déposer un cautionnement de dix mille francs de rente. *(Dénégation.)* Vous le niez! Écoutez alors les auteurs de la loi de 1819 et les partisans du cautionnement.

M. Guizot, commissaire du gouvernement, défendant la loi de 1819, s'exprimait ainsi :

« L'objet du cautionnement est, non seulement de pourvoir au payement des amendes, mais *surtout* de ne placer l'influence des journaux qu'entre les mains d'hommes qui donnent à la société *quelques gages de leur existence sociale, et puissent lui inspirer quelque confiance.* »

M. Royer-Collard, dans le même sens :

« Un journal est-il une influence? Oui, et peut-être la plus puissante des influences. Or l'influence politique appelle une garantie ; la garantie politique ne se rencontre, selon les principes de notre Charte, que dans une certaine *situation sociale; cette situation est déterminée par la propriété ou par ses équivalents.* »

M. de Chateaubriand est encore plus explicite :

« Je fixerai le cautionnement au capital que je suppose : la contribution directe de mille francs *que tout citoyen doit payer pour être élu membre de la Chambre des députés.* Voici ma raison : une gazette est une tribune. De même qu'on exige du député appelé à discuter les affaires, que son intérêt, comme propriétaire, l'attache à la propriété commune, de même le journaliste, qui veut s'arroger le droit de parler à la France, doit être aussi un homme qui ait quelque chose à gagner à l'ordre public, et à perdre au bouleversement de la société. »

Vous le voyez donc, dans la pensée du législateur de 1819, l'écrivain, le journaliste doit avoir un cens comme l'électeur et l'éligible. Ce cens, c'est le cautionnement qui le constitue. Cela est parfaitement conséquent, et, pour employer une expression de M. Royer-Collard, cela rentre dans le plan de l'ordre monarchique. Mais cela ne rentre pas dans le plan de l'ordre républicain. Aujourd'hui l'exercice des droits politiques appartient à tous les citoyens. Le cens est aboli. Il n'en faut plus pour être électeur, il n'en faut plus pour être éligible; pourquoi en faudrait-il encore pour être journaliste? Si cela était parfaitement conséquent en 1819, cela serait souverainement inconséquent en 1849. Si vous voulez maintenir le cens de l'écrivain, rétablissez donc le cens de l'électeur et de l'éligible. Ou s'il est entendu que toutes espèces de cens sont abolies, si vous ne voulez pas faire du principe de l'égalité, dans l'exercice des droits politiques, un mensonge, n'exigez plus un cens du journaliste.

Voilà ma première proposition.

Je soutiens que maintenir le cautionnement des journaux, c'est maintenir le cens pour l'écrivain ; je soutiens que c'est une atteinte à la liberté et à l'égalité ; à la liberté, car ceux qui ne sont pas en état de disposer de la somme nécessaire pour le cautionnement ne peuvent pas exercer le droit qui appartient à chacun d'exprimer sa pensée ; à l'égalité, car la presse devient un monopole entre les mains de ceux qui peuvent constituer le cautionnement. *(Marques d'assentiment à gauche.)*

Le cautionnement a un second caractère : il est une garantie exigée de l'écrivain pour assurer le recouvrement de dommages et intérêts et des amendes auxquels il peut être condamné.

Je prie l'Assemblée de vouloir bien réfléchir à ce second caractère du cautionnement.

Voilà un droit qui appartient à chacun, le droit d'exprimer sa pensée par la voie de la presse. Mais parce qu'il peut conduire à des excès, parce qu'en l'exerçant on peut commettre des délits ou des crimes, il faut commencer par déposer un cautionnement, autrement on ne l'exercera pas. Parce qu'en usant du droit qui appartient à tout citoyen d'exprimer sa pensée, l'écrivain peut en abuser, on exige qu'avant d'exercer son droit, il donne caution qu'il n'en abusera pas; et s'il ne peut fournir cette caution, on lui interdit l'usage du droit par la crainte de l'abus. C'est le système préventif dans toute sa crudité.

Or le système préventif, dont le propre est d'interdire le droit pour prévenir l'abus, n'est pas un instrument à l'usage d'un gouvernement démocratique.

Pour justifier le cautionnement des journaux, on cherche à l'assimiler au cautionnement exigé des officiers ministériels et de quelques fonctionnaires publics. Puisqu'on exige un cautionnement du notaire, du receveur des finances, pourquoi, dit-on, n'en exigerait-on pas un du journaliste?

Je n'ai point à rechercher ici, ce n'est pas le moment, si le cautionnement exigé des fonctionnaires, lequel fait d'une portion des emplois publics le privilège de la fortune, est conciliable avec le principe d'égalité civique sous lequel nous vivons, et avec l'admissibilité effective de tous les citoyens aux emplois publics. Il me suffira, pour répondre à l'objection, de faire remarquer qu'il n'existe, je ne dis pas aucune similitude, mais aucun rapport, même éloigné, entre le journaliste et le fonctionnaire. Le fonctionnaire exerce, par délégation, une portion de la puissance publique, le journaliste n'exerce que le droit qui appartient à tous d'exprimer sa pensée.

L'un exerce une fonction, l'autre exerce un droit. La fonction est conférée et ne peut l'être que sous certaines conditions; le droit ne se confère pas; il appartient à tous les citoyens et doit pouvoir être exercé par tous. Il n'y a entre l'exercice d'une fonction et l'exercice d'un droit aucune espèce d'analogie. Si l'on veut absolument chercher des analogies et procéder par voie de comparaison, il faut comparer non un droit à une fonction, mais des droits entre eux. Le devoir d'exprimer sa pensée par la voie de la presse n'est pas le seul qui appartienne aux citoyens, la Constitution en consacre beaucoup d'autres. Qu'on en cite un seul dont l'exercice soit soumis à cette condition préalable du dépôt d'un cautionnement.

Il y a, par exemple, le droit de réunion, le droit d'association; ils ont été réglementés à diverses époques. A-t-on jamais songé à les soumettre au dépôt préalable d'un cautionnement? a-t-on jamais songé à demander au citoyen qui veut ouvrir une réunion publique, ou fonder une association, de déposer un cautionnement? On cherche des analogies; celle-ci est parfaite; il s'agit de droits divers dont l'exercice intéresse également l'ordre public, dont l'exercice peut également conduire à des crimes et à des délits. Pourquoi l'un d'eux est-il soumis au cautionnement, quand les autres en sont affranchis? Pourquoi, parmi tous les droits des citoyens, en prendre un seul pour le soumettre à cette formalité? Loin donc que le cautionnement des journaux puisse se justifier par des analogies, toutes les analogies le repoussent ; c'est une dérogation au droit commun, c'est une loi d'exception.

Je trouve, dans le rapport de M. Berville, sur le décret du 11 août 1848 dont on vous demande aujourd'hui la prorogation, un aveu très explicite sur ce point.

Je lis dans ce rapport ceci :

« En définitive, ce que nous exigeons n'est autre chose que la caution *judicatum solvi*. » Le mot n'est pas heureux ; la caution *judicatum solvi* n'est exigée en France que des étrangers ; les Français n'y sont pas soumis. Exiger de la liberté de la presse la caution *judicatum solvi*, c'est la traiter en étrangère. Or il y a soixante ans qu'elle a conquis son droit de cité. *(Très bien!)*

J'ai démontré que le cautionnement des journaux est tout à la fois un cens pécuniaire imposé à l'écrivain, c'est-à-dire un anachronisme ; une caution sans laquelle les citoyens ne peuvent exercer le droit, qui pourtant leur appartient, d'exprimer leur pensée, c'est-à-dire une mesure préventive et une loi d'exception.

Voilà ce qu'est le cautionnement considéré dans ses rapports avec la liberté. Voilà ce qu'il est dans ses rapports avec l'ordre.

Et tout d'abord, vous pouvez pressentir que, puisque l'institution du cautionnement est contraire à la liberté, il ne peut être utile à l'ordre, car, dans un gouvernement républicain, l'ordre et la liberté sont inséparables.

L'organisation actuelle de la presse, dont le cautionnement et la gérance sont les deux pivots, cette fiction qui fait du journal un être de raison, ayant son capital, son éditeur responsable sur lesquels la justice poursuit la répression des délits commis par les rédacteurs, est une des conceptions les plus malheureuses d'une époque dont la grande erreur a été de croire qu'on peut fonder des institutions durables sur des fictions. (*A gauche.* — Très bien! très bien!)

Cette organisation conduit fatalement à un mode de répression injuste, immoral, inefficace.

Injuste! qui poursuit-on? L'auteur de l'article, celui qui a commis le délit? Non, c'est le gérant, qui ne l'a pas commis, qui le plus souvent n'en a pas même eu connaissance. La justice passe à côté du coupable pour aller frapper sciemment l'innocent.

Immorale! La justice fait avec le journal cette convention : « Vous avez des rédacteurs qui commettent des délits, je ne les rechercherai point; vous me donnerez un gérant responsable dont je me contenterai et que je frapperai pour eux. » Voilà la convention que fait la justice avec le journal. C'est un pacte aussi affligeant pour la morale qu'il est dégradant pour la justice. (*Approbation à gauche.*)

Inefficace! car la répression manque son double but : elle n'agit utilement ni sur l'esprit public, qu'une condamnation contre celui qu'on sait n'être pas le coupable ne peut qu'apitoyer ou irriter ; ni sur le coupable, toujours sûr d'échapper à la peine. Quant au gérant, il sait à quoi il s'est exposé, il fait ses conditions en conséquence, et chacun sait que le journal lui-même trouve le plus souvent son compte à ces condamnations.

Étonnez-vous maintenant de l'impuissance avérée de ce système de répression! Voilà cependant ce qu'on vous propose de conserver : un mode de répression injuste, immoral, inefficace !

Les auteurs du projet ne voient rien au delà. *(Approbation à gauche.)*

Si les bornes dans lesquelles je veux, je dois renfermer cette discussion me le permettaient, je déroulerais sous vos yeux tous les désastreux effets de cette organisation fiscale que le projet maintient; je vous démontrerais jusqu'à quel point elle altère le caractère de la presse, jusqu'à quel point elle en dénature la mission. Je vous montrerais le journal tombant forcément aux mains des hommes de finance et perdant son but politique pour devenir avant tout une spéculation industrielle; la pensée politique se dénaturant, la ligne politique s'infléchissant au gré de l'intérêt commercial de l'entreprise; la rédaction faisant à cet intérêt des sacrifices de toute nature; une partie de la feuille livrée à tous ces spéculateurs tarés, à toutes ces industries véreuses qui trouvent dans la publicité des annonces le moyen de prélever un impôt sur le public, et de ruiner, de corrompre le

CHAPITRE II.

commerce, dont ils sont devenus une des plaies les plus profondes.

A gauche. — Très bien! très bien!

Le citoyen Grévy. — Mais cela m'entraînerait trop loin; je veux me restreindre dans cet ordre d'idées et appeler votre attention sur un point seulement.

Je veux vous montrer, à vous qui, préoccupés des dangers de la presse, croyez les conjurer en lui sacrifiant la liberté, que ce qui fait du journal une puissance redoutable, c'est précisément et uniquement l'organisation que vous voulez maintenir.

On ne me contestera pas que cette organisation aboutit à deux résultats principaux qui sont ceux-ci : le premier, c'est que cette organisation fiscale a pour but de restreindre le nombre des journaux; ils sont moins nombreux qu'ils ne le seraient sans les mesures fiscales qui en rendent la création plus onéreuse et plus difficile, cela est incontestable.

Or la raison et l'expérience démontrent que, moins les journaux sont nombreux, plus ils sont puissants et redoutables. La raison en est bien simple : moins les journaux sont nombreux, plus ils ont de lecteurs; moins ils ont de concurrents et de contradicteurs, plus ils exercent d'influence sur leurs lecteurs.

Portez les yeux sur l'histoire de la presse pendant ces trente années.

Cherchez, à l'époque où nous sommes, un journal dont vous puissiez comparer l'influence, la puissance à celle de tel journal de la Restauration. Il est un fait constant que vous trouverez écrit à chaque page de l'histoire ; c'est que l'influence des journaux a décru en raison de leur multiplication (*A gauche.* — C'est vrai!); c'est un fait constant.

Eh bien, que faites-vous? Au lieu de favoriser cette multiplication croissante par la suppression des mesures fiscales, vous la restreignez, vous l'arrêtez. Disséminez les forces de la presse, vous affaiblirez sa puissance ; donnez-lui la liberté, vous lui ôterez le pouvoir de nuire. C'est une vérité que les faits ont amenée à l'état d'évidence dans un pays où l'on ne craint pas la liberté comme une chose malfaisante.

Je vous demande la permission de vous mettre sous les yeux un passage très court d'un livre qui a obtenu un grand et légitime succès, livre écrit par l'un des membres du cabinet actuel, l'honorable M. de Tocqueville. Voici ce qu'il a écrit :

« Aux États-Unis, il n'y a pas de patente pour les imprimeurs, de timbre ni d'enregistrement pour les journaux ; enfin la règle des cautionnements est inconnue ; il résulte de là que la création d'un journal est une entreprise simple et facile ; peu d'abonnés suffisent pour que le journaliste puisse couvrir ses frais. Aussi le nombre des écrits périodiques ou semi-périodiques, aux États-Unis, dépasse-t-il toute croyance. Les Américains les plus éclairés attribuent à cette incroyable dissémination des forces de la presse son peu de puissance ; c'est un axiome de la science politique aux États-Unis, que le seul moyen de neutraliser les effets des journaux, c'est d'en multiplier le nombre.

« Je ne saurais me figurer qu'une vérité aussi évidente ne soit pas devenue chez nous plus vulgaire. Que ceux qui veulent faire des révolutions à l'aide de la presse cherchent à ne lui donner que quelques puissants organes, je le comprends sans peine; mais que les partisans officiels de l'ordre établi et les soutiens naturels des lois existantes croient atténuer l'action de la presse en la concentrant, voilà ce que je ne saurais absolument concevoir. Les gouvernements d'Europe me semblent agir vis-à-vis de la presse de la même façon qu'agissaient jadis les chevaliers envers leurs adversaires. Ils ont remarqué pour leur propre usage que la centralisation est une arme puissante, et ils veulent en pourvoir leur ennemi, afin sans doute d'avoir plus de gloire à lui résister. »

Je n'ai, messieurs, rien à ajouter à cette citation. Voilà ce que M. de Tocqueville, juge si compétent, a vu, observé et écrit sur cette matière. Laissez donc de côté toutes vos mesures usées et impuissantes de compression, de restriction, de prévention. Il n'y a que deux moyens de résister à l'action subversive de la presse, c'est la destruction radicale ou la liberté. Vous ne voulez pas détruire la presse, et, ce qui n'est pas moins rassurant pour elle, vous ne le pouvez pas *(Rires d'approbation à gauche)*; donnez-lui donc la liberté.

Le second résultat de cette organisation de la presse, c'est de faire du journal un être de raison, qui a son existence propre, et qui acquiert par l'effet de cette fiction une puissance beaucoup plus grande que celle que pourraient exercer en leur nom personnel tous ses rédacteurs réunis.

Voilà un fait qu'on ne me contestera pas plus que le premier : l'existence du journal, comme être de raison, a pour résultat nécessaire de donner à cette création fictive de la loi une puissance propre et qui peut devenir immense.

Il résulte deux choses de cela : la première, c'est que tout rédacteur qui insère un article dans un journal s'adresse au public, non avec l'autorité qui lui appartient, avec le crédit qu'il pourrait tirer de son savoir, de son talent, de son caractère, de sa moralité, mais avec une autorité empruntée au journal. *(Assentiment à gauche.)*

Voilà la première conséquence ; voici la seconde :

Le journal est, par lui-même et indépendamment de ses rédacteurs, une puissance entre les mains du propriétaire qui l'a acheté ou qui l'a créé, une puissance dont il peut disposer, une puissance autre que celle qu'il trouve en lui, une puissance créée par l'argent, à la faveur de dispositions légales que vous voulez maintenir. Je demande à ceux qui m'écoutent s'il est bon que cet état de choses subsiste ; je demande quel est le principe de justice, quel est le principe d'utilité publique qui le réclament.

Dans une république, chaque citoyen ne doit exercer que l'influence qui lui appartient personnellement. Il n'est pas bon, il n'est pas juste qu'il exerce, en s'abritant derrière un journal, une influence empruntée.

Il n'est pas bon, il n'est pas sage qu'il y ait, aux mains des particuliers, des puissances capables de tenir en échec et de renverser la puissance publique.

Voilà les deux vices de l'organisation que je critique : elle accroit la puissance des journaux, en restreignant leur nombre; elle fait de la presse une puissance abstraite et collective, au lieu de la personnifier et de l'individualiser.

Voilà mes griefs contre le cautionnement; je lui reproche d'être un cens pécuniaire imposé à l'écrivain; je lui reproche d'être une mesure préventive et une loi d'exception; je reproche à l'organisation dont le cautionnement est la base d'aboutir fatalement à un système de répression injuste, immoral et inefficace. Je reproche à cette organisation de faire dégénérer la presse, institution essentiellement politique, en une spéculation industrielle; je lui reproche de concentrer dans un petit nombre de journaux les forces de la presse, et de laisser ces journaux s'élever dans l'État comme des puissances, au grand danger de la République et de la société.

Telles sont les raisons pour lesquelles je voterai contre l'article qui est en discussion.

Il me reste à indiquer, par un seul mot, comment

je comprends l'organisation qui devrait remplacer celle-ci.

Je suis partisan de la liberté absolue, non pas de cette liberté que combattait avec beaucoup de raison l'honorable M. Thiers ; personne ici n'en est partisan ; je vais expliquer comment je l'entends.

J'entends par liberté absolue, la liberté sans aucune espèce d'entraves, de mesures préventives. Je veux que tous les citoyens puissent exercer le droit que leur garantit la Constitution d'exprimer leur pensée ; je veux que tout citoyen puisse, sans entrave aucune venant de vous, venant de la loi, exprimer son opinion. Je veux, à côté de cela, que chacun soit personnellement responsable ; je veux, en outre, un système de répression complet, et en cela je me rapproche de M. Thiers. Quand la presse sera sans entraves, vous pourrez demander des lois de répression, et, pour mon compte, je ne vous les refuserai jamais.

Ainsi, dans le projet, vous avez créé des peines pour l'appel aux armes, pour la provocation à la désobéissance de l'armée, pour la falsification de pièces ou nouvelles. Vous avez eu raison ; si votre projet ne renfermait que des articles pareils, il ne m'aurait pas pour adversaire. Ce sont des faits criminels qui étaient à tort restés impunis, que vous avez bien fait de réprimer. Faites des articles de cette nature, faites des lois de répression, punissez les faits coupables, mais n'entravez pas la liberté.

Que faites-vous, au contraire? Vous portez atteinte au droit pour prévenir les abus.

Voici, en deux mots, comment je formulerais mon système : liberté absolue de la presse, en ce sens qu'elle serait débarrassée de toutes les entraves et de toutes les mesures préventives; responsabilité personnelle de l'écrivain; lois répressives énergiques, complètes.

Je n'ai pas formulé ce projet en articles; je vais vous en dire sincèrement les motifs.

La première raison, je demande à l'Assemblée la permission de le lui dire, c'est que je n'ai pas le moindre espoir de le voir adopter par elle, et que je n'aime pas les tentatives inutiles; la seconde raison, c'est que M. Pascal Duprat a déposé un projet, que je n'adopte pas complètement, mais qui pose le principe même qui est établi dans les propositions que je viens de vous soumettre. Je diffère essentiellement de M. Pascal Duprat en un point capital : il ne demande la signature que dans le manuscrit déposé; je crois que c'est une garantie complètement insuffisante; je voudrais la signature dans le corps du journal *(C'est cela!)*, parce que si la signature dans le manuscrit suffit pour la responsabilité devant la justice, la signature dans le corps du journal est nécessaire pour la responsabilité devant l'opinion publique dont l'efficacité est beaucoup plus grande que la première. Si donc l'Assemblée, contre mon attente, adoptait quelques-unes des idées que je viens d'exposer, si elle acceptait le principe même de l'amendement de M. Pascal Duprat, je me réserve de modifier son amendement par un sous-amendement dans le sens que je viens d'indiquer. *(Approbation à gauche.)*

L'Assemblée législative donna immédiatement la mesure de son libéralisme. Le rapporteur, M. Combarel de Leyval, étant monté à la tribune pour répondre à M. Grévy, le cri : Aux voix! se fit aussitôt entendre sur les bancs de la majorité. Enhardi par cette manifestation, M. Combarel de Leyval se borna à dire que la commission avait demandé le renvoi à la loi organique; il ajouta que les difficultés qu'avait éprouvées l'orateur à substituer un autre système à celui de la commission démontraient surabondamment combien avait été sage la détermination de proposer le renvoi à la loi organique. Et, sans plus tarder, le président mit aux voix l'article 8 du projet de loi, qui fut adopté au scrutin public par 387 voix contre 146, sur 533 votants. M. Grévy vota avec la minorité. Il vota également, à la fin de la même séance, contre l'ensemble du projet de loi.

Quelques jours après, l'Assemblée législative rendit un décret aux termes duquel elle s'ajournait du 12 août au 1ᵉʳ octobre. La commission de prorogation fut élue le 7 août. Les vingt-cinq membres de cette commission, presque tous de la droite, obtinrent, le premier, M. Victor Lefranc, 369 voix; le dernier, M. de la Brugnière, 312 voix, sur 486 votants. M. Grévy vint ensuite avec 152 voix.

§ VI.

DISCOURS

SUR LE

PROJET DE LOI ORGANIQUE

RELATIF A L'ÉTAT DE SIÈGE

PRONONCÉ LE 9 AOUT 1849

A L'ASSEMBLÉE NATIONALE LÉGISLATIVE.

La discussion du projet de loi organique commença le 9 août. Il n'y eut pas de discussion générale, et l'urgence fut prononcée. Les sept premiers articles furent adoptés presque sans débat. L'article 8 était ainsi conçu : « Les tribunaux militaires peuvent être saisis de la connaissance des crimes et délits contre la sûreté de la République, contre la Constitution, contre l'ordre et la paix publique, quelle que soit la qualité des auteurs principaux et des complices. » Le projet du Gouvernement contenait un paragraphe 2, rédigé en ces termes : « Sauf les cas de complicité avec les auteurs de crimes ou délits déférés à la juridiction militaire, la connaissance des délits commis par la voie de la presse continuera d'appartenir au jury. »

M. Charamaule demanda le rejet de la dernière partie de l'article, aux termes de laquelle un simple citoyen et un écrivain même pouvaient être soumis à la juridiction militaire. M. Dufaure, ministre de l'intérieur, lui répondit. Après une courte réplique de M. Charamaule, M. Grévy prit la parole. Déjà les cris : Aux voix! la clôture! s'étaient fait entendre sur les bancs de la majorité. Le représentant du Jura s'exprima en ces termes :

Le citoyen président. — La parole est à M. Grévy.

Le citoyen Grévy. — Si l'Assemblée est impatiente de voter, je ne veux pas la retenir... *(Parlez!)*

Je lui demande seulement quelques minutes d'attention. *(Parlez! parlez!)*

Je suis de l'avis de M. le ministre de l'intérieur : si les arguments présentés par M. Charamaule sont fondés (et je démontrerai qu'ils le sont), la plus grande partie des effets de l'état de siège, tels qu'ils sont déterminés par le projet de loi, doivent disparaître. Ce n'est pas seulement l'attribution de juridiction aux tribunaux militaires qui disparaîtrait, ce sont encore toutes ces dispositions qui confisquent les garanties de la Constitution, les libertés, les droits qu'elle consacre.

J'aurai peut-être occasion, durant le cours de cette discussion, de revenir sur ce point et de faire considérer, à l'occasion des articles suivants, quelle contradiction choquante il y a entre plusieurs articles du projet et les dispositions de la Constitution. Je veux me borner, quant à présent, pour ne pas abuser des moments que vous voulez bien m'accorder, messieurs, à resserrer la discussion sur l'article qui est en délibération.

M. le ministre de l'intérieur, et c'est là son principal argument, demandait tout à l'heure quelle serait l'utilité d'une loi d'état de siège, si l'on devait en faire disparaître l'attribution de juridiction aux tribunaux militaires.

Je lui répondrai d'abord que, s'il était nécessaire, pour établir une loi de l'état de siège, de créer une pareille juridiction, il serait trop tard de s'en apercevoir aujourd'hui; s'il était indispensable de mettre dans la loi de l'état de siège l'attribution de juridiction aux tribunaux militaires, c'est lorsqu'on a voté l'article 4 de la Constitution qu'il fallait le dire; il est trop tard aujourd'hui.

Mais est-il bien sérieux de nous demander quels seraient les effets de la loi si l'on en faisait disparaître l'attribution de juridiction aux tribunaux militaires? M. le ministre de l'intérieur disait qu'à toutes les époques la loi d'état de siège avait été ainsi entendue et ainsi appliquée.

Je lui en demande bien pardon; à aucune époque elle n'a été entendue et appliquée ainsi.

Plusieurs membres. — C'est vrai !

LE CITOYEN GRÉVY. — A aucune époque, je vais le prouver; en face de l'assertion de M. le ministre, je mettrai des preuves.

Quelle est la véritable nature de la loi de l'état de siège? L'honorable M. Barrot le disait à une autre époque, c'est une mesure entièrement militaire. Les législateurs de 1791, de l'an V et de 1811, qui se sont successivement occupés de cette matière, n'ont jamais songé à en faire ce que, par un abus étrange, on en a fait depuis, une mesure politique ; c'était une mesure purement, exclusivement militaire. Je m'en rapporte à la bonne foi de tous ceux qui ont étudié cette législation ; jamais la loi de l'état de siège n'a été autre chose, en soi, dans la pensée du législateur, qu'une mesure militaire. Il a fallu arriver à ces derniers temps pour qu'on songeât à aller chercher dans cette loi ce que le législateur n'y avait point mis, une mesure politique. A différentes époques, l'état de siège a été établi, déclaré. Eh bien, je demande à M. le ministre de l'intérieur de me citer un seul cas dans lequel les individus non militaires aient été renvoyés, même dans l'état de siège, devant les tribunaux militaires? à quelle époque?

M. le ministre vous a dit avec beaucoup d'assurance : La loi de l'état de siège a toujours reçu cette exécution, a toujours eu la portée que nous lui attribuons.

Je lui demande de me citer un cas, un seul, qui justifie son assertion. A aucune époque, pas même sous l'Assemblée constituante dont je parlerai tout à l'heure, la loi de l'état de siège n'a été interprétée comme il dit qu'elle l'a été toujours ; à aucune époque, la déclaration de l'état de siège n'a eu pour effet de faire renvoyer devant les conseils de guerre les individus qui n'étaient pas militaires.

Sous l'Assemblée constituante, il est vrai qu'on a renvoyé devant les tribunaux militaires les simples citoyens ; mais ce n'est pas de la déclaration de l'état de siège qu'a été tiré le pouvoir de le faire, c'est d'un décret spécial rendu trois jours après la déclaration de l'état de siège, c'est du décret du 27 juin (et le décret de l'état de siège est du 24); c'est par le même décret, qui a ordonné la transportation, qu'attribution a été faite aux tribunaux militaires des délits de droit commun commis pendant l'état de siège.

Ainsi c'est de son pouvoir illimité, absolu, dictatorial, que l'Assemblée constituante a tiré cette mesure extraordinaire de renvoyer des citoyens non militaires devant les conseils de guerre, et, par là, l'Assemblée constituante a reconnu implicitement que la seule déclaration de l'état de siège ne produit pas un tel effet.

Voilà la vérité, voilà les faits; tout le reste est allégation sans fondement. Je mets au défi qui que ce soit de prouver que la loi de l'état de siège dont on prétend ne faire que répéter ici les dispositions ait jamais été exécutée comme on vous le dit et renferme ce qu'on prétend en tirer.

Ainsi, qu'il soit donc bien entendu que ce qu'on nous propose est une nouveauté dans nos lois.

Il reste à voir si cette nouveauté est compatible avec la Constitution.

Cette question est celle qui a été posée par l'honorable M. Charamaule, et à laquelle on n'a pas répondu : La Constitution existant, les pouvoirs de l'Assemblée étant limités dans les termes de la Constitution, avez-vous le droit de mettre dans une loi l'attribution aux tribunaux militaires du jugement des délits de droit commun? *(Approbation à gauche.)* Je pose la question ainsi, et je veux la réduire à ces termes : En avez-vous le droit? C'est une question constitutionnelle, c'est-à-dire la plus grave qui se puisse poser dans cette Assemblée. Je dis que vous n'en avez pas le droit, et je le prouve.

L'honorable M. Charamaule vous a déjà fait remarquer tout à l'heure qu'il y a une identité parfaite entre les termes de l'article 4 de la Constitution et les termes de l'article de la Charte de 1830 que cet article reproduit; l'un est copié sur l'autre. Si donc nous voulons connaître très exactement quels sont le sens et la portée de l'article 4 de la Constitution, reportons-nous à l'interprétation qui a été constamment donnée de l'article de la Charte dont il n'est que la reproduction. En 1832, la monarchie de Juillet établit par ordonnance l'état de siège à Paris. Comme conséquence de l'état de siège, elle organisa les tribunaux militaires et renvoya devant eux des individus qui n'étaient pas militaires. Cette mesure fut déférée à la Cour de cassation.

Il faut écarter une équivoque qu'on jette sur ce point toutes les fois qu'il en est question.

On dit : Il s'agissait d'un état de siège déclaré par ordonnance. C'était bien là un des points du débat; mais sur ce point la Cour de cassation s'est déclarée incompétente; elle ne l'a pas jugé.

Écartons donc cela; ce n'est pas de cette question qu'il s'agit. Il y en avait une seconde qui était celle-ci : en supposant l'état de siège régulièrement établi par ordonnance, cet état de siège a-t-il pour effet d'emporter attribution de juridiction aux conseils de guerre à l'égard des individus non militaires?

M. le président du conseil, plaidant alors devant la Cour de cassation pour le condamné qui s'était pourvu, soutenait la thèse que je défends; et il fit juger par la Cour de cassation que les lois de l'état de siège, et particulièrement la loi de 1811 qui contenait dans son article 103 attribution de juridiction aux conseils de guerre, étaient abolies virtuellement par la Charte.

Voilà un point constant. Il a été jugé par la Cour de cassation, plaidé par l'honorable M. Barrot, aux applaudissements de tous les amis de la liberté, que l'article de la Charte qui disait : « Nul ne peut être distrait de ses juges naturels, » avait implicitement abrogé toutes les lois qui faisaient attribution de juridiction aux tribunaux militaires des délits de droit commun.

Voilà quel avait été l'effet de cette disposition de la Charte; voilà quels ont été son sens et sa portée.

Eh bien, messieurs, cette disposition, vous l'avez transcrite dans votre Constitution; vous l'avez transcrite en connaissance de cause; vous l'avez transcrite après cette interprétation judiciaire qui lui avait été donnée et que vous connaissiez.

Et voulez-vous me permettre de vous rappeler pourquoi cette disposition, faite avec tant de soins, grâce à la sollicitude prévoyante de notre honorable président, avait été ainsi rédigée? Veuillez bien remarquer quels en sont les termes.

La Charte de 1814 portait seulement : « Nul ne sera distrait de ses juges naturels. Il ne pourra être créé de commissions et de tribunaux extraordinaires. » En 1830, lorsqu'on fit une revision de la Charte, comme on avait, malgré cette disposition, trouvé le moyen de relever les cours prévôtales et d'autres juridictions exceptionnelles, notre honorable président, voulant prémunir la France contre le rétablissement de pareilles juridictions, proposa, dans le rapport qu'il fit de la Charte revisée, d'ajouter après ces mots : « Il ne pourra être créé de commissions ou de tribunaux extraordinaires, » ceux-ci : « à quelque titre et sous quelque dénomination que ce soit ».

Pourquoi proposait-il cette addition? Vous allez l'entendre : « Il ne suffisait pas de dire : « Il ne pourra « être établi ni commissions ni tribunaux extraordi- « naires », pour prévenir tous abus possibles ; nous avons ajouté : « à quelque titre et sous quelque déno- « mination que ce soit », car les noms trompeurs n'ont jamais manqué aux mauvaises choses. »

A gauche. — Très bien! très bien!

LE CITOYEN GRÉVY, *continuant.* — « Et sans cette précaution, on pourrait donner au tribunal le plus irrégulier et le plus extraordinaire, la dénomination d'un tribunal ordinaire. »

Vous voyez la pensée des législateurs de 1830, et cette pensée, vous la retrouvez dans les législateurs de 1848. Qu'est-ce qu'on voulait proscrire à jamais par les termes les plus explicites? Le retour de toute espèce de juridiction exceptionnelle.

C'est en présence de ces précédents, de ces explications, que l'on a copié textuellement dans la Constitution de 1848 les termes mêmes de la Charte de 1830.

Apparemment que l'on en connaissait la portée et l'étendue. L'honorable M. Odilon Barrot était membre de la commission de Constitution; l'honorable M. Dufaure, non moins versé dans les matières de jurisprudence, faisait aussi partie de cette commission; je lui renouvelle la question que je lui adressais tout à l'heure : si vous vouliez vous réserver le droit de créer des tribunaux extraordinaires, il fallait le dire lors du vote de la Constitution; aujourd'hui il est trop tard. Nous avons dans la Constitution un article 4 qui proscrit le rétablissement des tribunaux d'exception; vous n'avez pas le droit de les rétablir : l'Assemblée n'a pas ce droit.

Voilà la question posée dans toute sa simplicité; je prie M. le ministre de l'intérieur de vouloir bien y répondre directement.

On dit qu'il y a dans la Constitution un article 106 qui, énumérant les lois organiques à faire, comprend dans ce nombre une loi sur l'état de siège, et l'on en conclut que de là résulte le droit de violer, par cette loi, la Constitution. *(Non! non! — Si! si!)* Voilà la conséquence qu'on a tirée de l'article 106.

Comment, parce qu'un article de la Constitution énumère les lois organiques à faire, vous en concluez que, dans une de ces lois, vous pourrez violer un principe posé dans un autre article de cette Constitution? *(Non! non!)* Voilà l'argument dans sa nudité. Laissons de côté l'état de siège : est-ce que vous pourriez, dans une loi organique quelconque, parce qu'elle a été prévue et indiquée dans la Constitution, introduire une disposition qui serait en opposition avec un principe posé dans la Constitution? Quand on a dit que vous feriez les lois organiques, qu'a-t-on voulu dire? Que vous feriez des lois pour appliquer les principes posés dans la Constitution, et non pour les violer.

Vous ne pouvez donc pas, dans la loi sur l'état de siège plus que dans une autre loi, déroger aux principes que la Constitution a consacrés.

Une pareille prétention ne peut pas supporter l'examen, et c'est pourtant là toute l'argumentation de M. le ministre de l'intérieur.

On demande quelle serait la conséquence de l'état de siège, si on devait le réduire à ce qu'on appelle les dispositions du droit commun.

D'abord, je dirai que la loi de l'état de siège, en la dépouillant de ses effets extraordinaires, illégaux, qu'une fausse interprétation y a rattachés plus tard, a encore des dispositions qui sortent du droit commun.

La disposition principale, celle qui suffisait, dans la pensée du législateur, pour le but qu'il voulait atteindre, c'était de faire passer tous les pouvoirs de police qui, dans les temps ordinaires, appartiennent aux magistrats civils, entre les mains de l'officier militaire. Voilà la pensée unique de cette disposition de la loi sur l'état de siège ; elle ne comporte pas autre chose, sauf des mesures militaires dont je n'ai pas à m'occuper ici. Je le répète, les effets de l'état de siège se bornent à ceci : les pouvoirs, pour le maintien de l'ordre et de la police, passent aux mains des commandants militaires.

Cette loi n'est pas autre chose.

Cependant, que voulez-vous en faire? Sous un nom trompeur, vous voulez établir une chose qui n'a jamais existé en France, une dictature militaire *(Agitation)*, au mépris de la Constitution, qui ne vous en laisse pas le droit !

Laissez de côté les mots trompeurs, comme le disait votre honorable président; votre projet n'est pas une loi d'état de siège, c'est une dictature !

Le citoyen Charles Abbatucci. — C'est vrai !

Le citoyen Charles Dupin. — La dictature de la loi ! Une dictature pour se défendre !

Le citoyen Grévy. — On me dit : C'est vrai ! Je le sais, et je suis bien aise de vous le faire avouer.

Il faut dire franchement, ouvertement ce qu'on demande : c'est une nouveauté, c'est la dictature militaire que vous voulez créer dans la République. Il ne faut pas dire : Nous voulons faire revivre les effets réguliers de l'état de siège. Vous n'avez pas le courage de votre projet de loi! *(Assentiment à gauche).*

Le citoyen ministre de l'intérieur. — Si, nous l'avons très bien!

Le citoyen Grévy. — Quand vous cherchez à vous abriter derrière la jurisprudence et les lois anciennes, vous dissimulez l'importance et la gravité de votre projet de loi. Laissez de côté l'état de siège, qui n'a aucun rapport avec ce que vous proposez! Votre projet est une loi de dictature, qui, dans une République, au gré d'un chef militaire ou d'une majorité violente, livre aux conseils de guerre les citoyens et confisque une à une toutes les garanties, toutes les libertés publiques. Je m'étonne qu'on insiste sur cet article plutôt que sur tel ou tel autre; ils sont tous aussi graves. Toutes les garanties, toutes les libertés, tous les droits pour lesquels nos pères ont combattu depuis soixante ans, le projet de loi les met à la merci du premier militaire...

Le citoyen ministre de l'intérieur. — Non, de l'Assemblée nationale.

Voix nombreuses à droite. — Sans doute, de l'Assemblée.

Le citoyen Grévy. — De l'Assemblée, dans un cas;

d'un commandant militaire dans d'autres. Vous savez bien qu'il est des cas dans lesquels, sans consulter l'Assemblée, l'état de siège peut être décrété.

Mais l'Assemblée elle-même, elle ne peut voter votre loi sans se mettre au-dessus de la Constitution. Cette observation est capitale; c'est la principale raison pour laquelle je m'élèverai constamment contre de pareilles lois.

Vous vous mettez au-dessus de la Constitution; la Constitution est faite pour garantir aux citoyens les libertés, les droits qui sont désormais leur patrimoine. A quoi bon une Constitution, si tel n'en est pas le but, et si tel n'en doit pas être l'effet?

C'est surtout pour les temps de crise que ces garanties sont stipulées, ce n'est que dans ces moments qu'elles sont nécessaires. Eh bien, c'est pour les temps de crise que vous les en dépouillez.

Votre loi est une dictature militaire établie au mépris de la Constitution et de toutes les garanties qu'elle consacre. Cette dictature est la suspension de la Constitution, et vous n'avez pas plus de droit de la suspendre que de la changer.

Voilà les raisons pour lesquelles je repousse de toutes mes forces le projet de loi. *(Vif assentiment à gauche.)*

Comprenant combien il était difficile de répondre à une argumentation aussi serrée, aussi décisive, la majorité, lorsque M. Grévy descendit de la tribune, fit entendre le cri : Aux voix! aux voix! Cependant le ministre de l'intérieur, M. Dufaure, directement interpellé par M. Grévy, avait demandé la parole. Il commença par reprendre l'argument tiré de l'article 106 de la Constitution, que M. Grévy avait si victorieusement réfuté. Puis, sentant combien était fragile cette thèse constitutionnelle, il avoua que ce que voulaient le Gouvernement et l'Assemblée, c'était établir une dictature. Il s'exprima en ces termes :

« Mais on me dit : Soyez franc, n'employez pas de mots trompeurs; c'est une dictature que vous proposez.

« Eh bien, voulez-vous l'appeler ainsi, j'y consens. C'est une dictature parlementaire... *(Rires ironiques à gauche.)*

« C'est une dictature parlementaire et législative... *(Nouveaux rires.)*

« LE CITOYEN PRÉSIDENT DU CONSEIL. — Vous avez mille fois raison.

« *A droite.* — Oui! oui! — Très bien!

« LE CITOYEN MINISTRE DE L'INTÉRIEUR. — Nous voulons que, dans des cas de suprême nécessité, quand le salut de la société est en péril, il y ait dans la société un pouvoir, et nous prenons le plus haut de tous les pouvoirs de l'Assemblée, entre les mains duquel on dépose l'autorité de prendre, dans les circonstances suprêmes, le moyen de salut, le dernier moyen de salut, peut-être, qui reste.

« Voilà ce que nous voulons.

« Voulez-vous l'appeler dictature? appelez-le dictature; mais ajoutez que ce n'est pas la dictature d'un homme, mais bien la dictature d'une Assemblée procédant législativement, d'une Assemblée émanée du suffrage universel. Je dirai que cette dictature est la dictature de la société entière, représentée par l'Assemblée, et voulant se défendre contre l'insurrection. Voilà la vérité... *(Interruptions à gauche.)*

« *A droite.* — Très bien! — N'écoutez pas! — Continuez!

CHAPITRE II.

« Le citoyen ministre. — Voilà la vérité, messieurs, et voilà comment des principes incontestables, le besoin de la légitime défense, nous ont conduits à vous demander quelques sacrifices du droit commun pour les cas où l'état de siège est déclaré. »

Après un discours de M. Pierre Leroux, le paragraphe 1er de l'article 8 fut adopté par 420 voix contre 165, sur 585 votants. Puis, malgré les protestations de M. Valette (du Jura) et de M. Victor Lefranc, le paragraphe 2, qui limitait les effets de l'état de siège, abandonné par le Gouvernement et par la commission, fut repoussé par 295 voix contre 260, sur 555 votants. L'ensemble du projet de loi fut ensuite adopté par 419 voix contre 153, sur 572 votants.

§ VII

DISCOURS

SUR LE

PROJET DE LOI RELATIF AUX BOISSONS

PRONONCÉ LE 14 DÉCEMBRE 1849

A L'ASSEMBLÉE NATIONALE LÉGISLATIVE

Le 19 mai 1849, l'Assemblée constituante, avant de se séparer, avait, par un article de la loi de finances, voté la suppression de l'impôt sur les boissons. En même temps, elle avait laissé à l'Assemblée qui devait lui succéder le soin de le remplacer par un nouvel impôt. Lorsque le cabinet du 31 octobre 1849 prit le pouvoir, le nouveau ministre des finances, M. Achille Fould, imagina de mettre le budget en équilibre à l'aide du rétablissement de l'impôt sur les boissons qui, d'après ses évaluations, devait procurer 100 millions au Trésor. Il présenta un projet de loi dans ce sens à la séance du 14 novembre. La commission nommée pour l'examiner l'accueillit favorablement et chargea son rapporteur, M. Bocher, de conclure à l'adoption et de réclamer en même temps une enquête sur la situation de la France au point de vue vinicole. La question, cependant, était des plus graves. Il ne s'agissait pas seulement de l'équilibre du budget; il s'agissait de savoir si l'une des conquêtes les plus appréciées de la révolution de février allait disparaître après tant d'autres, emportée par le courant réactionnaire, et si le plus impopulaire de tous les impôts, celui contre lequel la France avait le plus vivement protesté depuis quarante ans, allait renaître par la décision d'une Assemblée dévouée à la contre-révolution. Aussi le débat devait-il prendre un développement considérable, en rapport avec les sentiments des quatre millions de pétitionnaires qui s'étaient prononcés contre l'impôt des boissons. La discussion commença le 11 décembre, et ce fut le ministre des finances lui-même qui l'ouvrit. Après un rapide examen de la situation financière, M. Achille Fould justifia en ces termes les propositions du Gouvernement : « Quant au principe même de l'impôt sur les boissons, je ne pense pas, messieurs, dit-il, qu'on puisse raisonnablement en contester la légitimité. Sans doute, c'est une charge pour le pays, et nous serions heureux, avec vous, d'être en état de l'atténuer ou de la détruire. Mais, au fond, cet impôt atteint à peu près tout le monde ; il porte sur un objet d'un usage universel, sans être absolument de nécessité première ; il n'augmente le prix de la matière imposée que dans une très faible proportion ; il ne fait point obstacle au progrès de la production et de la consommation ; il a été pratiqué dans tous les temps et, pour ainsi dire, dans tous les lieux ; il a pour lui une longue épreuve, et, en définitive, il a surmonté les résistances que rencontre à son origine toute contribution nouvelle. » Le ministre des finances soutint ensuite que le principe de l'impôt était accepté par le pays. En vain alléguait-on les pétitions couvertes de quatre millions de signatures. Sur soixante-trois conseils généraux qui s'étaient prononcés sur la question des boissons, cinquante-quatre, dit-il, avaient demandé le maintien ou la modification de l'impôt, et neuf seulement avaient réclamé son abolition complète. Il s'efforça en outre de démontrer, à l'aide de chiffres, que l'impôt qui frappait les boissons n'était pas une entrave au développement de la production vinicole et de la consommation intérieure et extérieure. « Si, par impossible, vous supprimiez l'impôt des boissons, s'écria-t-il en terminant, vous ne désorganiseriez pas seulement les finances de l'État, vous placeriez les communes dans l'impossibilité de maintenir leurs octrois, vous ruineriez les finances municipales, à moins d'en faire retomber le fardeau sur la propriété, au moyen de nouveaux centimes additionnels... »

MM. Antony Thouret, Pradié, Frédéric Bastiat, Pascal Duprat, combattirent le projet de loi, qui fut défendu par MM. Depasse, de Kératry, de Charencey, de Montalembert, Léon Faucher. M. Grévy, qui avait déjà parlé sur le même sujet, le 21 juin 1848, à l'Assemblée constituante, prit la parole après ce dernier. Nous reproduisons le texte de l'important discours qu'il prononça à cette occasion :

M. LE PRÉSIDENT[1]. — La parole est à M. Grévy.

M. GRÉVY. — Messieurs, on peut bien calomnier les causes de l'émotion profonde que cette question a jetée dans le pays, mais il n'est pas possible d'en méconnaître l'existence et l'intensité. Il peut bien convenir aux orateurs auxquels j'ai à répondre, pour le tour qu'ils veulent donner à la discussion, d'attribuer aux menées des partis la réprobation soulevée contre l'impôt dont on vous demande aujourd'hui le rétablissement ; mais ils oublient que cette réproba-

---

1. Par ordre du président de l'Assemblée législative, M. Dupin, la qualification de « citoyen » avait été remplacée par celle de « monsieur » au *Moniteur*, depuis le 4 octobre 1849. M. Antony Thouret provoqua à cet égard un incident au début de la séance du 6 octobre ; mais l'Assemblée prononça la question préalable par 304 voix contre 155, sur 459 votants.

tion date de quarante ans; ils oublient qu'à chaque révolution, dans ces courts moments d'espérance où le peuple croit que le jour des réparations et des réformes s'est enfin levé, le premier cri qu'il fait entendre, c'est pour demander d'être affranchi de cet impôt détesté; ils oublient que ce sentiment est tellement profond, tellement vivace au sein des populations, que tous les gouvernements, depuis quarante ans, ont senti la nécessité de le caresser quand ils ont voulu capter la faveur populaire. *(Assentiment à gauche.)*

Il n'est pas un gouvernement qui, depuis quarante ans, n'ait, à un jour donné, promis la suppression de l'impôt des boissons, et il n'en est pas un qui n'ait repris son engagement, pour parler comme M. de Montalembert, c'est-à-dire manqué à sa parole, pour parler comme tout le monde. *(Approbation à gauche.)*

Je sais que les impôts, de leur nature, ne sont pas populaires; mais ce que je veux dire, ce que je veux constater, c'est que nul impôt n'est détesté à l'égal de l'impôt des boissons, et que, quelque lourds que soient les autres, celui-là est le seul contre lequel la voix du peuple s'élève dans les jours de révolution.

M. DE RANCÉ. — Et contre l'impôt des 45 centimes!

M. GRÉVY. — Pourquoi cela, messieurs? Quelle est la cause de cette réprobation si énergique et si persévérante? Est-elle factice, comme le disait hier l'honorable M. de Montalembert? Le peuple est-il égaré par de faux griefs et des excitations trompeuses?

Messieurs, c'est là une question oiseuse à poser devant des hommes politiques. Qu'importe la cause de la réprobation soulevée contre l'impôt des boissons? Cette réprobation existe, cela suffit. *(Vives exclamations à droite.)*

Je dis que lorsqu'un peuple réclame avec tant de force et de persistance, depuis bientôt un demi-siècle, l'abolition d'un impôt, lorsqu'il l'a pris en telle aversion, cet impôt, fût-il le meilleur du monde, il faut qu'il disparaisse. *(Assentiment à gauche. — Nouvelles exclamations à droite.)* Je ne connais pas de considérations qui puissent le faire maintenir. Il est profondément impolitique, il est souverainement imprudent de faire violence au sentiment populaire; on ne lui résiste pas impunément. Combien faut-il de révolutions pour nous l'apprendre? Lorsqu'un impôt est ainsi condamné, pour tout homme politique qui ne croit pas que gouverner c'est résister, il ne reste qu'une chose à faire : c'est d'exécuter la sentence du peuple. *(Approbation à gauche. — Réclamations à droite.)*

Cette sentence, au surplus, n'est que stricte justice; non, l'émotion publique n'est pas factice! Si jamais impôt ne fut si détesté, c'est que jamais impôt ne fut si détestable; il résume en lui tous les vices que peut avoir un impôt.

C'est un impôt inique dans sa répartition, car il n'est pas le même pour toutes les localités, et, dans chaque localité, il n'est pas le même pour tous les consommateurs, et l'inégalité est à la charge du plus pauvre. *(Assentiment à gauche.)*

C'est un impôt odieux et intolérable dans son mode de perception; car il soumet à une surveillance importune, vexatoire, tracassière, ceux qui s'adonnent au commerce des boissons; il les tient dans un état de suspicion humiliant; il livre tous les jours, à toute heure, le domicile des citoyens, ce qu'il y a de plus secret dans leur intérieur, aux perquisitions arbitraires des agents des droits réunis. *(Exclamations.)*

M. BARTHÉLEMY SAINT-HILAIRE. — Ils peuvent se racheter par l'abonnement!

M. GRÉVY. — C'est un impôt inhumain dans son principe, car il met hors de la portée des classes vouées aux travaux les plus durs une boisson salutaire qui répare les forces épuisées, et il lui substitue, en poussant à la fraude, des mixtions délétères qui altèrent la santé publique, véritable empoisonnement légal qui fait bien autrement de victimes que l'ivrognerie, dont on a parlé dans cette discussion, comme si l'impôt des boissons l'avait fait disparaître, et comme si, malgré cet impôt, les faits qu'on a cités ne s'étaient pas produits.

C'est un impôt désastreux dans ses conséquences, car en élevant, dans une proportion souvent énorme, le prix des liquides, et en apportant à leur circulation mille difficultés, mille entraves, il paralyse une des principales branches de notre commerce; il stérilise une des productions les plus riches et des plus enviées de notre sol; il tient une partie importante de notre agriculture dans un état de langueur et d'atrophie, et il fait ainsi au développement de la richesse nationale un tort irréparable.

C'est donc avec raison et justice que le sentiment public s'est soulevé contre un pareil impôt; il justifie toutes les plaintes, toutes les haines amassées contre lui, et il mérite amplement la réprobation dont il est, quoi qu'on fasse, irrévocablement frappé.

Je ne me propose pas, messieurs, au point où en est arrivée la discussion, d'insister plus longtemps sur ces considérations. Tout a été dit, et depuis longtemps, sur le fond de la question, sur l'impôt en lui-même.

Je veux arriver à ce qui a plus particulièrement occupé les orateurs auxquels je réponds, à ce qu'il y a de plus actuel dans la question.

Et, d'abord, la légitimité de l'impôt, tous l'ont proclamée, depuis M. le ministre des finances jusqu'à M. de Montalembert, en passant par M. de Charencey et les autres orateurs qui l'ont suivi. M. Léon Faucher, tout à l'heure, cherchait, lui aussi, à démontrer la légitimité de cet impôt, qu'il présentait comme étant, jusqu'à un certain point, constitutionnel.

Je vous demande la permission d'insister sur ce point; il est capital dans la discussion.

CHAPITRE II.

Lorsque l'Assemblée constituante arriva à l'article 15 de la Constitution, et qu'elle voulut y déposer le principe fondamental en matière d'impôts, c'est-à-dire la règle suivant laquelle les charges publiques seraient, à l'avenir, réparties entre les citoyens, elle se trouva en présence de deux systèmes vivement débattus, le système de l'impôt progressif et le système de l'impôt proportionnel. Elle s'arrêta à ce dernier.

M. Léon Faucher vient de dire qu'en cela elle a été téméraire. Selon moi, elle fut sage ; car ce n'est que dans le principe de la proportionnalité que se rencontrent la justice et l'égalité. Elle écrivit donc dans la Constitution que chacun contribue à l'impôt en proportion de ses facultés et de sa fortune. Voilà le droit pour le contribuable et la loi pour le législateur.

L'impôt des boissons est-il établi sur ce principe? Chacun y contribue-t-il en proportion de ses facultés et de sa fortune?

Pour en juger, il faut l'envisager à un double point de vue, dans ses rapports avec la matière imposée et dans ses rapports avec le contribuable.

Dans ses rapports avec la matière imposée : je prends, par exemple, les vins, et je trouve que, quelle que soit leur valeur, le droit qui les frappe est invariablement le même. Ainsi l'hectolitre, qui ne vaut que 4 francs, et qui est à l'usage du consommateur pauvre, est frappé du même droit que l'hectolitre dont le prix est de 400 francs, et qui est destiné au consommateur riche.

Sous ce premier rapport, l'impôt n'est donc pas proportionnel à la valeur de la matière imposée, et ce défaut de proportionnalité est à la charge du consommateur le plus pauvre.

Un membre à droite. — Comment voulez-vous faire?

M. Grévy. — Voilà pour la matière imposée; voici pour le contribuable.

Les consommateurs peuvent se diviser en trois catégories : ceux qui ne supportent point l'impôt, ceux qui n'en supportent qu'une partie, ceux qui le supportent en entier.

Ceux qui ne supportent pas l'impôt, ce sont tous les propriétaires récoltants qui consomment le produit de leur récolte : ils ne sont soumis à aucune espèce de taxe.

Ceux qui supportent une partie seulement de l'impôt, ce sont tous les consommateurs riches ou aisés qui peuvent s'approvisionner d'avance et acheter le vin en gros : ils n'ont à payer que le droit de circulation, et, s'il y a lieu, le droit d'entrée, selon les localités qu'ils habitent; le plus souvent, ils ne supportent que le droit de circulation.

Ceux qui supportent l'impôt en entier, ce sont tous les consommateurs trop pauvres pour acheter le vin en gros, et qui sont forcés de se le procurer en détail. *(Approbation à gauche).* Indépendamment du droit de circulation et d'entrée, qu'ils payent comme les consommateurs de la seconde catégorie, ils acquittent le droit de détail, qui s'élève, lui seul, beaucoup plus haut que les deux autres; ils payent, en outre, les droits de licence et de patente des marchands de boissons, droits qui retombent en définitive à leur charge.

Et, si vous voulez, messieurs, connaître exactement quelle est l'importance relative de la portion de l'impôt exclusivement supporté par les consommateurs pauvres, je mettrai des chiffres sous vos yeux, et je les prendrai dans le travail de votre commission, où je trouve un état officiel du produit des différentes taxes, pour l'exercice de 1847.

Voici les chiffres que j'y trouve:

Le droit de circulation, un de ces deux droits qui seuls sont à la charge des consommateurs riches ou aisés, a produit, dans l'année 1847, 7,399,579 francs.

Le droit d'entrée, le second droit, que ces mêmes consommateurs acquittent, mais exceptionnellement, a produit 18,125,873 fr. 01. Ensemble, ces deux droits se sont élevés à 25,525,352 fr. 01.

Ainsi, sur les 108 millions, produit total de l'impôt, 25 millions forment le chiffre dont les consommateurs de la seconde catégorie prennent une partie seulement, car l'autre partie est supportée, et dans des proportions plus larges, par les consommateurs de la dernière catégorie.

Voilà le chiffre qui tombe, et en partie seulement, sur les consommateurs riches ou aisés. *(Vive approbation à gauche. — Rumeurs à droite.)*

Voix à gauche. — Attendez le silence.

M. Grévy. — Si, en regard de ce nombre, je place le chiffre de la partie de l'impôt qui pèse exclusivement sur les consommateurs pauvres, je trouve d'abord que les droits de détail s'élèvent à la somme de 47,750,710 fr. 47. Si à cette somme vous ajoutez le produit des licences, qui sont au dernier résultat supportées par les consommateurs, lequel monte à 3,781,745 fr., vous avez ensemble 51,532,455 fr. 47.

Voilà donc, en nombres ronds, 25 millions en partie seulement payés par les consommateurs riches ou aisés, et 51 millions payés exclusivement par les consommateurs pauvres, qui ont à supporter, indépendamment, leur part dans les 25 millions de la deuxième catégorie... *(Interruption prolongée.*

M. Chégaray. — C'est faux!

M. le président. — C'est à la tribune et non par des démentis qu'on répond.

M. Chégaray. — Il y a la consommation des hôtels et des cafés.

M. Grévy. — Voici donc, messieurs, comment est réparti l'impôt des boissons entre les différents consommateurs : les uns n'y contribuent en rien, les autres n'y concourent que pour une faible partie, et ces deux catégories comprennent les consommateurs riches ou aisés. *(Marques d'approbation à gauche.)* Les autres supportent les droits de toute nature, dans leur entier, et cette catégorie comprend les consommateurs les plus nombreux et les plus pauvres. *(A gauche. — Très bien! — Longue rumeur à droite.)*

M. LE PRÉSIDENT. — Laissez l'orateur développer toutes ses idées.

M. GRÉVY. — L'honorable M. de Montalembert a pu hier, pendant un discours de deux heures, développer ses idées à cette tribune sans être interrompu une seule fois par ce côté (la gauche) de l'Assemblée. Ne serez-vous pas aussi patients, vous qui êtes plus modérés? *(On rit.)*

M. LEBEUF. — Vous avez raison.

M. GRÉVY. — Ainsi, messieurs, si l'on s'attache à la valeur de la matière imposée, on trouve que les vins les plus communs sont frappés des mêmes droits que les vins les plus précieux dont la valeur est centuple. Si l'on considère le contribuable, on trouve que les consommateurs riches ou aisés, ou ne payent pas l'impôt, ou ne le payent qu'en partie, et que les consommateurs pauvres seuls l'acquittent intégralement dans toutes ses combinaisons et sous toutes ses formes.

Ainsi, non seulement l'impôt n'est pas proportionnel à la fortune des contribuables...

M. CHARAMAULE. — Il suit une voie inverse.

M. GRÉVY. — ... Mais il suit une loi inverse; il est proportionnel à leur misère. *(A gauche. — C'est vrai! c'est vrai!)*

Voilà l'impôt dont M. le ministre des finances, M. de Montalembert, M. Faucher, ont osé dire qu'il est un impôt juste et légitime!

M. Fould, *ministre des finances*. — Oui, et je le pense encore.

M. Grévy. — Telle est donc la situation. D'un côté, la Constitution, qui veut que l'impôt soit proportionnel à la fortune; de l'autre, l'impôt des boissons, qui est proportionnel à la misère.

Maintenant, je pose une simple question.

Si l'impôt des boissons n'existait pas, auriez-vous le droit de le créer?

M. Fould, *ministre des finances*. — Certainement!

M. Grévy. — M. le ministre des finances me répond : certainement.

Comment! sous l'empire d'une Constitution qui dit : L'impôt sera proportionnel à la richesse, vous avez le droit de créer un impôt proportionnel à la pauvreté!

A gauche. — Très bien! très bien!

M. le ministre des finances. — Ce n'est pas exact.

M. Barthélemy Saint-Hilaire. — Votre hypothèse n'est pas exacte.

M. Grévy. — Je dis qu'une assemblée législative n'a pas ce droit, et je ne croyais pas, en proclamant une vérité si palpable, qu'il s'élèverait ici une seule voix pour me contredire. Ou il faut déchirer la Constitution, ou il faut s'y soumettre. La Constitution établit le principe de la proportionnalité, et elle n'admet aucune exception. M. Léon Faucher, tout à l'heure, disait que tous les principes en comportent. Avec une pareille théorie, il n'y a plus de Constitution. Il est élémentaire en législation qu'il n'y a d'exceptions que celles qui sont formellement écrites. Quand le principe est net, quand il n'est pas accompagné d'exceptions, il n'appartient à personne d'en établir. *(Très bien!)* Je le répète, vous avez dans la Constitution un article 15 qui dit : « L'impôt sera proportionnel à la fortune » ; il n'appartient pas à une assemblée législative de créer un impôt proportionnel à la pauvreté. *(Réclamations sur quelques bancs.)*

M. Barthélemy Saint-Hilaire. — Votre hypothèse n'est pas exacte.

M. Charamaule. — Elle est très exacte.

M. Grévy. — Si M. Barthélemy Saint-Hilaire a quelques bonnes raisons à opposer à ce que je dis et qu'il soit trop impatient pour attendre que la tribune soit vacante, qu'il veuille se lever et formuler son objection, j'y répondrai.

M. Barthélemy Saint-Hilaire. — J'ai demandé la parole ; quand mon tour viendra, je vous répondrai.

M. Charamaule, *s'adressant à M. Barthélemy Saint-Hilaire.* — On vous écoute ; il faut vider la question. *(Interruptions diverses.)* Monsieur Grévy, cédez la place un moment.

(M. Barthélemy Saint-Hilaire quitte sa place.)

Voix à droite. — Non ! non !

M. Barthélemy Saint-Hilaire, *au pied de la tribune*. — Monsieur Grévy, est-ce vous qui m'appelez à votre place?

M. Grévy. — Parlez de votre place!

(M. Barthélemy Saint-Hilaire retourne à sa place.)

M. le président. — Vous n'avez pas le droit, ni les uns ni les autres, de parler. Laissez M. Grévy achever son discours.

M. Grévy. — Je dis que, sous l'empire d'une Constitution qui établit le principe de la proportionnalité de l'impôt, une Assemblée législative n'a pas le droit de créer un impôt improportionnel; et quand je proclame ce principe, qui n'est autre chose que le respect de la Constitution, je ne comprends pas, je le répète, qu'il puisse s'élever ici une seule contradiction.

Ainsi vous n'auriez pas le droit de créer l'impôt des boissons, s'il n'existait pas. Si vous n'avez pas le droit de créer un tel impôt, vous n'avez pas le droit de le rétablir quand il a été aboli par une loi. *(Approbation à gauche. — Réclamations à droite.)*

Entre créer un impôt et rétablir un impôt aboli, il n'y a, quant au droit, aucune différence; vous n'auriez pas le droit de le créer, vous n'avez pas le droit de le rétablir. *(Nouvelles réclamations à droite.)*

Le projet de loi est inconstitutionnel; le Gouvernement n'avait pas le droit de vous le présenter, vous n'avez pas le droit de le voter. *(Adhésion à gauche.*

CHAPITRE II.

— *Bruit à droite).* Si vous le faites, vous violez la Constitution!

Voix à gauche. — Faites donc taire la majorité!

M. LE PRÉSIDENT, *s'adressant à la gauche.* — Voulez-vous que je constate le fait? Vous avez donné une adhésion très marquée à ce qu'a dit M. Grévy. On a réclamé de l'autre côté : c'est la contre-partie de vos applaudissements. *(Murmures à gauche.)* C'est-à-dire que vous voulez et que vous avez raison de vouloir, ce que je veux avec vous, que l'orateur soit entendu paisiblement; mais quand vous acclamez ses paroles, vous ne voulez pas qu'une partie de l'Assemblée réclame! Approbation et murmures, tout cela est défendu par le règlement. J'ai toléré les murmures, mais j'ai toléré aussi les manifestations en sens contraire.

Une voix. — Faites respecter l'orateur!

M. LE PRÉSIDENT. — Il ne faut laisser prendre le change à personne. Je ne tolère pas d'interruptions ni d'interpellations qui s'adressent à l'orateur et qui l'empêchent de continuer son discours; mais vous savez tous qu'en approbation comme en improbation, il est impossible d'appliquer strictement la règle. Un discours excite souvent, dans l'intérêt de l'orateur, une certaine émotion, une approbation, par exemple; il faut, dans ce cas, que l'orateur ait lui-même la patience d'attendre que ce mouvement soit passé. Ce n'est pas là une interruption qui puisse lui être désagréable, elle est quelquefois flatteuse. *(On rit.)* Or, ici, il n'y a pas eu autre chose. Citez-moi, je veux le constater dans l'intérêt de la vérité, citez-moi un membre qui ait adressé une phrase, un mot à l'orateur, et je le réprimerai. *(Bruit à gauche.)*

Je n'ai, quant à moi, rien entendu. Je n'entends que vous dans ce moment; je demande le silence à tout le monde, et de toutes mes forces.

M. Grévy. — Quand vous ne rencontreriez pas dans la Constitution un obstacle insurmontable au rétablissement de l'impôt sur les boissons, vous le trouveriez dans la situation politique et financière du pays.

Allez au fond de cette situation, pénétrez au sein des populations, interrogez leurs dispositions : quel est le sentiment impérieux que vous trouverez partout dominant? Je vous en atteste tous, c'est le désir, la volonté d'obtenir l'allègement des charges publiques et leur équitable répartition. *(Mouvements divers.)* Diminution et proportionnalité de l'impôt, c'est le vœu, c'est le cri du peuple, c'est l'inéluctable nécessité de la situation. Si vous n'entrez pas franchement dans cette réforme, si, au lieu d'étayer et de replâtrer le vieil édifice fiscal, vous n'y portez pas résolument le marteau, je le dis avec M. Bastiat et avec le sentiment public, vous nous précipitez dans une catastrophe. *(Approbation à gauche.)*

A cette nécessité de la situation, à ce sentiment populaire qui éclate avec tant de force, répondre par le rétablissement pur et simple (car c'est ce qu'il y a au fond du projet ministériel et du rapport de la commission; l'enquête n'est qu'un vain palliatif qui ne trompe personne), répondre à cette situation, à ces sentiments, à ces émotions, à cette attente, par le rétablissement pur et simple d'un impôt tombé sous la réprobation publique, c'est un défi jeté à la souffrance et au désespoir, c'est du vertige! *(Réclamations à droite.)*

A gauche. — Très bien! très bien!

M. Grévy. — J'admire avec quel bonheur d'à-propos l'honorable M. de Montalembert a choisi son moment pour entonner, sur le ton lyrique, un hymne aux gros budgets. *(Murmures à droite.)* Selon M. de Montalembert, ce qu'il y a de plus admirable dans notre organisation, c'est l'énormité de notre budget. *(Marques de dénégation.)*

Plusieurs membres. — Il n'a pas dit un mot de cela.

M. Grévy. — Si j'ai bien compris l'honorable M. de Montalembert...

Plusieurs voix. — Non! non! vous ne l'avez pas compris.

M. Grévy. — ... Sa pensée était celle-ci; si je la rends mal, il aura la bonté de me rectifier : j'ai compris qu'il regardait l'ampleur de nos finances comme le signe (c'est, si je ne me trompe, son expression), le signe le plus élevé de la civilisation, le signe de la grandeur, de la gloire, de la prospérité du pays. *(Bruit. — Interruption.)*

M. de Montalembert. — Vous avez bien voulu m'inviter à rectifier votre pensée. Vous m'avez très inexactement compris : je n'ai pas parlé de l'ampleur de notre budget ; j'ai parlé de l'organisation de nos finances et du système général de notre fiscalité. *(Mouvements divers.)*

M. Grévy. — J'accepte la rectification, et alors il est bien entendu que l'honorable M. de Montalembert, comme nous, trouve le budget trop élevé. *(Rires d'approbation à gauche.)*

Quelques membres à droite. — Nous le trouvons tous.

M. Grévy. — Ce n'est pas seulement avec nous que M. de Montalembert trouve le budget trop élevé, c'est avec la France entière, avec la France épuisée, qui ne peut plus le payer. Elle a vu en vingt ans son budget s'élever d'un milliard, chiffre regardé longtemps comme une éventualité redoutable, au chiffre effrayant de 1,800 millions. *(Interruptions diverses.)*

Quelques voix à droite. — Avec la République... elle en verra bien d'autres.

M. le président. — Laissez l'orateur suivre son discours. Vous aurez demain le *Moniteur ;* vous lui répondrez, si vous voulez. Gardez le silence ; autrement, c'est un colloque des deux côtés.

M. Grévy. — Messieurs, les théories qu'on a apportées à cette tribune ne sont pas nouvelles : nous les avons entendu professer et nous les avons vues à l'application sous le Gouvernement précédent.

CHAPITRE II.

Sous ce Gouvernement aussi, on parlait de la prospérité de nos finances, des budgets productifs, de ces gros budgets qui, disait-on, enrichissaient la France. C'est avec ces belles théories que nous sommes arrivés à un budget de 1,800 millions ; c'est avec ces théories qu'on a poussé la France de déficit en déficit jusque sur le bord de la banqueroute ; c'est avec ces théories qu'on l'a réduite à l'état d'exténuation où nous la voyons.

Il n'est pas possible de prendre sur l'ensemble de la production générale une somme indéterminée pour l'administration d'un pays. Chacune des fractions du produit général a sa place marquée, son emploi assigné : l'intérêt des capitaux, tant immobiliers que mobiliers, le commerce, l'industrie, l'agriculture en revendiquent annuellement leur part ; il n'en reste qu'une portion déterminée pour l'administration du pays. Si vous exagérez cette part, vous faites tomber en langueur toutes les autres branches de la production, toutes les autres parties du corps social, et vous tarissez toutes les sources de la prospérité. *(Vive approbation à gauche.)*

Vous déplorez l'état financier du pays, la propriété écrasée sous une dette hypothécaire énorme, l'agriculture languissant sans capitaux, le commerce, l'industrie aux abois. Avez-vous calculé la part qui revient aux dix-huit derniers budgets dans cette détresse publique ? C'est parce qu'on a demandé annuellement à la France plus qu'elle ne peut payer pour son administration, c'est parce qu'on a prélevé sur la production générale une part trop forte, que le corps social s'est alangui et que la prospérité s'est éteinte. La France est exténuée, comme un malade chez lequel des saignées trop copieuses ont tari les sources de la vie.

Un calcul bien simple, si vous en doutiez, vous en convaincrait. Au lieu de prendre en moyenne une somme annuelle d'un milliard et demi pour l'administration du pays, supposez que depuis dix-huit ans on ait arrêté le budget au chiffre normal d'un milliard; c'est 500 millions par an. C'est-à-dire, en dix-huit ans, 9 milliards laissés à la propriété, au commerce, à l'agriculture... *(Mouvements en sens divers.)*

Je m'étonne des dissentiments que je rencontre dans une partie de l'Assemblée, lorsque j'exprime une vérité que je croyais si vulgaire. *(Murmures à droite.)*

Oui, il est impossible de prélever sur la production générale une somme annuelle d'un milliard et demi, et c'est parce que, depuis dix-huit ans, nos budgets ont été trop lourds, que la crise financière est si profonde.

Je le dis avec le sentiment d'une conviction réfléchie, la première cause de la déplorable situation financière du pays, c'est l'énormité des budgets; je ne crois pas qu'il soit possible de prélever annuellement un milliard et demi, et, à plus forte raison, 1,700 millions, sans consommer la ruine de la France.

CHAPITRE II.

Telle est, messieurs, la double nécessité qui me paraît surgir de la situation politique et financière : nécessité de donner au peuple une satisfaction légitime par la réduction des charges publiques et leur équitable répartition, nécessité de diminuer le chiffre du budget sous peine d'achever la ruine du pays.

C'est la seule réponse que j'aie à faire à ceux qui nous disent : Mais si vous supprimez l'impôt des boissons, comment le remplacerez-vous? comment remplirez-vous le vide qui sera laissé par cet impôt dans le chapitre des recettes? Je réponds : Vous le comblerez par des réductions dans le chapitre des dépenses. *(Assentiment à gauche.)*

A droite. — Lesquelles? lesquelles? Indiquez-les.

M. DE PANAT. — La Constituante ne les a pas trouvées!

M. GRÉVY. — Quant à moi, je repousse tout autre moyen.

A droite. — Indiquez-les.

M. GRÉVY. — On me demande de les indiquer. *(Écoutez! écoutez!)* On me dit qu'elles sont impossibles; je réponds que c'est là une parole imprudente et qui n'est pas vraie. En présence d'un budget d'un milliard et demi, dire que la diminution des dépenses est impossible, c'est une parole imprudente. La Constitution, comme on vous le rappelait il n'y a qu'un instant, vous ordonne de marcher graduellement à la réduction des charges publiques, et vous dites que cela est impossible! Je réponds que c'est là une parole imprudente. Quoi ! vous oserez proclamer à la face du pays que vous le condamnez éternellement à supporter le poids d'un budget d'un milliard et demi! *(Dénégations à droite.)*

M. LE PRÉSIDENT. — Laissez donc parler l'orateur.

M. GRÉVY. — J'ajoute que c'est une parole qui n'est pas vraie : vous pouvez faire des réductions, et vous les ferez le jour où vous le voudrez réellement et sérieusement.

Voix à droite. — Lesquelles? lesquelles?

M. LE PRÉSIDENT. — N'interrompez donc pas! Il ne peut se faire des interpellations à la tribune.

M. CHARAMAULE, *s'adressant à la droite.* — C'est tout le travail du budget; voulez-vous qu'on vous l'apporte?...

M. GRÉVY. — Vous ferez des réductions. On vous en a déjà indiqué quelques-unes; vous en ferez d'abord dans le budget de la guerre. *(Exclamations à droite.)*

A moins que vous ne prétendiez faire durer longtemps encore le régime actuel; à moins que vous ne vouliez, au milieu de la paix générale, maintenir l'armée sur le pied de guerre, comme on le fait depuis dix-huit ans, une armée qui dévore 400 millions par an au pays...

A droite. — Non, 300 millions.

M. GRÉVY. — Si! 400 millions à l'heure qu'il est.

Je comprends que, l'an dernier, au milieu des événements qui s'accomplissaient en Europe, l'Assemblée constituante ait reculé devant la nécessité de porter la main sur le budget de la guerre; mais, aujourd'hui, si vous proclamez que vous ne pouvez pas toucher à l'effectif de votre armée, je vous demande dans quelle circonstance vous pourrez le faire. C'est toujours le même système! Pendant dix-huit ans d'une paix qui n'a été troublée par aucun événement, la seule perspective d'une guerre possible a été une raison suffisante pour maintenir le chiffre du budget de la guerre au taux que je viens d'indiquer. C'est une des causes les plus déplorables du mauvais état de nos finances. Voilà le système que vous voulez continuer. Quelle est donc la guerre qui vous menace à l'extérieur?

M. DE PANAT *et d'autres membres à droite*. — C'est l'intérieur !

M. GRÉVY. — Si aujourd'hui vous proclamez l'impossibilité de toucher au budget de la guerre, je vous demande dans quelle circonstance vous oserez le faire. Il faut que vous disiez au pays qu'il est condamné à entretenir pendant la paix une armée de 400,000 hommes. Osez donc le lui déclarer!

Vous pouvez, vous devez faire une réduction importante dans le chiffre de l'armée, et vous la ferez si vous le voulez.

Je ne parle pas des administrations dont l'honorable M. Bastiat vous a dénoncé spirituellement l'envahissement incessant, et dont le personnel, depuis vingt ans, a doublé, au préjudice de la bonne et prompte expédition des affaires.

Je laisse de côté ce chapitre, qui a moins d'importance, et je vous dénonce le chiffre des travaux publics. Qui me démentira, dans cette enceinte, quand je dirai que c'est au profit et au gré des spéculateurs que, dans les dernières années, le budget des travaux publics s'est élevé dans une proportion qui n'est pas en rapport avec les ressources du Trésor?

Ce budget, vous le ramènerez donc aussi, quand vous le voudrez, au chiffre qu'il n'aurait pas dû dépasser; et, dans la nécessité qui nous presse, votre devoir est de le faire.

Je n'insisterai pas sur une foule d'autres points sur lesquels vous trouverez aussi des réductions à opérer, quand vous les rechercherez avec l'intention de les découvrir. *(Vif assentiment à gauche.)*

Je voterai donc contre le rétablissement de l'impôt des boissons, parce que cet impôt est, sous tous les rapports, détestable. Je voterai contre ce rétablissement, parce qu'il serait une violation flagrante de la Constitution.

A gauche. — Très bien! très bien! (Murmures à droite.)

M. DE PANAT. — La Constituante l'a voté deux fois.

M. GRÉVY. — Je voterai contre tout système de remplacement de cet impôt, parce que c'est le seul moyen de forcer le Gouvernement et l'Assemblée à entrer dans la voie des réformes financières. *(Très bien! très bien! — Vive approbation à gauche.)*

M. Charles Dupin accepta la difficile tâche de répondre à M. Grévy. Puis MM. Mauguin et Jules Favre combattirent encore le projet de loi, qui fut défendu par MM. Fortoul, Fould, ministre des finances, et Hippolyte Passy. A la fin de la séance du 17 décembre, l'Assemblée décida, par 445 voix contre 220, sur 665 votants, qu'elle passerait à la discussion des articles du projet de loi. Les séances des 18, 19 et 20 décembre furent consacrées à la discussion des amendements, qui furent tous rejetés ou retirés par leurs auteurs ; puis, à cette même séance, l'article 1er du projet de loi fut voté par 379 voix contre 230 et ensuite l'ensemble du projet fut adopté par 418 voix contre 245, sur 663 votants.

§ VIII

OBSERVATIONS

SUR UN INCIDENT RELATIF AU PROJET DE LOI

CONCERNANT LE

CHEMIN DE FER DE PARIS A AVIGNON

PRÉSENTÉES LE 22 FÉVRIER 1850

A L'ASSEMBLÉE NATIONALE LÉGISLATIVE.

———

La mauvaise récolte de 1847 amena une crise commerciale et financière, dont l'un des premiers résultats fut d'arrêter l'impulsion donnée aux travaux et d'amener une grande dépréciation des valeurs des chemins de fer. Les compagnies concessionnaires des chemins de Bordeaux à Cette et de Lyon à Avignon, hors d'état de remplir leurs engagements, furent déclarées déchues. La révolution de 1848 aggrava cette crise. Le Gouvernement dut mettre sous le séquestre plusieurs chemins, notamment celui de Marseille à Avignon. En outre, la compagnie concessionnaire se trouvant dans un grand embarras, une loi du 17 août 1848 autorisa le rachat du chemin de fer de Paris à Lyon. On ne donna pas suite, toutefois, au projet de rachat de tous les chemins de fer, qui avait été proposé, le 17 mai 1848, par la Commission exécutive. Le 8 août 1849, le ministre des travaux publics, M. Lacrosse, déposa sur le bureau de l'Assemblée un projet de loi tendant à la concession directe du chemin de fer de Paris à Lyon et à Avignon. M. Vitet présenta un rapport sur ce projet de loi, au nom de la commission du budget. La grave question du régime des chemins de fer français se trouvait soumise à l'Assemblée dans le débat qui allait s'ouvrir.

Le 22 février, à la demande du rapporteur, appuyé par le ministre des travaux publics, M. Bineau, l'Assemblée législative fixa la première délibération sur ce projet de loi au surlendemain du jour où la loi de l'enseignement serait terminée. Mais M. Latrade, d'abord, et M. Charras, ensuite, essayèrent de démontrer que le vote émis par l'Assemblée était contraire au règlement, et même à la Constitution, par ce motif que la proposition d'urgence étant abandonnée, le projet de loi devait, aux termes de la loi organique, être renvoyé à l'examen du Conseil d'État. M. Prosper de Chasseloup-Laubat contesta cette assertion en soutenant que le projet de loi avait le caractère de loi de finances et rentrait, par conséquent, dans les exceptions admises par la loi organique du Conseil d'État. M. Grévy lui répondit et, en quelques mots, réduisit à néant l'argumentation de l'orateur de la droite. « Le projet de loi, dit-il, était un projet de loi de finances primitivement ; voilà pourquoi il a été renvoyé à la commission du budget ; à l'heure qu'il est, il n'est plus un projet de loi de finances, parce que la disposition qui en faisait un projet de loi de finances portant ouverture d'un crédit a disparu. » Cette démonstration n'était pas du goût de la droite. Des murmures se firent entendre ; des interruptions se produisirent ; quelqu'un objecta que le projet de loi contenait une garantie d'intérêt. Après s'être plaint d'être interrompu à chaque mot, M. Grévy reprit sa démonstration en ces termes :

M. Grévy. — ... Je dis, et que ceux qui ne sont pas de mon avis montent à la tribune pour me réfuter, je dis que ce n'est pas une loi de finances; que ce qui constitue une loi de finances, c'est l'ouverture d'un crédit; que si dans le principe c'était une loi de finances, c'est parce qu'il y avait une subvention de 15 millions; que cette disposition a disparu, et qu'en disparaissant elle a entraîné avec elle le caractère de loi de finances qui avait été attribué en premier lieu au projet. Quant à la stipulation de garantie d'intérêts, qui pourra éventuellement, dans un avenir donné, se résoudre en une somme à payer par l'État, cela pourra constituer une charge pour l'État, mais cela ne fait pas du projet de loi un projet de loi de finances. Cela est si vrai que vous venez de décider, sur la proposition de la commission, qu'il y aurait trois lectures, chose que vous n'eussiez pas faite si vous aviez reconnu que le projet de loi avait conservé le caractère de loi de finances; vous l'auriez discuté en une seule lecture, vous n'auriez pas fait trois lectures... *(Bruit à droite.)*

La deuxième raison apportée à la tribune par M. de Chasseloup-Laubat est celle-ci : Il s'agit de savoir dans la loi si l'État aura à prendre sur le budget la somme nécessaire pour l'exécution du chemin de fer.

Je lui en demande pardon, il ne s'agit en aucune façon de cela dans le projet. Le projet ne porte que sur ceci : concédera-t-on à une compagnie l'exploitation et l'exécution du chemin de fer? Quant à la manière de faire le chemin, si la concession n'était pas accordée, le projet de loi n'en parle pas; ce serait un autre projet de loi qui aurait à régler ce point. Mais, quant à présent, on ne peut dire que le projet de loi implique la question de savoir si l'État prendra ou ne prendra pas, sur le budget, les sommes nécessaires pour l'exécution, et qu'en cela le projet de loi serait une loi de finances.

On a cité enfin, pour trois motifs, un précédent qu'on a voulu tirer de la loi relative au chemin de fer d'Avignon à Marseille.

De quoi s'agissait-il dans cette loi? Et quel rapport avait ce projet avec celui que nous examinons?

Dans cette loi, on votait un crédit en faveur de la compagnie d'Avignon à Marseille : il y avait là une ouverture de crédit; il y avait une somme qu'on lui allouait à titre de prêt, et il y avait, plus tard, une stipulation d'intérêts et un cautionnement donné à la compagnie. Cette loi n'avait aucun rapport avec la loi actuelle, qui est une loi de concession de chemin de fer.

En terminant, M. Grévy déclara, avec l'approbation de la gauche, qu'il ne voyait rien, ni dans la décision de l'Assemblée portant fixation de l'ordre du jour, ni dans les raisons données par M. de Chasseloup-Laubat, qui autorisât l'Assemblée à violer son règlement, la loi sur le Conseil d'État, et la Constitution. M. Berryer reprit ensuite la thèse de M. de Chasseloup-Laubat, et, finalement, l'Assemblée décida, par 423 voix contre 187, sur 610 votants, que le projet de loi ne serait pas renvoyé au Conseil d'État.

§ IX

OBSERVATIONS

SUR LA QUESTION DE SAVOIR S'IL Y A LIEU DE PASSER A UNE
DEUXIÈME DÉLIBÉRATION DU PROJET DE LOI

RELATIF AU

CHEMIN DE FER DE PARIS A AVIGNON

PRÉSENTÉES LE 4 MARS 1849
A L'ASSEMBLÉE NATIONALE LÉGISLATIVE.

La discussion du projet de loi relatif au chemin de fer de Paris à Avignon commença le 28 février. L'Assemblée entendit MM. Victor Lefranc, Barthélemy Saint-Hilaire, Crémieux, adversaires du projet, et ses partisans, MM. Dufournel, Delessert, de Mouchy, Bineau, ministre des travaux publics, Fould, ministre des finances; puis le rapporteur, M. Vitet, lui proposa de passer à une deuxième délibération. Cet incident amena M. Rouher, ministre de la justice, à présenter quelques observations, et comme le cri : Aux voix! s'était fait entendre à plusieurs reprises, M. Grévy demanda la parole contre la clôture et l'obtint. Il s'exprima ainsi :

M. Grévy. — L'Assemblée comprend, à la vivacité de cet incident, l'importance qui s'y attache; il y a une très grande importance au résultat du vote que vous allez rendre. On semble vous dire qu'il n'y en

CHAPITRE II.

aura aucune, que toutes les questions sont réservées. Je le conteste, et je le prouve par la vivacité même des réclamations et des efforts tentés pour arriver à ce résultat. *(Interruptions.)*

Vous savez parfaitement par votre propre expérience que, lorsqu'une loi a été votée dans une première délibération, il y a pour elle un grand préjugé qu'elle arrivera à un résultat définitif. *(Réclamations.)*

M. Pascal Duprat. — Les actions de Saint-Étienne ont déjà haussé de mille francs !

M. Morellet. — La reprise des affaires dont on nous parle est un cadeau de 154 millions aux compagnies. *(Agitation.)*

M. Grévy. — Vous savez parfaitement aussi quelle est la signification et quelle est la portée d'un pareil vote. En vain essaye-t-on de l'obscurcir ; vous savez très bien que la discussion générale a pour objet de déterminer la pensée de l'Assemblée sur les principes généraux qui font la base du projet en discussion ; et lorsqu'on passe à une seconde lecture, c'est qu'on adopte dans leur ensemble les principes généraux qui sont le fondement de la loi. *(Nombreuses réclamations.)*

M. le président. — Pas du tout.

M. Grévy. — C'est votre opinion, ce n'est pas la mienne.

M. de La Rochejacquelein. — Mais non, c'est une erreur ; nous ne pouvons pas accepter cela.

M. le rapporteur. — Vous préjugeriez toutes les

questions, ce serait le renversement de votre règlement.

M. Grévy. — Il est impossible de contester que ce qui est consacré par le premier vote, c'est le principe même de la loi.

M. le rapporteur. — Non, l'objet de la loi.

M. Abbatucci. — Il y a trois principes.

M. Grévy. — Permettez : il n'y a pas trois principes, il n'y a qu'un principe dans la loi, je vais vous le montrer ; et je vous montrerai en même temps que si l'Assemblée décide qu'elle passera à une seconde délibération, elle consacrera le principe.

M. Combarel de Leyval. — Non, non. Je demande la parole.

M. Grévy. — Cela est si vrai, qu'à la seconde délibération on ne rentre plus dans la discussion générale, et que l'on considère comme vidée la question de principe.

M. le président. — Non, jusqu'à la troisième délibération même on y revient, si l'on veut. *(Mouvements divers.)*

Quelques membres. — La clôture ! la clôture !

M. Grévy. — Je sais parfaitement que l'Assemblée n'est pas engagée par son premier vote. *(Exclamations diverses. — Non! non! — Bruit.)*

Je sais très bien que l'Assemblée n'est pas engagée par ce vote et qu'elle peut y revenir. Mais il est impossible de me contester ici, et c'est la seule chose que je dise, que par ce vote de l'Assemblée qu'elle passe à une deuxième délibération, le principe de la loi est au moins consacré momentanément. *(Exclamations nouvelles.)*

Or quel est le principe de la loi que vous discutez? Est-il purement et simplement, comme on essaye de vous le faire entendre, le principe de l'exécution des chemins de fer sans les compagnies? Non; le principe de la loi est celui-ci : c'est la concession à une ou deux compagnies de la ligne de Paris à Avignon, à certaines conditions générales dont on ne veut pas se départir; on ne peut pas s'en départir, on vous l'a déclaré. J'adjure la commission de me démentir, si ce n'est pas vrai, et le ministère aussi. La commission ne peut pas se départir d'une seule des trois principales conditions du projet de loi, c'est-à-dire de la concession pour quatre-vingt-dix-neuf ans. *(Interruptions.)*

Voix à droite. — C'est réservé!

M. LE RAPPORTEUR. — Pourquoi ne le pouvons-nous pas?

M. GRÉVY. — Vous ne le pouvez pas, puisque vous le déclarez vous-même : vous avez déclaré dans votre rapport, et on a déclaré à la tribune, que la concession était impossible sans ces conditions. Vous ne pouvez donc pas vous en départir. *(Nouvelles réclamations à droite.)*

Je finis par ces mots : que ceux des membres de cette Assemblée qui sont résolus à voter contre, à repousser le projet de loi tel qu'il leur est présenté, y prennent garde : il est certain que si le vote est qu'on passera à la seconde lecture, on préjugera et on compromettra la question. *(Vives dénégations à droite.)*

La clôture fut prononcée après ces observations. Puis le président, M. Dupin, du haut du fauteuil, contesta la théorie exposée par M. Grévy.

« Quand la Constitution, dit-il, a exigé trois épreuves, ce sont trois épreuves solidaires, si je puis m'exprimer ainsi ; c'est afin qu'à la deuxième délibération, si on a mal fait à la première, on puisse se corriger; ce droit dure jusqu'à la fin de la loi, jusqu'à la dernière extrémité ; à la troisième délibération, on peut encore effacer tout ce qui a été fait dans les deux autres.

« Par conséquent, l'Assemblée, quand elle passe à une deuxième ou à une troisième délibération, ne s'engage qu'à ceci : à examiner de nouveau en toute liberté. »

La majorité donna son approbation aux paroles de M. Dupin, puis l'Assemblée décida, par 428 voix contre 218, qu'elle passait à une deuxième délibération sur le projet de loi.

§ X

DISCOURS

SUR LE PROJET DE LOI

RELATIF AU

CHEMIN DE FER DE PARIS A AVIGNON

PRONONCÉ LE 8 AVRIL 1850

A L'ASSEMBLÉE NATIONALE LÉGISLATIVE.

La seconde délibération sur le projet de loi relatif au chemin de fer de Paris à Avignon commença le 8 avril. Le président mit d'abord en discussion les amendements ayant pour principe l'exécution par l'État. Il y en avait plusieurs dans le même sens, présentés par MM. Grévy, Jules Favre, Aubry, le général de Grammont, d'Olivier. M. Grévy obtint le premier la parole.

Il commença par dire que l'amendement qu'il présentait à l'Assemblée proposait : 1° que la construction du chemin de fer de Paris à Avignon fût achevée par l'État; 2° qu'il fût pourvu à la dépense au moyen du produit des sections en exploitation, et, pour le surplus, par voie d'emprunt. Il montra ensuite que la question était celle-ci : ou la concession aux conditions proposées par la commission, ou l'achèvement par l'État; qu'il n'y avait pas d'autre alternative. Puis, après avoir indiqué la portée exacte de l'amendement dont il était l'auteur, M. Grévy poursuivit en ces termes :

La question qui domine et résume toute la discussion est donc celle-ci : Le Gouvernement, rentré en possession du chemin de Paris à Avignon, le gardera-t-il pour l'achever, ou le concédera-t-il aux conditions proposées par la commission?

Ces conditions, vous les connaissez; c'est :

1° La concession pour quatre-vingt-dix-neuf ans ;

2° La garantie d'un intérêt de cinq pour cent sur un capital de 260 millions ;

3° L'abandon de 154 millions dépensés en travaux ;

4° (J'appelle l'attention de l'Assemblée sur cet article qui ne lui a pas encore été signalé), l'abandon des produits des sections en exploitation, pendant tout le temps qui s'écoulera entre le jour de la concession et l'époque fixée pour l'entrée en jouissance. Pendant les quatre ans et demi que dureront les travaux, et avant le commencement *légal* de sa jouissance, la compagnie percevra les produits des deux sections qui sont en exploitation, et, très prochainement, de la ligne entière de Paris à la Saône. Or faites-en le calcul sur les bases adoptées par tout le monde, et vous trouverez que c'est là, très réellement, une nouvelle subvention de plus de 30 millions.

Ces conditions sont inouïes, j'y reviendrai. Je ne veux en ce moment que faire remarquer combien elles diffèrent de celles que l'ancienne compagnie de

CHAPITRE II.

Paris à Avignon avait obtenues, je ne dis pas seulement dans le premier état des choses, mais même après la revision de son contrat. Vous savez que cette compagnie, alléguant que la dépense devait excéder les prévisions consignées dans les avant-projets des ingénieurs du Gouvernement, avait obtenu que la durée de sa concession fût portée de quarante et un ans à quatre-vingt-dix-neuf ans, c'est-à-dire que, pour une augmentation présumée d'un tiers dans la dépense, elle avait vu ses avantages plus que doublés.

On va bien autrement loin aujourd'hui.

Ce n'est pas seulement une jouissance de quatre-vingt-dix-neuf ans qu'on accorde, on y ajoute une première subvention de 154 millions en travaux exécutés; une seconde subvention de plus de 30 millions en produits à percevoir avant l'entrée en jouissance, et la garantie d'un intérêt de 5 pour 100 sur un capital de 260 millions pendant quatre-vingt-dix-neuf ans!

Ce rapprochement fait naître une réflexion qui frappera tous les esprits équitables. Pourquoi n'a-t-on pas accordé à l'ancienne compagnie les avantages qu'on veut faire aujourd'hui à une compagnie nouvelle? En 1848, la compagnie de Paris à Lyon implora avec instance le concours de l'État; ce concours lui fut persévéramment refusé; et ce ne fut que lorsqu'elle eut perdu tout espoir de ce côté qu'elle se résigna au rachat. Ou les avantages qu'on veut faire aujourd'hui sont justes, ou ils ne le sont pas : s'ils sont justes, pourquoi les a-t-on refusés à l'ancienne compagnie, qu'ils eussent sauvée? S'ils sont injustes, pourquoi les accorder à une compagnie nouvelle qui n'y a aucun droit? Pourquoi enrichir celle-ci des dépouilles de celle-là? Pourquoi ruiner l'une pour faire la fortune de l'autre? On comprend l'État refusant de s'imposer des sacrifices nouveaux et reprenant la concession pour la garder; on ne le comprend pas reprenant la concession pour la livrer à une seconde compagnie à des conditions refusées à la première : cela est sans équité, sans raison, sans dignité. *(Très bien!)*

Mais je laisse cette considération, et j'arrive directement à ce que je regarde comme le meilleur moyen de justifier mon amendement, je veux dire à l'examen comparé des avantages respectifs de la concession à une compagnie, et de l'achèvement par l'État.

Pourquoi l'État, remis en possession du chemin de fer de Paris à Avignon par l'impuissance des compagnies, le leur livrerait-il de nouveau, et recommencerait-il une expérience qui a si mal réussi? Pourquoi ferait-il cette concession à des conditions si exorbitantes? Pourquoi s'imposerait-il dans le présent des sacrifices si énormes? Pourquoi prendrait-il, pour l'avenir, un engagement si long, si chanceux, si pesant pour son crédit? Pourquoi se dessaisirait-il, pour quatre-vingt-dix-neuf ans, de cette ligne si importante? Quelles raisons si impérieuses ont pu porter le Gouvernement et la commission à faire une semblable proposition?

Ces raisons, je les ai recherchées avec le plus grand soin, et dans l'exposé des motifs du Gouvernement, et dans le rapport de la commission, et dans les discours prononcés à cette tribune dans la première délibération; j'ai trouvé qu'elles se réduisent à ces deux points principaux :

Premièrement, dans la situation des finances et du crédit public, l'État n'a aucun moyen d'achever lui-même le chemin de Paris à Avignon; il faudrait, ou qu'il inscrivît des crédits annuels au budget, ou qu'il recourût à un emprunt, deux moyens auxquels il ne peut songer; il ne lui reste qu'une ressource, c'est d'appeler à son aide le crédit privé, quoi qu'il puisse lui en coûter.

Secondement, la concession de ce chemin à une compagnie est commandée par la nécessité de ranimer le travail et les affaires, de donner de l'ouvrage aux ouvriers, des commandes aux établissements industriels, et de favoriser ainsi le retour de la confiance et du crédit.

Tels sont, en substance, les deux arguments principaux des auteurs et des partisans du projet de loi.

Je vous demande la permission de les examiner de près.

L'orateur expose que le premier argument pourrait avoir de la valeur, si la compagnie apportait, soit de l'argent, soit un crédit qui lui fût propre. Mais il n'en est pas ainsi. La compagnie se propose, en effet, de contracter un emprunt public, comptant pour cela sur ce que l'État lui remettrait dans la main, c'est-à-dire sur la concession de quatre-vingt-dix-neuf ans, sur la double subvention de 154 millions d'un côté, de plus de 30 millions de l'autre, et surtout sur la garantie d'intérêt; en un mot sur la chose et sur le crédit de l'État. Le seul résultat du recours à un intermédiaire serait de faire revenir l'argent à un taux bien plus élevé que par la voie de l'emprunt direct; d'enlever à l'épargne, non seulement le capital nécessaire aux travaux, mais encore le montant des primes reçues par les spéculateurs au détriment des petites fortunes; d'avilir, par le jeu de ces primes, l'intérêt servi aux actionnaires sérieux; de faire baisser la rente en jetant sur le marché des titres produisant un intérêt plus élevé; de peser sur le marché pendant plus de quatre ans; de compromettre le succès des emprunts que l'État pourrait être conduit à faire pendant cette période.

Le second argument des partisans de la concession est tiré de la nécessité de ranimer le travail et les affaires, et de relever le crédit. On dit : la compagnie donnera de l'ouvrage aux ouvriers, des commandes aux établissements industriels, et la confiance achèvera de renaître quand on verra des capitaux si importants s'engager dans une opération d'aussi longue haleine. Mais que le chemin soit exécuté par l'État ou par une compagnie, il y aura autant de travail pour les ouvriers, autant de commandes pour les établissements industriels; la construction par l'État donnera même plus de garantie à cet égard; il suffira, pour s'en convaincre, de se rappeler l'impuissance d'un grand nombre de compagnies, la désinvolture avec laquelle elles se sont soustraites à leurs engagements. « L'État n'a-t-il pas mené à terme tous les travaux de chemins de fer qu'il a entrepris? Et oublie-t-on qu'en définitive, c'est lui qui a construit tous les chemins de fer, acheté tous les terrains, fait tous les travaux de terrassement, tous les travaux d'art? Et les compagnies, qu'ont-elles fait en France? Elles ont été chargées seulement de la pose des rails et de l'établissement du matériel, et encore n'ont-elles pu accomplir leur tâche. L'État a fait tout ce qu'il a entrepris en matière de chemin de fer, les compagnies n'ont presque rien fait. Si donc on veut que le chemin se fasse, il faut le laisser aux mains de l'Etat. » Ainsi s'évanouissent les deux principaux arguments invoqués par les partisans de la concession. M. Grévy continue ainsi :

Il n'y a donc, en réalité, messieurs, quand on examine les choses de près, aucune raison sérieuse de consentir à une semblable concession; mais il y en a beaucoup, et des plus graves, de s'y opposer.

Dans l'impossibilité où je suis de les développer toutes dans les limites de ce discours, je me bornerai à vous en signaler quelques-unes des plus importantes.

Votre attention a été appelée plusieurs fois déjà sur ce qu'il y a de ruineux, d'exorbitant, d'inouï dans les conditions auxquelles on vous propose de consentir. Vous avez vu à ce sujet des calculs, des supputations que vous avez pu apprécier. Je n'y veux pas revenir; je veux me borner, sur ce point, à répondre à un des arguments de M. le ministre des travaux publics.

M. le ministre vous a dit qu'en dernier résultat la concession n'était pas faite à des conditions meilleures que les concessions antérieures; qu'elle était faite, au contraire, à des conditions moins avantageuses. Et pour le prouver, il a rapproché la subvention de 154 millions des subventions faites aux autres compagnies, et il en a tiré la conséquence que, cette subvention ne s'élevant qu'à 37 pour 100, tandis que les autres montent de 45 à 71 pour 100, la compagnie dont il s'agit est moins bien traitée que ne l'ont été les autres.

M. le ministre a oublié dans son calcul trois éléments sur quatre. Il ne vous a parlé que des 154 millions de subvention en travaux exécutés; mais des 30 millions à provenir des produits des sections en exploitation, mais de la garantie d'intérêt, mais de la concession pour quatre-vingt-dix-neuf ans, il ne vous en a pas dit mot. Or réunissez ces quatre éléments, mettez-les en regard des concessions faites, non pas en France seulement, mais dans tous les pays où il a été fait des concessions, et dites si jamais, à aucune époque, on a osé faire à un gouvernement une proposition semblable.

M. le rapporteur prétend, il est vrai, que parmi ces avantages accumulés il en est un, la garantie d'intérêt, qui n'est, pour employer ses expressions, qu'un avantage négatif, un moyen de parler aux imaginations sans qu'il en coûte rien à l'État. Voici comment M. le rapporteur l'explique :

« Et quant aux produits probables du chemin, nous montrerons tout à l'heure, chiffres en main, que, même en atténuant dans une proportion considérable les évaluations si bien établies dans le rapport de l'honorable M. Dufaure en 1845, il reste encore une marge suffisante pour que, dans aucun cas, la recette ne descende au-dessous de la somme représentant l'intérêt à 5 pour 100 du capital nécessaire pour l'achèment des travaux. »

Et plus loin, M. le rapporteur, après avoir établi sa preuve, chiffres en main, comme il l'avait promis, termine ainsi :

« En tenant rigoureusement compte de ces causes d'atténuation et en mettant de côté, comme l'honorable M. Dufaure l'avait fait lui-même, toutes ces causes probables d'augmentation, on arrive encore à un produit net, par année, d'environ 16 à 17 millions. Ainsi la sécurité du trésor public peut, sans le moindre optimisme, être tenue pour complète. »

C'est aussi mon sentiment ; je crois, avec M. le rapporteur, que les produits de l'exploitation seront de beaucoup supérieurs à l'intérêt de la somme à dépenser.

Seulement, je demanderai à M. le rapporteur comment il se fait que ces mêmes produits, qui lui paraissent assurés lorsqu'il s'agit d'obtenir la garantie de l'État, cessent de l'être à ses yeux lorsqu'il veut combattre l'exécution par l'État au moyen d'un emprunt.

Voici comment M. le rapporteur répond à ceux qui, comme moi, soutiennent que, si l'État emprunte, il trouvera dans les produits de l'exploitation des ressources suffisantes et pour payer les intérêts et pour amortir rapidement.

« Ainsi, ce moyen merveilleux, cette soi-disant recette d'emprunter sans qu'il ne coûte rien, n'est, à vrai dire, qu'une illusion. Ces mots : Achever le chemin par lui-même, emprunter sur ses produits, sur ses propres ressources, il faut les traduire ainsi : Emprunter au nom de l'État, grossir notre dette, augmenter nos charges permanentes. De quelque manière qu'un capital soit prêté au trésor, dès qu'il y est entré, on lui doit un intérêt ; et pour en assurer le service, il faut inscrire un crédit au budget ; voilà ce qui est clair, ce qui est certain. Quant aux produits qui doivent faire compensation, ils viennent ensuite, s'il plaît à Dieu ! » *(Rires et rumeurs à gauche.)*

Et, un peu plus bas, M. le rapporteur ajoute : « A coup sûr, rien de plus séduisant. Par malheur, ces calculs sont quelque peu chimériques ; ils reposent sur des produits qu'il serait tout au moins téméraire d'espérer. »

M. LE RAPPORTEUR. — Oui, quand c'est l'État qui exploite.

M. GRÉVY. — S'agit-il de déterminer l'État à donner la garantie, cette garantie n'est qu'un avantage négatif, un moyen de parler aux imaginations, sans qu'il en coûte rien au trésor ; on établit, chiffres en main, qu'en mettant tout au pire, les produits de l'exploitation ne peuvent descendre au-dessous de 16 à 17 millions, et que, par conséquent, la sécurité de l'État peut, sans le moindre optimisme, être tenue pour complète.

S'agit-il, au contraire, de dissuader l'État d'emprunter, il n'y a plus qu'une chose qui soit claire, qui soit certaine, c'est la nécessité de payer l'intérêt de la somme empruntée. Quant aux produits qui doivent faire compensation, ils viendront après, s'il plaît à Dieu ! Les calculs qu'on fait à cet égard sont quelque peu chimériques ; ils reposent sur des produits qu'il serait tout au moins téméraire d'espérer.

Je laisse à M. le rapporteur le soin de concilier ces divers passages, et je me borne à lui faire un raisonnement bien simple.

Ou les produits de l'exploitation seront suffisants pour faire face aux intérêts, et, en ce cas, l'État peut emprunter sans crainte de grever le budget d'une charge nouvelle ; ou ils seront insuffisants, et, dans ce cas, la non-garantie n'a rien de négatif ; elle sera une charge très réelle pour le budget.

Dans l'une et l'autre hypothèse, les charges de l'État sont les mêmes. Si le chiffre du produit est inférieur au chiffre des intérêts, c'est l'État qui paye la différence aux emprunteurs, dans le cas d'emprunt, à la compagnie, dans le cas de garantie. C'est l'État qui supporte toutes les pertes. Quant aux profits, c'est différent : ils sont pour l'État s'il emprunte, et sont pour la compagnie s'il garantit. Si l'opération est bonne, les bénéfices sont pour la compagnie ; si elle est mauvaise, les pertes sont pour l'État. Voilà comment, dans cet incroyable projet, les intérêts de la fortune publique sont traités. *(A gauche. — Très bien!)*

Il est vrai que le projet de loi, pour indemniser l'État des sacrifices qu'il lui impose, lui promet une espérance. Si les produits de l'exploitation sont tels que le dividende à répartir aux actionnaires excède 8 pour 100, l'État sera admis, après quinze ans, à partager l'excédent avec la compagnie.

Cette promesse est un leurre. Consultez tous les hommes d'expérience, ils vous répondront que jamais la compagnie ne partagera rien avec l'État, quels que soient les produits du chemin de fer. Les compagnies savent toujours parfaitement s'arranger pour éluder cette sorte de disposition. L'histoire des chemins de fer en fournit de nombreux exemples; je n'en citerai qu'un seul, parce qu'il est célèbre.

Le cahier des charges de la compagnie du chemin de Liverpool à Manchester contenait dans le principe une clause analogue. Le gouvernement anglais s'était réservé le droit, non pas de partager avec la compagnie, mais de reviser le tarif lorsque le dividende dépasserait 10 pour 100. Or qu'est-il arrivé? Que le dividende s'éleva rapidement à 10 pour 100; mais, une fois ce chiffre atteint, il y resta obstinément stationnaire.

Savez-vous ce qu'on faisait du surplus des produits? On en formait des fonds de réserve pour réparer ultérieurement la voie, pour renouveler le matériel; on employait ces fonds à des travaux de parachèvement et surtout à arrondir la position de l'état-major de la compagnie. *(A gauche. — C'est cela!)*

Eh bien, soyez convaincus qu'il en sera de même ici. Lorsque le dividende aura atteint 8 pour 100, s'il atteint ce chiffre, la compagnie aura des fonds de réserve à former, des positions à arrondir; elle n'aura jamais rien à partager avec l'État.

Il n'y a, d'ailleurs, qu'une chose à dire d'une semblable stipulation : ou ceux qui l'ont faite croient, d'après les calculs et les supputations auxquels ils ont dû se livrer, que les produits de l'exploitation seront tels que les dividendes excéderont 8 pour 100, et, dans ce cas, la concession, à ces conditions, pour quatre-vingt-dix-neuf ans, est un coupable abandon des intérêts de l'État; ou, au contraire, ils ont pensé que ce chiffre ne sera pas dépassé, et alors cette stipulation n'est plus qu'un leurre, non seulement pour l'État, mais encore pour le public, qu'elle contribuera à allécher par le trompeur appât de bénéfices chimériques. *(Approbation à gauche.)*

Quelque ruineuse que soit cette concession par les sacrifices qu'elle impose directement à l'État, elle lui sera bien autrement onéreuse encore par les charges qu'elle fera retomber indirectement sur lui.

Quand vous aurez accordé à la compagnie de Paris à Avignon quatre-vingt-dix-neuf ans de jouissance, et que vous lui aurez assuré un intérêt de 5 pour 100 sur son capital, que répondrez-vous aux autres compagnies qui viendront vous demander des avantages semblables, presque toutes leur bilan à la main? Vous ne leur opposerez pas leur contrat. Il est de jurisprudence administrative que les contrats sont quelque chose qui lie l'État, mais non les compagnies. Elles vous diront : Vous ne pouvez avoir deux poids et deux mesures. En faisant à la compagnie de Paris à Avignon des conditions si différentes des nôtres, vous avez reconnu implicitement que celles que vous nous avez faites sont mauvaises, et par conséquent injustes; donnez-nous quatre-vingt-dix-neuf années de jouissance, et la garantie de l'État pour les emprunts que nous sommes dans la nécessité de contracter. Voilà le langage qu'elles tiendront au Gouvernement, et le Gouvernement s'y rendra, car les situations ont leur entraînement et leur logique.

M. Crémieux. — Les quatre-vingt-dix-neuf ans ont été promis à la tribune à toutes les compagnies.

M. Grévy. — Que dis-je, il s'y rendra? C'est déjà fait. Ne vous rappelez-vous pas qu'il y a quelque temps, dans une discussion relative au chemin de fer de Marseille à Avignon, M. le ministre des travaux publics, répondant à M. de Mouchy, est venu déclarer à la tribune qu'il était dans l'intention de demander que la durée de toutes les concessions existantes fût portée à quatre-vingt-dix-neuf ans? Ne savez-vous pas que cet incroyable projet est tout préparé, et qu'il n'attend pour se produire que le sort de celui que nous discutons? Ne savez-vous pas que ce plan a déjà commencé à être mis à exécution, lorsque M. le ministre est venu demander pour la compagnie d'Avignon à Marseille la garantie de l'État.

L'aliénation de tous les chemins de fer pour quatre-vingt-dix-neuf ans, et la garantie de l'État mise à la discrétion de toutes les compagnies, voilà la voie dans laquelle on vous pousse, et où vous allez engager l'avenir et les finances du pays, si vous adoptez le projet de loi. *(Très bien!)*

L'aliénation pour un siècle de toutes les grandes voies de communication! M. le ministre des travaux publics y a-t-il bien songé? Oublie-t-il que les grandes voies de communication sont un instrument nécessaire de gouvernement, un des premiers besoins, une des plus grandes forces de l'autorité publique? Oublie-t-il qu'il est indispensable que le Gouvernement puisse en disposer arbitrairement, et dans les temps de guerre pour les mouvements de troupe, et dans les temps de disette pour le transport gratuit des subsistances, et dans les temps de crise commerciale pour venir en aide à la production par une sage réduction des tarifs?

L'aliénation des chemins de fer pour quatre-vingt-dix-neuf ans! Mais c'est pour quatre-vingt-dix-neuf ans l'immobilité des tarifs, c'est-à-dire l'immobilité du prix des transports, ce facteur si important de tous les produits; c'est l'immobilité de l'industrie et du commerce.

On nous dit que notre but final, c'est la gratuité des transports, et, à cette occasion, on nous jette à la face l'accusation de communisme, cette banalité qui revient à tout propos, et qui est devenue l'argument de toutes les mauvaises causes, l'épouvantail derrière lequel s'abritent tous les égoïsmes.

A gauche. — Très bien ! très bien !

M. Grévy. — Ai-je besoin de répondre à cela ? La gratuité des transports est impossible parce que ce serait une chose injuste, et ce serait une chose injuste parce que l'État, c'est-à-dire tout le monde, payerait pour les profits de quelques-uns. Personne ne veut cela.

Ce que nous voulons, c'est que les tarifs puissent s'abaisser avec le temps; et ce que vous voulez, vous, c'est qu'ils restent immobiles au profit des compagnies.

En vain le temps, dans sa marche, aura amené à cette industrie naissante des chemins de fer les perfectionnements et les économies; en vain il aura supprimé peut-être la dépense du combustible, tandis qu'autour de nous les peuples voisins jouiront de ces réformes et que leur commerce en profitera pour prendre un nouvel essor, le commerce français restera enchaîné à des tarifs immobiles, et le peuple sera déshérité pendant un siècle du fruit des progrès accomplis....

A gauche. — Très bien ! très bien !

CHAPITRE II.

Au banc de la commission. — Et en Angleterre, les concessions à perpétuité !

M. Grévy. — ... parce que l'État aura été assez imprudent pour livrer les chemins de fer à l'intérêt privé, c'est-à-dire à un intérêt égoïste, étroit, que rien ne pourra vaincre dans sa résistance, ni la concurrence impossible entre des voies de communication qui aboutissent à des points différents et qui d'ailleurs tendent à se concentrer dans les mêmes mains, ni la revision des tarifs que, seul en Europe, le Gouvernement français a eu l'impardonnable imprévoyance de ne pas se réserver.

M. Wolowski. — Et l'Angleterre !

M. Grévy. — En Angleterre, vous devriez savoir, monsieur Wolowski, que les tarifs peuvent être revisés....

M. Wolowski. — Et où avez-vous vu cela ?

M. Berryer. — En Angleterre, toutes les concessions sont perpétuelles.

M. Vitet, *rapporteur*. — Et sans revision de tarifs aucune.

M. Victor Lefranc. — Si on veut leur faire des concessions perpétuelles sans subvention, nous y consentirons.

M. Bineau. — Toujours est-il que M. Grévy voit que la faculté de revision n'existe pas en Angleterre.

M. Grévy. — Quand on cite l'exemple de l'Angleterre, il faudrait le citer d'une manière complète.

M. Bineau, *ministre des travaux publics.* — Oui, et exactement.

M. Grévy. — Nous allons voir, monsieur le ministre, qui de nous deux le fait avec le plus d'exactitude. *(Interruption.)*

M. le président. — La question est assez difficile et mérite l'attention de l'Assemblée.

Pour qu'il n'y ait pas d'interruption, j'invite MM. les représentants au silence... Je parle en général, à la droite comme à la gauche.

M. Grévy. — Je dirai d'abord, à titre d'observation préliminaire, que si l'Angleterre avait commis la faute de ne pas se réserver la revision des tarifs, il ne faudrait pas l'imiter.

On m'objecte qu'en Angleterre les concessions sont perpétuelles ; cela est vrai ; mais ce que l'on ne dit pas, c'est que l'Angleterre n'a pas donné un schelling aux compagnies. Voilà ce que vous ne dites pas, quand vous citez l'exemple de l'Angleterre ; tandis qu'en France on donne aux compagnies des subventions qui vont jusqu'à 71 pour. 100.

Je maintiens, en outre, que la revision des tarifs est dans les mains du parlement. Il n'y a pas longtemps qu'il en a usé, dans une occasion que M. le ministre, par sa spécialité, doit connaître, il en a usé à l'occasion *des trains parlementaires;* il a réformé les tarifs ; donc, il en a, par le fait, la revision. Soyez-en bien convaincus, toutes les fois que l'intérêt public exige la revision des tarifs, le parlement anglais a en main des pouvoirs suffisants pour l'obtenir.

Puisqu'on a parlé de l'Angleterre, permettez-moi de ramener vos regards sur le continent; jetez les yeux autour de vous, la Belgique, maîtresse de ses chemins de fer, en fait, dans l'intérêt de son commerce, un usage si intelligent et si utile, qu'elle a su conjurer naguère, par une prévoyante réduction de ses tarifs, une crise commerciale qu'on pouvait croire irrémédiable. En Allemagne, tous les États ont repris ou tendent à reprendre les concessions qu'ils avaient aliénées. Il n'est pas jusqu'à l'Autriche qui, malgré sa gêne extrême, n'hésite pas à surcharger ses finances déjà si obérées pour racheter les chemins qu'elle avait concédés. Et c'est à ce moment que le Gouvernement français, marchant au rebours du mouvement qui s'opère autour de lui, songe à aliéner pour quatre-vingt-dix-neuf ans tous les chemins de fer qui sillonnent le territoire !

C'est une faute incalculable! et l'intérêt que je signale est d'un tel ordre que, devant lui, toutes les autres considérations disparaissent. Je vous conjure, messieurs, d'y réfléchir; l'aliénation des chemins de fer pour quatre-vingt-dix-neuf ans, c'est l'aliénation de l'avenir, de la prospérité, de la sécurité de la France. *(Assentiment à gauche.)*

On dit : Nous rachèterons. Oui, vous rachèterez; c'est une nécessité inévitable. Mais, si vous devez racheter, pourquoi aliénez-vous? pourquoi aliénez-vous à des conditions si ruineuses, avec la perspective de racheter à des conditions plus ruineuses encore?

Au banc de la commission. — Non.

M. Grévy. — Vous allez le voir.

Si vous devez racheter, pourquoi vous en interdire le droit pendant quinze ans, quelque événement qui puisse arriver? Pourquoi imposer au rachat des conditions si onéreuses qu'elles le rendent impossible?

Ces conditions de rachat méritent d'être signalées et étudiées; elles sont dignes de tout le reste.

Voici comment elles sont réglées par l'art. 65 du cahier des charges :

« A toute époque, après l'expiration des quinze premières années, à dater du délai fixé par l'art. 2 pour l'achèvement des travaux, le Gouvernement aura la faculté de racheter la concession entière du chemin de fer. Pour régler le prix du rachat, on relèvera les produits nets annuels obtenus par la compagnie pendant les sept années qui auront précédé celle où le rachat sera effectué; on en déduira les produits nets des deux plus faibles années, et l'on établira le produit net moyen des cinq autres années.

« Ce produit net moyen formera le montant d'une annuité qui sera due et payée à la compagnie pendant chacune des années restant à courir sur la durée de la concession.

« Dans aucun cas, le montant de l'annuité ne sera

inférieur au produit net de la dernière des sept années prises pour terme de comparaison.

« La compagnie recevra, en outre, dans les trois mois qui suivront le rachat, les remboursements auxquels elle aurait droit à l'expiration de la concession, selon l'art. 66 ci-après. »

C'est-à-dire que si l'État veut racheter le chemin, il sera obligé de payer à la compagnie, non pas une annuité égale aux produits de l'exploitation, mais une annuité plus importante. Pour établir cette annuité sur une moyenne exacte, raisonnable, juste, il eût fallu prendre les sept dernières années, et en retrancher les deux plus fortes et les deux plus faibles; c'est ainsi qu'on opère quand on veut avoir une moyenne qui soit vraie.

Mais ici, que fait-on? On retranche les deux plus faibles années, et on prend la moyenne des cinq plus fortes; de plus, si cette moyenne est inférieure à la dernière année, elle s'élève encore; c'est-à-dire qu'après avoir donné gratuitement la moitié du chemin à la compagnie, l'État sera obligé de le racheter entièrement, et de le payer plus cher qu'il ne vaut.

Ce n'est pas tout. L'État n'aura pas à payer cela seulement; en vertu du dernier paragraphe, que je viens de vous lire, il aura à payer, en outre, à la compagnie le remboursement de son matériel, ce qui montera à une somme considérable.

Placez-vous donc, messieurs, par la pensée, dans la situation où se trouvera l'État au moment où il voudra opérer son rachat. Si vous voulez bien considérer qu'il ne sera amené à racheter les chemins de fer que par la nécessité de réduire les tarifs, vous reconnaîtrez qu'il en retirera beaucoup moins qu'il ne devra payer aux compagnies.

Je suppose, par exemple, que le chemin de fer de Paris à Avignon soit racheté moyennant une annuité de 20 millions. Je suppose que l'État réduise les tarifs de chemin de 10 millions; il faudra inscrire annuellement au budget 10 millions pour payer la compagnie. Si le rachat s'opère dans quinze ans, vous avez quatre-vingt-quatre annuités à payer, c'est-à-dire 840 millions; et vous avez, en outre, à payer à la compagnie le montant des estimations de son matériel. Il faudra payer autant pour chaque ligne de fer qu'on voudra racheter. Voilà donc l'État dans la nécessité d'inscrire à son budget autant de crédits annuels qu'il rachètera de lignes, et de payer, en outre, à chaque compagnie des sommes considérables pour le remboursement de son matériel.

Il en résultera deux choses : d'abord que le rachat ne sera qu'un avantage apparent, un véritable avantage négatif, car le peuple sera obligé de payer en surcroît d'impôt ce qui lui sera pris en moins en frais de transport; et puis les sommes à payer par l'État et les crédits à inscrire au budget seront tels, qu'en réalité, quand la nécessité sera venue de racheter les chemins de fer, les conditions seront si onéreuses, que le rachat deviendra impossible.

CHAPITRE II.

Tel est l'avenir que les concessions séculaires réservent à la France. Et si vous voulez savoir quels bienfaits plus immédiats et plus prochains lui préparent le projet de loi que nous discutons et ceux qui doivent le suivre, reportez vos regards à quelques années, et retracez-vous le tableau des scandales et des désastres dont vous avez été témoins.

On invoque les droits de l'industrie privée : je dirai d'abord qu'il est des choses qui n'ont jamais été et ne doivent point être du domaine de l'industrie privée : par exemple, les ports, les rivières, les grandes routes. Qui a jamais songé à demander que les grandes routes fussent construites et exploitées par l'industrie privée? Et cependant, qu'est-ce aujourd'hui que les chemins de fer, s'ils ne sont les grandes routes, dont ils ont pris la place?

Mais est-ce bien à l'industrie privée que nous avons affaire? Toutes ces compagnies que nous avons vues s'élever en France à l'occasion des chemins de fer, et qui, elles aussi, portaient écrits sur leurs bannières ces grands mots d'*industrie privée à organiser, de grands travaux publics à exécuter, d'impulsion nouvelle à donner au travail, aux affaires, au crédit*, quel était le but principal qu'elles poursuivaient? J'en appelle à la conscience publique éclairée par une coûteuse expérience : était-ce d'acquérir lentement des bénéfices honorables par l'exécution des travaux publics, ou de réaliser en quelques jours des profits scandaleux par le commerce des actions?

(Vive approbation à gauche et sur divers bancs de la droite.)

Un membre à droite. — Vous ne voulez donc pas d'industrie privée?

M. Grévy. — On me dit que je ne veux pas d'industrie privée. Oh! certes, personne plus que moi ne désire voir l'industrie privée prendre des forces et des développements; personne plus que moi n'a foi dans le principe fécond de l'association et dans les merveilles qu'il est destiné à enfanter, et je déplore que, tandis que dans d'autres pays il a déjà accompli de grandes choses, il n'ait encore été en France qu'un instrument entre les mains des spéculateurs, qui le discréditent et le compromettent.

Demandez-vous donc, messieurs, si aujourd'hui c'est l'esprit d'industrie qui vient à vous, ou si ce n'est pas encore l'esprit de spéculation! Je vous en laisse juges.

Voix nombreuses. — Très bien! très bien!

A gauche. — C'est la spéculation! C'est toujours la même chose!

(L'orateur, en retournant à sa place, reçoit les félicitations d'un grand nombre de ses collègues de la gauche.)

§ XI

DISCOURS

SUR LE PROJET DE LOI

RELATIF A

LA RÉFORME ÉLECTORALE

PRONONCÉ LE 25 MAI 1850

A L'ASSEMBLÉE NATIONALE LÉGISLATIVE

Trois représentants de Paris, MM. Considérant, Boichot et Rattier, avaient été condamnés par contumace à la déportation pour participation aux événements du 13 juin. Les électeurs, convoqués pour le 10 mars 1850, nommèrent les trois candidats de la liste démocratique : MM. Carnot, Vidal et de Flotte. Élu à la fois dans le Haut-Rhin et dans la Seine, M. Vidal opta pour le Haut-Rhin. Le 28 avril, les électeurs de la Seine le remplacèrent par le célèbre romancier socialiste Eugène Sue.

Ces élections eurent un retentissement considérable dans le pays. La majorité de l'Assemblée et le Gouvernement s'en prirent au suffrage universel, cause de tout le mal. Le 3 mai, le *Moniteur* publia la note suivante :

« Le ministre de l'intérieur [1] vient de nommer une com-

---

1. C'était M. Baroche.

mission chargée de préparer un projet de loi sur les réformes qu'il serait nécessaire d'apporter à la loi électorale.

« Cette commission est composée de MM. Benoist d'Azy, Berryer, Beugnot, de Broglie, Buffet, de Chasseloup-Laubat, Daru, Léon Faucher, Jules de Lasteyrie, Molé, de Montalembert, de Montebello, Piscatory, de Sèze, le général de Saint-Priest, Thiers, de Vatimesnil, représentants du peuple.

« La commission doit se réunir demain au ministère de l'intérieur pour commencer immédiatement ses travaux. »

La commission déploya une grande activité. Le 18 mai, le rapporteur, M. Léon Faucher, donna lecture de son rapport à l'Assemblée. Le 21 mai, l'urgence fut votée par 461 voix contre 239, sur 700 votants, malgré l'opposition de MM. Charles Lagrange et de Flotte. La discussion générale commença immédiatement. MM. le général Cavaignac, Victor Hugo, Pascal Duprat, Canet, Emmanuel Arago combattirent le projet de loi, qui fut défendu par MM. des Rotours de Chaulieu, Jules de Lasteyrie, Béchard et de Montalembert. Le 23 mai, par 462 voix contre 227, sur 689 votants, l'Assemblée décida qu'elle passait à la discussion des articles. Dans un discours très étendu et très éloquent, M. de Lamartine demanda le rejet de l'article premier, relatif au domicile, et qui contenait à lui seul toute la loi. M. Baroche, ministre de l'intérieur, lui répondit. L'Assemblée entendit encore MM. de Greslan, de Montalembert, Thiers et le général Fabvier, qui parlèrent pour, et MM. Jules Favre, Napoléon Bonaparte, Baune et de Flotte, qui parlèrent contre cet article. M. Grévy monta à la tribune après M. de Flotte et prononça à cette occasion un important discours que nous reproduisons en entier :

M. Grévy. — Messieurs, l'honorable M. Thiers a, selon son habitude, abordé de front la vraie question du débat, la question constitutionnelle. Il s'est placé au cœur de cette question ; il y a appelé ses adversaires et il leur a porté le défi de réfuter ses arguments, de prouver contre lui que la Constitution est violée par le projet de loi. C'est ce défi que je viens, pour ma part, relever.

Toutefois, avant de suivre l'honorable orateur sur le terrain où il s'est placé, je dois, aux principes au nom desquels nous combattons, de faire une déclaration et une réserve.

Ce n'est pas seulement la Constitution qui est engagée dans ce grave débat, c'est quelque chose de plus élevé et de plus immuable. C'est le principe d'où dérivent tous les pouvoirs et toutes les lois ; c'est le principe de la souveraineté du peuple.

Qu'est-ce que le suffrage universel? C'est la souveraineté du peuple dans sa manifestation la seule vraie, la seule légitime, c'est la souveraineté du peuple en exercice. Sans le suffrage universel, la souveraineté du peuple n'est qu'un mot ; ils sont inséparables, ou plutôt ils se confondent ; toute atteinte portée au suffrage universel est un attentat contre la souveraineté du peuple. *(Marques d'approbation à gauche.)*

Ce n'est donc pas seulement parce qu'il est écrit dans la Constitution, c'est principalement et surtout parce qu'il se confond et s'identifie avec la souveraineté du peuple, dont il n'est que l'expression, que le suffrage universel est inviolable. La Constitution a bien pu le reconnaître et le proclamer, elle ne l'a pas créé. *(Nouvelle approbation à gauche)*.

Il existait avant elle comme un droit antérieur et supérieur aux lois positives, comme un droit imprescriptible. *(A gauche:* Très bien ! très bien !), et avant elle il s'était produit comme un fait naturel et nécessaire, lorsque la révolution de février eut rendu au peuple l'exercice de sa souveraineté.

Aussi, c'est moins pour donner au suffrage universel une consécration dont il n'avait pas besoin, que pour le préserver des outrages des partis, que la Constitution a pris soin d'en énumérer les conditions principales. C'est la cause véritable de toutes les colères déchaînées contre elle. On lui reproche, avec un dépit naïf, d'avoir cherché à mettre le suffrage universel au-dessus de toute atteinte, comme si les constitutions n'étaient pas précisément faites pour placer les principes qui ne doivent pas changer, au-dessus des caprices, des intérêts, au-dessus des passions des majorités qui changent, et comme si le spectacle auquel nous assistons ne justifiait pas suffisamment les précautions et les défiances de la Constitution. *(Assentiment à gauche)*.

Je le déclare donc au début de cette discussion : ce n'est pas seulement parce qu'il porte atteinte à la Constitution que le projet de loi, à mes yeux, est illégitime; c'est surtout, et avant tout, parce qu'en mutilant le suffrage universel, il attente à la souveraineté du peuple, par laquelle vous êtes ici, sans laquelle et contre laquelle vous n'êtes rien.

Cette déclaration faite, j'arrive à M. Thiers. La question entre nous est celle-ci : Le projet procède-t-il d'une pensée amie du suffrage universel ou d'une pensée qui lui est hostile ? A-t-il pour but et pour effet d'organiser, de réglementer le suffrage universel ou bien de le restreindre, de le mutiler ? Respecte-t-il la Constitution ou la déchire-t-il ?

Et puisque j'ai prononcé le mot de *Constitution*, que M. Thiers me permette de lui exprimer l'étonnement profond qu'une parole qu'il a prononcée hier m'a fait éprouver. Je ne m'attendais pas, je l'avoue, à trouver dans la bouche de M. Thiers un grief, qu'il me permette le mot, une chicane que nous avons vue traîner dans les bas-fonds d'une certaine presse et apporter à cette tribune par quelques pétitions, dont le ridicule a fait justice. Comment M. Thiers a-t-il pu dire que le Gouvernement sous lequel nous vivons, que le Gouvernement républicain a été établi sans le consentement du peuple, sans consulter la nation ? Il sied bien, en vérité, il sied bien de parler de respect du droit du peuple aux hommes qui, en 1830, se sont empressés de ramasser la couronne que le peuple avait fait tomber à ses pieds, pour la mettre furtivement, subrepticement, à la hâte, sur la tête d'un roi de leur façon, et d'établir sans droit, sans mandat, sans aveu, un gouvernement, non pas, comme en 1848, pour rendre au peuple la plénitude de ses droits, l'exercice de sa souveraineté, mais pour la confisquer au profit d'une dynastie et d'un parti.

Le peuple n'a pas été consulté sur la forme de son gouvernement! Mais à qui compte-t-on faire illusion? L'Assemblée constituante, comment s'est-elle présentée ici? N'était-elle pas munie d'un mandat régulier, d'un mandat explicite, d'un mandat spécial? Quel est donc celui des membres de l'Assemblée constituante qui ne se soit pas présenté devant ses électeurs comme républicain, et qui n'ait pas annoncé que son but, que sa pensée, que sa volonté était de fonder un gouvernement républicain? Quel est celui qui n'avait pas ainsi expliqué d'avance le mandat qu'il sollicitait *(Légères rumeurs sur quelques bancs de la droite.)*

A gauche. — A l'ordre!

M. Grévy. — Au nom de quel principe contesterait-on qu'un mandat ainsi donné confère un plein pouvoir? Au nom de quel principe soutiendrait-on la nécessité d'une ratification? Ce qui est fait en vertu d'un mandat spécial et formel est valable, est légitime! Que faites-vous autre chose, vous Assemblée législative? Quel autre pouvoir avez-vous? Quel autre mandat exercez-vous? Les lois que vous faites doivent-elles être ratifiées pour être légitimes? Faut-il que vous les soumettiez à la sanction du peuple? Votre mandat est cependant le même. Il y a eu mandat, mandat spécial, et c'est en exécution de ce mandat que l'Assemblée constituante a régulièrement, légitimement fondé la République.

CHAPITRE II.

Ajouterai-je que le peuple a implicitement, et à plusieurs reprises, ratifié par ses actes la Constitution? Il l'a ratifiée, et, au 10 décembre, quand, en exécution et en vertu de la Constitution, il a nommé le Président de la République, et au 13 mai, dans ces élections dont vous êtes sortis, et dans toutes ces élections, enfin, faites en exécution de cette Constitution dont on ose aujourd'hui mettre en suspicion la légitimité.

Je reviens à la question, et je m'efforcerai de suivre pas à pas l'honorable M. Thiers.

Dans la discussion, il vous a dit avec un grand sens : Quand on veut connaître la pensée d'une loi, son but, sa portée, il y a deux choses à faire : s'attacher d'abord à son intention, aux circonstances qui lui ont donné naissance, aux causes qui l'ont déterminée, à la pensée qui l'a inspirée; ensuite s'attacher aux dispositions elles-mêmes pour les scruter et les interpréter. C'est ce qu'il a fait, c'est ce que je vous demande la permission de faire après lui.

Et d'abord, les intentions, la pensée de la loi, les circonstances qui lui ont donné naissance.

C'est, dit-on, pour organiser, pour régulariser le suffrage universel, qu'on a présenté le projet de loi. Je le demande à nos honorables adversaires, quel besoin s'en est fait sentir? Quels abus, quelles fraudes ont été signalés? Quelles plaintes se sont élevées ? Quand, dans quelles circonstances l'insuffisance des dispositions de la loi de 1849 sur le domicile s'est-elle révélée? Le suffrage universel a toujours admirablement fonctionné ; à chaque élection, le peuple s'est montré à la hauteur du droit qu'il exerçait ; partout les élections se sont accomplies avec un ordre, un calme, une dignité qui ont fait l'étonnement des amis du suffrage universel et le désespoir de ses ennemis.

A gauche. — Très bien ! très bien !

M. Grévy. — Mais pourquoi insister? Les aveux de M. le ministre de l'intérieur et ceux de l'honorable M. Thiers sont assez explicites. Ils ont avoué, M. le ministre de l'intérieur dans l'exposé des motifs, et M. Thiers dans son discours, que la cause déterminante de la présentation du projet de loi n'est autre que les deux dernières élections de Paris.

M. Thiers l'a dit en termes formels, et M. le ministre de l'intérieur y a fait allusion, lorsqu'il a indiqué comme motifs du projet de loi les événements qui viennent de s'accomplir et les appréhensions que font concevoir les chances du suffrage universel.

M. Thiers a donné aux deux dernières élections de Paris une interprétation que je ne discuterai point, je n'ai aucun intérêt à le faire ; je lui dirai seulement qu'il est bien aveugle, qu'il me permette cette expression, s'il a vu dans ce grand mouvement électoral de Paris autre chose qu'un avertissement et une protestation énergique contre les tendances et les actes d'un pouvoir infidèle à son origine et contempteur de tous les droits des citoyens. (*A gauche :*

Très bien !) Quoi qu'il en soit, ce que je veux retenir de ces aveux, c'est que le résultat des dernières élections de la Seine a seul inspiré la pensée du projet de loi.

Il ne s'agit pas d'organisation, de régularisation du suffrage universel ; il s'agit de le changer, de le restreindre, de le mutiler. C'est parce que vous avez été vaincus aux dernières élections que vous voulez modifier le suffrage universel et changer un instrument dont vous n'attendez plus rien. Voilà la pensée de la loi ; elle est évidente, elle est avouée. Ce suffrage universel vous a donné la victoire pendant un an ; aujourd'hui il vous condamne, vous voulez le dénaturer. Voilà l'intention, la pensée du projet de loi. *(A gauche :* Très bien ! très bien !)

Nous allons la retrouver plus flagrante encore dans la disposition de la loi.

Je prends d'abord l'art. 2. C'est l'art. 2 qui fixe à trois années la durée du domicile. Pour justifier cet article, l'honorable M. Thiers n'a qu'un raisonnement, qui est celui-ci : La Constitution ne défend pas d'établir la garantie résultant du domicile, donc elle le permet. Je pourrais reprocher à M. Thiers d'avoir laissé sans réponse l'excellente et lumineuse dissertation de l'honorable M. Canet sur ce point. M. Thiers a cru l'écarter en disant qu'il ne recherchait pas la pensée de la Constitution dans les délibérations d'où elle est sortie. Je crois que l'honorable M. Thiers a tort, et qu'il ne peut puiser à une meilleure source.

Au surplus, M. Canet n'a pas invoqué seulement les opinions et les discours des auteurs de la Constitution ; il en a discuté les articles d'une manière qui méritait plus d'attention.

Je pourrais aussi répondre à M. Thiers que, s'il est vrai de dire que tout ce que la Constitution ne défend pas est permis, cela n'est pas exact quand il s'agit de restreindre les droits des citoyens. Mais je veux me placer sur le terrain choisi par l'honorable M. Thiers. Je lui accorde, sans même insister sur la différence qu'il y a entre le domicile et la résidence, je lui accorde que la Constitution permet d'établir la condition du domicile ; mais, en retour, il y a une chose qu'il m'accordera aussi, c'est qu'elle ne permet pas d'exiger un domicile d'une durée illimitée, indéfinie, arbitraire.

Je prie l'Assemblée de remarquer que M. Thiers n'a pas dit un mot de la durée du domicile, des trois ans exigés par l'art. 2 du projet, quoique ce soit là ce qu'il y a de plus grave dans cet article; pas un mot pour justifier cette durée extraordinaire de trois ans. Je le répète, je lui concède qu'on puisse établir une condition de domicile ; mais il ne pourra, de son côté, me refuser qu'il y a une limite à cette durée : autrement on pourrait exiger dix ans, vingt ans de domicile, ce qui serait une confiscation évidente du suffrage universel; il y a donc une limite, je n'en demande pas plus pour le moment. C'est mon point de départ.

CHAPITRE II.

Cette limite, où est-elle? Par quoi doit-elle être déterminée? Par le but même de la garantie du domicile, par l'intérêt auquel cette garantie est destinée à pourvoir, par la nécessité qui la fait établir ; car les conditions de domicile privent forcément de leur droit électoral un certain nombre de citoyens, et il n'y a qu'une nécessité absolue qui puisse légitimer l'établissement de pareilles entraves. Au delà de la nécessité à laquelle il faut pourvoir, le droit d'établir ces conditions restrictives n'existe plus.

Or quelle est cette nécessité à laquelle les conditions de domicile sont destinées à pourvoir? C'est la nécessité de constater l'identité de l'électeur qui se présente au scrutin, et celle d'empêcher qu'il ne puisse voter plusieurs fois dans la même élection.

C'est à cette double nécessité que la condition de domicile est destinée à donner satisfaction ; elle n'a pas d'autre raison d'être.

Il ne faut rien moins que la nécessité absolue de constater l'identité des électeurs et d'empêcher qu'ils ne puissent voter plusieurs fois dans la même élection pour autoriser, pour légitimer cette entrave apportée à l'exercice de leurs droits.

L'honorable M. Thiers parlait hier de la vertu moralisatrice du domicile.

J'aurais beaucoup à dire si je voulais le suivre sur ce terrain. Je dirais que cette pensée, qui peut avoir du vrai, appliquée à certaines époques, à certaines nations, aux nations exclusivement agricoles, par exemple, serait fausse et trompeuse si elle s'appliquait aux nations commerçantes et industrielles, chez lesquelles les nécessités du travail et des affaires entraînent des mouvements, des déplacements incessants ; chez lesquelles l'activité, le déplacement, le mouvement de la population est une des conditions, un des éléments de prospérité nationale. *(A gauche :* Très bien ! très bien !)

Mais je ne veux pas me jeter dans cette question. Quand il y aurait là quelque chose de vrai, cela vous autoriserait-il, sous l'empire d'une Constitution républicaine, avec la souveraineté du peuple et le suffrage universel, de priver des citoyens d'un droit qui leur appartient ?

Assurément l'honorable M. Thiers n'oserait pas le soutenir.

M. Thiers. — Pardon !

M. Abbatucci. — M. Thiers a dit : Pardon !

M. Grévy. — Comment, M. Thiers, comment, un esprit de cette portée posera en principe devant une grande assemblée que tout ce qui peut accroître à ses yeux la moralité des électeurs pourra leur être imposé, dût cette condition avoir pour résultat de priver un certain nombre d'entre eux de leurs droits ! Mais vous vous trompez de date. J'aurais compris de pareilles prétentions sous l'empire de ces constitutions monarchiques qui conféraient le droit électoral ; mais sous une Constitution républicaine, qui ne peut que le reconnaître, sous l'empire du suffrage universel et de la souveraineté du peuple, une telle prétention ne se soutient pas.

M. Thiers. — La Constitution l'a fait.

M. Grévy. — Dans quel article ?

Je dis qu'il est impossible de soutenir en principe que, hors d'une nécessité absolue, il y ait possibilité pour aucun pouvoir de priver un seul citoyen de l'exercice de son droit électoral. Je l'ai déjà dit, vous ne trouverez le droit d'établir le domicile que dans la nécessité de constater l'identité des électeurs et de prévenir les fraudes. Hors de là, je porte le défi à qui que ce soit de justifier, en face des principes sous l'empire desquels nous vivons, cette théorie que, sous prétexte de moralisation, d'avantager les citoyens, on peut les priver de l'exercice de leurs droits. Ce n'est donc que par la nécessité à laquelle le domicile est destiné à pourvoir, que sa durée peut être déterminée. Quel est ce délai? Quel temps faut-il pour que cette nécessité soit satisfaite? Quel est le délai nécessaire pour que les fraudes soient impossibles?

Le délai de six mois qu'exige la loi de 1849 est largement suffisant. Et d'abord l'expérience le prouve. Je demande au Gouvernement, je demande à tous ceux qui m'écoutent s'ils peuvent signaler un seul fait qui prouve l'insuffisance de ce délai ; je leur demande si sur un point quelconque du territoire il a été insuffisant pour prévenir les fraudes, si l'identité de l'électeur n'a pas été partout facilement constatée, s'il est un exemple d'un électeur ayant voté plusieurs fois dans la même élection.

Depuis le commencement de notre première révolution, des conditions de domicile sont imposées. Quel en a été le délai? Six mois, un an. Jamais au delà de ce dernier terme, et jamais l'insuffisance de ces dispositions n'a été alléguée. En matière civile, il n'y a pas de délai exigé, un seul cas excepté, le cas de mariage, pour lequel on exige six mois ; pour tous les autres actes, les plus graves de la vie, il n'existe aucun délai.

Et pour vous convaincre que six mois suffisent pour prévenir toute espèce de fraude, rappelez-vous comment les listes électorales sont établies. Elles sont établies ou revisées dans les trois premiers mois de chaque année. A ce moment, pour être porté sur une liste, il faut avoir six mois de résidence dans une localité. Or, comment pourrait-on se faire porter sur une autre liste dans une localité voisine? il faudrait y avoir aussi six mois de résidence ; il faudrait avoir résidé les six derniers mois de l'année dans deux localités différentes.

Il est donc impossible de se faire porter sur deux listes en même temps. Et si l'on m'objecte qu'après avoir été porté sur une liste, on pourra, l'année suivante, se faire porter sur une autre, je répondrai qu'il n'en peut être ainsi ; qu'à l'époque de la revision des listes, on devra rayer de la première liste l'électeur qui aura porté sa résidence dans une autre localité.

CHAPITRE II.

Le délai de six mois est donc parfaitement suffisant pour prévenir toutes les fraudes. Pourquoi donc propose-t-on de le porter à trois ans? Quelle en est la nécessité? Je le demande aux auteurs du projet, je le demande à l'honorable M. Thiers en particulier. Pourquoi trois ans, si vous ne voulez que pourvoir aux nécessités que j'ai indiquées, si vous ne voulez que prévenir les fraudes? Je vous le demande encore, pourquoi trois ans? Prenez-y garde, si vous ne répondez pas à cette question, vous ne résisterez pas à cette conclusion : que vous n'exigez trois ans de domicile que pour écarter un certain nombre d'électeurs et tronquer le suffrage universel.

On n'a pas craint de dire que, si l'on n'exigeait pas trois ans de domicile, il pourrait se faire qu'un électeur votât deux fois, non pas dans une même élection, mais dans une même législature. Il pourrait voter à Paris, par exemple, aux élections générales, et dans six mois, un an, à Lyon, s'il y transférait son domicile et qu'il y eût des élections partielles. Voilà l'inconvénient auquel on prétend vouloir remédier, et c'est pour y arriver qu'on exige trois ans de domicile.

Je répondrai d'abord qu'il est impossible que cette participation à deux élections puisse jamais être le résultat d'une fraude ou d'un calcul. Personne ne soutiendra qu'un électeur peut prévoir six mois ou un an à l'avance qu'il y aura dans telle ou telle localité une élection partielle ; personne ne songera qu'il ira s'y établir dans le but de prendre part à cette élection ; ce ne sera donc jamais le résultat d'une fraude ni le résultat d'un calcul ; ce sera toujours le résultat du hasard.

Remarquez, en outre, que cela n'arrivera pas communément ; que le nombre des électeurs qui se trouveront dans le cas de participer ainsi à des élections partielles, après avoir pris part ailleurs à une élection générale, sera bien peu important ; qu'il n'est pas présumable qu'il influe jamais sur le résultat du vote ; que les élections partielles elles-mêmes sont peu importantes ; enfin, que le résultat contraire pourra arriver, et qu'au lieu que ce déplacement procure à quelques citoyens l'avantage de voter deux fois, il pourra, en sens inverse, les empêcher de voter et dans les élections générales et dans les élections partielles, suivant l'époque du déplacement.

Et c'est pour prévenir des accidents de cette nature, si indifférents, si insignifiants dans leurs résultats, que vous ne craignez pas de dépouiller à jamais de leur droit électoral plusieurs millions de citoyens ! c'est ainsi que vous entendez donner au suffrage universel plus de sécurité ! Mais je veux mettre votre sincérité à l'épreuve.

Si c'est réellement ce but que vous voulez atteindre, si c'est pour prévenir cette nature d'inconvénient que vous exigez trois ans de domicile, si vous voulez absolument obtenir que jamais un électeur ne puisse participer, dans le cours d'une même législa-

CHAPITRE II. 343

ture, à deux élections dans deux départements, je vais vous donner un moyen bien simple d'y arriver, un moyen facile, et, de plus, très sûr, et qui aura cet avantage bien apprécié par vous, de ne priver aucun électeur de son droit. *(Sourires.)* Qu'est-ce qui vous empêche de mettre dans votre loi un article ainsi conçu : « Les citoyens qui transporteront leur domicile d'un département dans un autre ne prendront point part aux élections partielles qui auront lieu dans le département où ils auront transporté leur domicile. » Et comme moyen d'exécution, comme sanction de cette disposition, qu'est-ce qui vous empêche de faire faire dans chaque département une liste supplémentaire pour les électeurs qui viendront s'y établir dans le cours de la législature, et de ne pas faire voter dans les élections partielles des citoyens portés sur cette liste? Avez-vous quelque objection à faire à cela? Est-ce que cette disposition ne remédie pas parfaitement à l'inconvénient qui vous préoccupe? Je ne sais si je m'abuse, mais il me semble que cela répond à tout, et que le moyen que j'indique aurait l'incomparable avantage de ne priver aucun citoyen de son droit.

Si votre loi est sincère, si vous ne cherchez qu'à prévenir les fraudes, vous ne pouvez repousser le moyen que je vous offre, et qui ne peut être combattu d'aucun côté de l'Assemblée.

Si donc vous n'avez pour but que de prévenir les fraudes, que d'empêcher des doubles votes, que de constater l'identité de l'électeur, six mois vous suffisent. Si vous persistez à exiger un plus long terme, c'est que vous voulez autre chose, c'est que vous poursuivez le retranchement d'une partie du corps électoral, c'est-à-dire la mutilation du suffrage universel.

A gauche. — C'est cela! — Très bien!

M. Grévy. — Voyons la pensée de la loi dans la seconde disposition, celle qui établit le mode de preuves du domicile. J'appelle l'attention de l'Assemblée sur cette disposition; elle est plus importante et plus habilement, plus artificieusement combinée encore que celle que je viens d'analyser.

Aux termes de cette disposition, le domicile est constaté par l'inscription au rôle de la contribution personnelle; c'est la règle générale. Il y a quelques exceptions sur le sens et la portée desquelles on s'est déjà expliqué plusieurs fois; je crois inutile d'y revenir.

La première chose que j'ai à vous signaler, c'est que ce n'est pas là une preuve ajoutée aux autres preuves de droit commun en matière de domicile. C'est une preuve qui leur est substituée et qui les remplace toutes. Les autres preuves de droit commun, en matière de domicile, sont supprimées.

Le Code civil a établi, en matière de domicile, des preuves qui n'ont jamais été critiquées.

Tout cela est rayé d'un trait de plume, et remplacé par une preuve nouvelle: l'inscription au rôle de la taxe personnelle.

CHAPITRE II.

Ceci est nouveau. Jamais, en matière de domicile, il n'a été parlé d'une semblable preuve; jamais on n'a songé à aller chercher la preuve du domicile dans le rôle de la contribution personnelle. Pourquoi cette nouveauté? Quelle est la raison de ce changement? Pourquoi renoncer aux preuves de droit commun? pourquoi les proscrire?

L'honorable M. Béchard vous a dit que c'était pour ne pas livrer la preuve du domicile à l'arbitraire des tribunaux! J'avoue que j'ai été étonné d'entendre une pareille raison sortir de la bouche d'un homme qui a passé sa vie devant les tribunaux, et qui, si je ne me trompe, est encore attaché en ce moment au barreau de la cour suprême. L'arbitraire des tribunaux! Quoi! les tribunaux appliquant la loi, vous appelez cela de l'*arbitraire? (Rire approbatif à gauche.)*

Qu'est-ce donc que la justice? et comment la comprenez-vous? Quelle autre garantie plus grande trouvez-vous donc dans ce pays? Quoi! vous trouvez bon que notre fortune, notre liberté, notre honneur, notre vie soient livrés à cet *arbitraire* des tribunaux, et vous craignez de lui confier une question de domicile! *(Nouveaux rires d'approbation à gauche.)*

En vérité, il n'y a que les hommes d'ordre pour parler ainsi des institutions les plus respectables, lorsqu'elles se rencontrent sur le chemin de leurs passions et de leurs intérêts!

Je demande s'il y a une raison plausible de priver

les électeurs de la garantie qu'offrent les tribunaux, et s'ils en trouveront une plus grande dans l'administration ; si la garantie d'un maire est plus rassurante que celle d'un tribunal?

L'honorable M. Thiers a donné une autre raison, qui ne vaut guère mieux, qu'il me permette de le dire, et surtout de le prouver. La raison pour laquelle M. Thiers veut qu'on renonce au droit commun, c'est, dit-il, parce qu'un maire, dans une localité populeuse, ne peut pas avec certitude être édifié, renseigné sur le domicile de tous les citoyens qui doivent être portés sur la liste électorale.

Je pourrais demander à l'honorable M. Thiers sur quoi se fonde ce sentiment; quels sont les faits qui le justifient; dans quelles localités la confection des listes a été entravée par de semblables difficultés.

Mais voyons le remède.

Le maire, dit-on, n'a pas le moyen de s'assurer si les citoyens qu'il porte sur la liste électorale remplissent les conditions de domicile. Soit; mais comment y suppléez-vous? Par le rôle de la contribution personnelle. Mais le rôle de la contribution personnelle, comment et par qui est-il dressé? Je demande à M. Thiers comment on s'y prend pour établir le rôle de la contribution personnelle ; s'il ne faut pas constater le domicile des citoyens, et si l'impossibilité prétendue qui s'oppose, selon lui, à la confection de la liste électorale, n'existe pas au même degré pour le rôle de la contribution personnelle.

M. Thiers. — Non!

M. Grévy. — Comment, non! Mais vous ne faites que déplacer la difficulté. *(Interruptions à droite.)*

M. le président. — N'interrompez pas! M. le rapporteur prend des notes; il répondra.

M. Grévy. — Je vous demande qui fera le rôle de la contribution personnelle et surtout quel moyen on emploiera pour constater le domicile des citoyens.

Chacun sait comment se font ces sortes d'opérations, comment se dressent les listes électorales, comment se font les rôles de la contribution personnelle : par des investigations, des recherches, des recensements. Quand il y a incertitude sur le domicile d'un citoyen, on le porte néanmoins sur le rôle de la contribution personnelle; le fisc interprète toujours le doute à son profit, sauf au contribuable à réclamer. On fait le contraire lorsqu'il s'agit de dresser la liste électorale; quand il y a doute qu'un citoyen doive y figurer, on ne le portera pas, sauf à celui-ci à réclamer.

Il n'y a donc aucune raison de retrancher la preuve de droit commun. Cette preuve merveilleuse, qui doit remplacer toutes les autres, cette preuve que les auteurs du projet de loi ont découverte, cette preuve que personne, avant eux, n'avait soupçonnée, elle doit être plus sûre, plus excellente qu'aucune autre. Examinons-la.

Prouve-t-elle le domicile? Quel rapport y a-t-il entre le domicile et la contribution personnelle?

M. ROUHER, *ministre de la justice*. — Lisez l'art. 13 de la loi de 1832!

M. GRÉVY. — Je n'entends pas, monsieur le ministre!

M. ROUHER, *ministre de la justice*. — Je faisais une remarque à M. de Vatimesnil; si vous voulez en profiter, je vais vous la dire.

L'art. 13 de la loi de 1832 dit que la taxe personnelle n'est due que dans la commune du domicile réel.

M. GRÉVY. — La réponse de M. le ministre de la justice est, en vérité, naïve.

Je répète ma question: Quel rapport y a-t-il entre la contribution personnelle et le domicile? Aucun, et je vais vous le prouver.

L'inscription au rôle de la contribution personnelle est si peu une preuve en matière de domicile, qu'on peut être domicilié sans pouvoir en justifier par ce moyen; on peut être domicilié depuis dix ans dans une localité et n'être pas inscrit au rôle de la taxe personnelle. Il y a un grand nombre de citoyens domiciliés qui ne peuvent nullement, par la seule preuve que vous leur laissez, justifier de leur domicile; ce n'est donc pas là une preuve. Il est de l'essence d'une preuve de pouvoir s'appliquer toujours au fait à prouver.

Je répète ma question: Quel rapport y a-t-il entre la contribution personnelle et le domicile? Je sais bien que, pour être porté sur le rôle de la contribu-

CHAPITRE II.

tion personnelle, il faut être domicilié; mais je sais aussi que tous ceux qui sont domiciliés ne sont pas portés au rôle de la contribution personnelle.

A gauche. — Très bien! très bien!

M. Grévy. — Lors donc que votre loi nous présente l'inscription au rôle de la contribution personnelle comme une preuve de domicile, votre loi ment. La disposition que vous nous apportez ne prouve pas le domicile, elle prouve la contribution ; ce n'est pas la preuve du domicile que vous demandez, c'est la preuve du cens. *(Approbation à gauche.)*

M. Thiers. — Non! non!

M. Grévy. — Non! Je voudrais qu'au lieu d'une dénégation sèche on me donnât une raison.

M. Béchard. — Ce n'est pas le moment.

M. Grévy. — Alors, ne m'interrompez pas.

M. le président. — Ce n'est pas le moment d'interrompre non plus. Écoutez, laissez discuter avec calme et vous répondrez de même.

M. Grévy. — Je dis que ce que vous nous donnez comme preuve du domicile est une preuve du cens et pas autre chose.

Remarquez toutes les habiletés, toutes les finesses de cette loi. On n'a pas osé, on n'a pas pu vous demander franchement, brutalement le rétablissement du cens; on n'a pas pu dire: Ne seront électeurs que ceux qui payeront depuis trois ans un cens égal au montant de la contribution directe; mais, sous prétexte d'organiser une preuve du domicile, on impose en réalité une condition; on établit, sous forme de preuve, une véritable condition de cens; ce n'est pas trois ans de domicile qu'on exige, c'est trois ans de cens; et la preuve, c'est que les citoyens qui n'ont que trois ans de domicile sans payer le cens, vous n'en voulez pas; vous ne prenez que ceux qui ont le cens et qui le payent depuis trois ans.

Et ce terme de trois ans est une aggravation de la condition du cens; jusqu'à présent on n'avait jamais exigé, pour le cens, un stage de trois ans.

La gravité de cette disposition ne vous échappera pas.

L'honorable M. Jules de Lasteyrie se plaignait l'autre jour, à la tribune, que la Constitution avait été pour les rédacteurs de la loi une entrave; qu'elle ne leur avait pas permis, à leur grand regret, de modifier la disposition qui fixe à vingt et un ans l'âge électoral, qu'ils auraient voulu pouvoir porter à vingt-cinq ans.

Je ne puis pas douter de la bonne foi de M. Jules de Lasteyrie, et je suis forcé de lui dire qu'il n'a pas suffisamment approfondi la loi dont il est pour un dix-septième l'auteur, et qu'il ne connaît pas tous les trésors qu'elle renferme dans ses replis. Cette disposition qui vous fait peine, et que vous auriez voulu pouvoir détruire, il n'en reste presque rien debout.

En exigeant trois ans de stage, trois ans de payement de la taxe personnelle, vous portez à vingt-quatre ans au moins l'âge de l'électorat.

Ainsi, trois ans de cens dissimulés sous trois ans de domicile, telle est la portée véritable de la loi.

Voulez-vous me permettre de rendre cela encore plus sensible ? Je soumettrai à la commission une nouvelle rédaction ; je lui proposerai, au lieu de la rédaction qu'elle nous présente, cette rédaction-ci :

« Ne pourront être inscrits sur les listes électorales que ceux qui, depuis trois ans, payeront un cens égal au montant de la contribution personnelle. »

Si la commission repousse ma rédaction, je lui demanderai quelle différence il y a entre sa rédaction et la mienne.

Et puisque, sous prétexte d'établir des preuves, la commission était en train de rétablir des conditions de cens, je m'étonne qu'elle se soit arrêtée en chemin. Au lieu de dire : « Le domicile s'établira par l'inscription au rôle de la contribution personnelle », que n'a-t-elle dit, par exemple : « Le domicile s'établira par l'inscription au rôle des contributions pour une somme de 200 francs ? » Cela n'était pas plus difficile, et le procédé eût été identiquement pareil ; mais le résultat eût été plus satisfaisant.

L'honorable M. Thiers nous demande en quoi le projet de loi viole la Constitution. Récapitulons.

La Constitution dit : « La souveraineté du peuple réside dans l'universalité des citoyens. » Le projet de loi la fait résider dans une partie du peuple.

La Constitution dit : « La souveraineté ne peut être exercée par une fraction du peuple. » Le projet de loi attribue à une fraction du peuple l'exercice de la souveraineté.

La Constitution dit: « Le suffrage est universel », c'est-à-dire qu'il comprend tous les citoyens français qui, arrivés à l'âge de majorité, ne sont pas frappés de quelque cause d'indignité par des condamnations judiciaires. Le projet exclut des comices électoraux plusieurs millions de citoyens qui remplissent ces conditions.

La Constitution dit : « On est électeur à vingt et un ans » ; et le projet de loi impose à l'électeur un stage qui le tient éloigné de l'urne électorale jusqu'à vingt-quatre ans au moins.

La Constitution dit : « On est électeur sans conditions de cens » ; et le projet de loi rétablit le cens de la contribution personnelle.

Voilà, messieurs, comment et en quoi la Constitution est violée.

Je le dis, messieurs, sans souci des conseils et des menaces que nous a fait entendre l'honorable M. de Montalembert.

Il nous a dit : « Nous ne pouvons vous apporter un projet de loi que vous ne nous opposiez la Constitution. Voulons-nous faire l'expédition de Rome, vous nous dites que la Constitution défend d'attaquer la liberté d'un peuple. Voulons-nous supprimer le droit de réunion, charger la presse d'entraves, vous nous dites que la Constitution consacre la liberté de la presse et le droit de réunion. Voulons-nous faire une loi sur l'état de siège et livrer aux conseils de guerre les individus non militaires, vous nous dites que la Constitution porte que personne ne peut être distrait de ses juges naturels. Si la Constitution était réellement violée, ce serait tant pis pour elle ; et vous, qui êtes ses amis, ce que vous auriez à faire pour elle, serait de garder le silence. Vous êtes bien imprudents ! »

Et vous, vous êtes bien audacieux! Qui êtes-vous pour élever votre volonté contre la volonté de la Constitution nationale? Qui êtes-vous pour dire à la loi fondamentale de notre pays, à la loi qui vous a faits ce que vous êtes, qui êtes-vous pour lui dire : Je te permets de vivre, mais à la condition de te laisser déchirer et déshonorer en silence?

Voilà le langage de ces hommes qui s'appellent le grand parti de l'ordre! Voilà l'ordre comme ils l'entendent! L'ordre, ce n'est pas pour eux le respect, le règne de la loi! c'est le règne de leurs intérêts et de leurs passions. *(Approbation à gauche.)*

Le rapporteur, M. Léon Faucher, répondit à M. Grévy. Puis, après le rejet de plusieurs amendements, l'article premier fut adopté. Les autres articles furent votés dans les séances des 27, 28, 29, 30 et 31 mai, après une longue et vive discussion, et ce même jour, l'ensemble du projet fut adopté au scrutin de division à la tribune, par 433 voix contre 241, sur 674 votants. Le nom de M. Grévy figure parmi ceux des membres de la minorité qui s'opposa à la mutilation du suffrage universel.

§ XII

DISCOURS

SUR L'URGENCE DU PROJET DE LOI RELATIF A LA PROROGATION
ET A LA MODIFICATION

DES

CONCESSIONS DES CHEMINS DE FER DE TOURS A NANTES

ET D'ORLÉANS A BORDEAUX

PRONONCÉ LE 30 JUILLET 1850
A L'ASSEMBLÉE NATIONALE LÉGISLATIVE

Le Gouvernement avait manifesté l'intention de prolonger les concessions dont le terme avait été fixé à une époque trop rapprochée, mais en exigeant, en échange, des compagnies, soit l'exécution d'embranchements ou de prolongements, soit une participation plus large aux travaux. Il comptait ainsi, disait-il, donner aux compagnies de chemins de fer l'assistance dont elles avaient besoin, ranimer le travail des forges qui subissaient une crise désastreuse, et bien établir que les voies ferrées seraient laissées aux mains de l'industrie privée. Les premières propositions qu'il soumit à l'Assemblée concernaient les deux chemins de fer de Tours à Nantes et d'Orléans à Bordeaux, qui étaient en voie de construction et dont les concessionnaires ne pouvaient, en l'état, réunir les fonds indispensables à une prompte exécution. La commission chargée d'examiner ce projet de

CHAPITRE II.

loi choisit M. Ducos comme son rapporteur. La discussion s'ouvrit le 30 juillet. Le Gouvernement et la commission demandèrent l'urgence. Cette demande fut appuyée par M. Bineau, ministre des travaux publics, et par le rapporteur, et fut combattue par MM. Loyer, Sautayra et Paulin Gillon. M. Grévy prononça à cette occasion un discours dans lequel il indiqua les motifs qui s'opposaient à l'urgence. Il s'exprima ainsi :

M. Grévy. — Messieurs, je voudrais seulement, sur cette question d'urgence dont l'Assemblée me paraît comprendre toute la gravité, soumettre à son jugement une simple réflexion, et répondre aussi par un mot à l'argument que vient d'apporter à la tribune M. le rapporteur, argument qui, je crois, est sans fondement. Si l'Assemblée veut bien m'accorder quelques minutes... *(Parlez! parlez!)*

Quel est l'argument qu'a fait valoir M. le rapporteur pour déterminer l'Assemblée à voter d'urgence le projet de loi qui lui est soumis? Cet argument est celui-ci : L'État n'a pas exécuté les travaux à sa charge dans le délai fixé.

M. le rapporteur. — Ce n'est pas un argument que j'ai présenté, c'était une réponse. *(Aux voix! aux voix!)*

M. Grévy. — C'est un argument en réponse, si vous l'aimez mieux. Je disais que l'argument présenté par M. le rapporteur en faveur de l'urgence est celui-ci : Des indemnités courent à la charge de l'E-tat; hâtez-vous de les faire cesser; et pour prouver que l'État doit des indemnités, on dit que l'État, qui devait livrer les diverses sections dans des délais déterminés, ne l'a pas fait.

Cette considération est sans importance et sans valeur. Messieurs, à l'heure qu'il est, et déjà depuis longtemps, il y a des sections livrées et qui sont en exploitation ; il y en a d'autres qui sont livrées et que la compagnie n'a pas encore garnies de rails ; il y en a enfin quelques autres, il est vrai, qui n'ont pas encore été livrées. Je conviens que, pour ces sections, on pourrait, en appliquant la clause du cahier des charges dont on parle, prétendre à une indemnité, s'il y avait lieu à indemnité ; mais il n'en est rien, et je m'explique : dans les cahiers des charges, il est écrit que l'État, s'il est en retard de livrer le chemin aux compagnies, devra leur payer un intérêt de 4 pour 100 ; sur quoi ? sur les capitaux, sur les parties de capitaux que la compagnie aurait engagées sur les sections dont la livraison est en retard. Eh bien, je demande à M. le rapporteur, qui a si bien étudié ce projet, si, dans l'état actuel des choses, il peut affirmer qu'il y ait un centime dû par l'État à titre d'indemnité. Je ne le crois pas, et voici pourquoi : c'est qu'il n'y a pas de capitaux engagés par la compagnie sur les quelques sections que l'État est en retard de livrer.

Une voix. — C'est une erreur !

M. Grévy. — Et pourquoi ? parce que, d'après vos déclarations mêmes, la compagnie n'a pu réaliser son capital et l'engager sur les sections dont la livraison est retardée.

Ainsi les compagnies ne peuvent pas prouver qu'elles auraient des capitaux engagés sur les sections en retard d'être livrées; elles n'ont donc aucun droit à des indemnités.

J'ajouterai une seconde observation, c'est que le même article des statuts établissait des compensations pour ce cas même. Il y est dit en effet : « Viendront en compensation des indemnités dont l'État pourrait être tenu pour retard de livraison, les bénéfices que la compagnie pourrait faire sur les sections en exploitation. » Il faudrait donc voir quels sont les bénéfices réalisés, par exemple, sur la section d'Orléans à Tours, ainsi que sur celle de Tours à Angers, et les faire entrer en compensation des indemnités que l'État pourrait devoir pour les sections en retard.

Voilà les observations que je voulais faire sur l'argument présenté par M. le rapporteur.

J'ajoute encore un mot à toutes les graves raisons que les précédents orateurs ont apportées, pour vous demander, dans une question de cette nature, qui intéresse si profondément les intérêts du trésor et l'avenir commercial et financier de notre pays, de ne pas mettre trop de précipitation dans vos résolutions; à ces raisons, j'en veux ajouter une qui est capitale.

L'Assemblée se tromperait fort si elle croyait que le projet qui lui est soumis ne va pas au delà des deux compagnies et des deux chemins dont il est question.

Si elle était dans cette erreur, ce ne serait pas, dans tous les cas, par la faute de M. le ministre des travaux publics, qui, il faut lui rendre cette justice, n'a rien fait pour l'y jeter. Lisez le commencement de l'exposé des motifs, et vous verrez de quoi il s'agit au fond de ce projet; vous verrez quelle en est la pensée véritable et ce qui en fait l'immense gravité.

M. Émile Leroux. — La commission n'a pas accepté cela. *(Mouvement).*

M. Grévy. — Il ne s'agit pas de la commission; il s'agit de savoir quelle est la pensée qui est au fond du projet, la pensée qu'entretient et que nourrit M. le ministre des travaux publics, quelle est la voie dans laquelle il cherche à vous engager et dans laquelle il vous entraînera si vous votez ce projet.

Cette pensée, quelle est-elle? M. le ministre des travaux publics l'a portée plusieurs fois à cette tribune, avec une franchise et une ténacité dignes d'un meilleur succès et surtout d'une meilleure cause. Sa pensée est celle-ci : c'est de remanier les cahiers des charges, les contrats de toutes les compagnies existantes; c'est de porter la durée de toutes les concessions à quatre-vingt-dix-neuf ans. Il vous l'a dit plusieurs fois, et il ne me démentira pas. J'ai dans mes dossiers la preuve de cette assertion. L'aliénation pour quatre-vingt-dix-neuf ans de toutes les grandes voies de communication, et cela sans revi-

CHAPITRE II. 329

sion des tarifs, voilà le projet dans lequel, depuis quelque temps, par des tentatives obstinées, on cherche à vous engager ; voilà la voie dans laquelle on a voulu vous compromettre, d'abord par le projet de loi du chemin de Paris à Avignon, puis par ces deux autres projets portés au conseil d'État, où ils ont eu une fortune sur laquelle on se garde bien de s'expliquer nettement, et aujourd'hui enfin par le projet en discussion, projet moins menaçant, en apparence, en ce qu'il ne demande pas tout d'abord une prolongation de concession à quatre-vingt-dix-neuf ans, mais seulement à cinquante ans, ce qui n'est, soyez-en sûrs, qu'un premier pas pour arriver à quatre-vingt-dix-neuf ans, quand on vous aura fait consacrer le principe de la prorogation des concessions.

Tel est le projet, tel est le principe sur lequel il repose : telles en seront les conséquences et la portée. Réfléchissez-y : à vous de voir si vous voulez, sans approfondir, sans examiner ces graves questions, entrer dans une voie qui engage vos finances dans une proportion que personne ne peut calculer ; à vous de voir si, dans une délibération de cette gravité, vous voulez voter d'urgence et sans discuter. *(Approbations nombreuses à gauche.)*

Néanmoins, après une épreuve déclarée douteuse, l'Assemblée adopta l'urgence.

§ XIII

DISCOURS

SUR LE PROJET DE LOI RELATIF A LA PROROGATION
ET A LA MODIFICATION

DES

CONCESSIONS DES CHEMINS DE FER DE TOURS A NANTES

ET D'ORLÉANS A BORDEAUX

PRONONCÉ LE 31 JUILLET 1850

A L'ASSEMBLÉE NATIONALE LÉGISLATIVE

La discussion du projet de loi commença immédiatement. L'Assemblée entendit MM. Sautayra et Morrelet, adversaires, et MM. de Mouchy et Émile Leroux, partisans du projet. M. Grévy monta ensuite à la tribune et prononça, dit un savant écrivain[1], « un discours remarquable par la puissance de sa dialectique et par la netteté de son argumentation, contre le projet de loi soumis à l'Assemblée ». Nous reproduisons ce discours en entier :

M. LE PRÉSIDENT. — La parole est à M. Grévy.

M. Grévy monte à la tribune.

(*La clôture! La clôture! — Parlez! Parlez!*)

M. GRÉVY. — Messieurs, dans le peu de paroles

---

[1]. Alfred Picard, *les Chemins de fer français*, Paris 1884-1885. 6 vol. in-8°, t. Ier, p. 691.

que j'ai prononcées à la séance d'hier sur la question d'urgence, j'ai cherché à indiquer quelle est la portée et quelles seront les conséquences de la décision qu'on s'efforce de vous arracher. Ce que je n'ai pu qu'indiquer hier dans un débat préjudiciel, je viens le démontrer aujourd'hui dans la question de fond. Il faut que l'Assemblée sache bien ce qu'on lui demande et ce qu'elle va faire ; elle décrètera ensuite dans sa conscience, dans son honnêteté, ce que lui paraîtront commander les grands intérêts publics qui sont engagés dans ce débat, et dont le dépôt lui est confié.

Il y a neuf mois bientôt, dans une discussion relative au chemin de fer d'Avignon à Marseille, l'honorable M. de Mouchy présenta un amendement qui avait pour objet de porter à quatre-vingt-dix-neuf ans la durée de la concession de cette compagnie.

L'honorable M. de Mouchy monta à cette tribune pour développer cet amendement, et dans ses développements, il exprima le désir que cette disposition fût étendue à toutes les concessions existantes. L'honorable M. Bineau, ministre des travaux publics, répondant à M. de Mouchy, s'exprima en ces termes :

« Le Gouvernement est disposé à chercher les moyens d'améliorer cette situation et de relever ce crédit (la situation, le crédit des compagnies).

« Il est, dès à présent, à l'œuvre pour étudier et préparer les mesures qu'il désire avoir l'honneur de vous soumettre à ce sujet. Des divers moyens à employer pour arriver à ce but, le meilleur, le plus efficace, le moins onéreux pour l'État, nous paraît, comme à l'honorable M. de Mouchy, celui qui consiste à prolonger la durée des concessions. »

L'honorable M. de Mouchy avait fixé le chiffre de quatre-vingt-dix-neuf ans : c'est le chiffre auquel se rallie M. le ministre des travaux publics dans sa réponse.

« C'est, messieurs, ajoute M. le ministre, dans ce sens, dans cette voie, vers ce but, que me paraît devoir être dirigé l'examen de cette question ; c'est dans ce sens que je l'étudie pour vous soumettre plus tard les résultats de cette étude. »

Sur cette déclaration, l'honorable M. de Mouchy retira son amendement.

Voilà, messieurs, le pacte que nous avons vu conclure à la tribune, dans une sollicitude exclusive pour les intérêts des compagnies, et dans l'oubli absolu des intérêts de l'État.

Depuis ce jour, M. le ministre des travaux publics, avec une fidélité et une ardeur dignes d'une meilleure cause, n'a cessé de poursuivre l'exécution de cet engagement. Nous l'avons vu d'abord apporter à cette Assemblée le projet de loi relatif au chemin de Paris à Avignon, projet qui fixait à quatre-vingt-dix-neuf ans la durée de la concession. Vous savez quel fut le sort de ce projet.

Repoussé dans cette Assemblée, M. le ministre

des travaux publics alla frapper à la porte du Conseil d'État ; il y porta deux projets de loi conçus dans la même pensée, et pour mettre à exécution ce même plan. Que sont devenus ces projets au Conseil d'État ? comment y ont-ils été accueillis ? J'engage M. le ministre des travaux publics à nous le dire nettement.

Battu au Conseil d'État comme il l'avait été dans l'Assemblée, M. le ministre des travaux publics revient de nouveau à vous, mais cette fois d'une manière plus modeste et plus adroite.

Ce n'est plus à quatre-vingt-dix-neuf ans qu'il vient vous proposer de porter tout d'abord la durée des concessions des deux compagnies dont il est question ; il prend un moyen terme, il se borne à vous faire faire un premier pas dans cette voie ; il ne demande d'abord que cinquante ans.

Voilà quelle est la pensée intime du projet ; c'est toujours la pensée que M. le ministre poursuit, c'est toujours la réalisation de son plan, c'est toujours l'exécution de l'engagement qu'il a pris à cette tribune de remanier toutes les concessions et d'en porter la durée à quatre-vingt-dix-neuf ans. C'est donc à vous de voir si une question de cette nature, si l'aliénation séculaire de toutes les grandes voies de communication...

Voix au banc de la commission. — Ce n'est pas cela ! discutez la loi !

Voix à gauche. — On y arrivera.

M. Grévy. — C'est le projet de loi dans ce qu'il a de plus intime ; et pour que vous ne puissiez pas en douter, permettez-moi, puisqu'on m'interrompt et qu'on me force à insister, permettez-moi de mettre sous vos yeux un passage de l'exposé des motifs. Voulez-vous y retrouver formellement exprimée la pensée que je signale?

« Il y a plusieurs mois déjà, le Gouvernement a eu l'honneur d'appeler l'attention de l'Assemblée sur la situation pénible des forges et des entreprises de chemins de fer, et de lui exposer son désir de venir en aide à ces deux industries, dont l'importance est telle qu'elles ne peuvent être en souffrance sans que l'intérêt général se trouve compromis.

« Prolonger la durée des concessions dont le terme a souvent été fixé à une époque trop rapprochée... »

M. DE MOUCHY. — Vous voyez bien : celles qui sont fixées à une époque trop rapprochée...

M. GRÉVY, *continuant*. — « ...Prolonger cette durée en demandant, autant que possible, en échange aux compagnies soit d'exécuter quelques chemins d'embranchement ou de prolongement, soit de prendre à leur compte une partie des travaux qui, sur leurs lignes, sont aujourd'hui à la charge de l'État : tel nous a paru, tel nous paraît encore le meilleur moyen d'atteindre le but que nous nous proposons. »

Puis, plus loin :

« Nous avons négocié dans ce but avec les diverses compagnies, et déjà deux projets de cette nature ont été portés au Conseil d'Etat, qui les sou-

CHAPITRE II.

met à une étude approfondie. » Voilà bien la pensée que je vous montrais.

Et puis, plus loin encore :

« Nous persévérons dans cette voie, et nous espérons qu'avec du temps et de nouveaux efforts nous arriverons au but que nous voulons atteindre. »

Vous le voyez donc, le ministre reproduit, pour la troisième fois, son plan, à l'occasion de ce projet, et il ajoute que, ne voulant pas attendre la décision du Conseil d'État, il vous demande d'urgence, pour ces deux compagnies, l'application du principe qu'il a résolu de faire consacrer, c'est-à-dire la prorogation de la durée des concessions. *(Dénégations au banc de la commission.)*

Que la commission qui m'interrompt en ce moment, comme déjà elle m'interrompait hier, à ce propos, n'ait pas cette pensée, qu'elle ne croie pas adopter ce plan, cela est possible : je sais parfaitement que, dans son rapport, elle proteste contre la pensée du ministre et fait ses réserves; mais j'admire sa naïveté ; comment ! elle s'imagine que, le principe une fois consacré, on en pourra refuser l'application aux autres compagnies ! qu'une fois entré dans cette voie, l'État pourra s'y arrêter ! Comment ne voit-elle pas qu'il sera entraîné par la logique et la force des précédents? Les autres compagnies lui diront qu'il ne peut avoir deux poids et deux mesures.

Qu'il soit donc bien compris, messieurs, qu'il s'agit de faire le premier pas dans la voie fatale où, depuis quelques mois, on s'efforce de vous entraîner, et que, si vous adoptez le projet de loi, vous consacrez le principe funeste de la prorogation de toutes les concessions.

L'aliénation pour un siècle de toutes les grandes voies de communication, c'est incontestablement, au triple point de vue politique, commercial et financier, la question la plus grave que vous puissiez avoir à résoudre, et vous la décideriez incidemment, subrepticement, sans examen, sans prendre le temps d'y réfléchir !

Il n'est pas possible qu'une grande Assemblée, qui a quelque souci de sa dignité et des intérêts confiés à sa garde, se laisse entraîner dans cette voie. *(Approbation à gauche.)*

Si j'avais besoin d'ajouter à cette démonstration et à ces aveux une preuve nouvelle que la présentation du projet de loi n'a d'autre cause que celle que je signale, je la trouverais dans la pauvreté des motifs allégués à l'appui du projet par le ministre et par la commission.

Ces motifs sont au nombre de trois : donner plus de travail à l'industrie métallurgique ; exonérer l'Etat des dépenses et des indemnités qui sont à sa charge ; venir au secours de compagnies qui ont été trompées dans leurs prévisions, qui ont été induites en erreur par l'État, et qui, par suite, se trouvent dans l'impossibilité d'exécuter leurs engagements.

Tels sont les motifs donnés par M. le ministre,

reproduits dans le rapport de la commission, et développés tout à l'heure à cette tribune par l'honorable M. Émile Leroux, avec une confiance que j'ai admirée quand il a porté, avec beaucoup de légèreté, qu'il me permette de le lui dire, le défi à tout homme loyal et de bonne foi d'oser les critiquer.

Je prends ces motifs un à un.

C'est pour donner plus de travail à l'industrie métallurgique qu'on a présenté le projet de loi.

Le moyen est singulier. Pour vous en rendre compte, veuillez comparer le contrat primitif avec les modifications qu'il est question d'y introduire.

Aux termes du cahier des charges actuellement existant, quelles sont les obligations des compagnies? Dans quel délai doivent-elles achever les travaux mis à leur charge? Elles sont tenues de poser la double voie sur chaque section, dans le délai de deux ans, à partir de la livraison. Dans deux ans elles doivent donner aux forges le travail, les commandes que comporte l'établissement de la double voie.

Les modifications proposées, quel changement apporteront-elles à cet état de choses?

D'après ces modifications, les compagnies seront tenues, il est vrai, d'établir une voie dans le délai d'un an...

Un membre à gauche. — C'est la même chose.

M. Grévy. — Non, ce n'est pas la même chose : c'est beaucoup moins avantageux, vous l'allez voir.

Les deux compagnies seront donc tenues, disais-je, dans le délai d'un an, d'établir une seule des deux voies, et, pour poser la seconde, il leur est accordé, à l'une, un délai de deux ans, à partir de l'expiration de l'année consacrée à l'établissement de la première voie; à l'autre un délai de trois ans; de sorte que, pour poser la double voie, elles ont, l'une trois ans et l'autre quatre, tandis que, d'après le contrat primitif, elles n'ont, l'une et l'autre, que deux ans.

Ainsi le travail donné aux forges sera réduit de moitié. Voilà comment le projet de loi s'y prend pour multiplier et accélérer le travail. *(Approbation et rires à gauche.)*

Au banc de la commission. — C'est une erreur!

M. Grévy. — En quoi est-ce une erreur?

Ce n'est pas tout: M. le ministre a inventé deux autres modifications qui ne sont pas moins heureuses.

Aux termes des cahiers des charges primitifs, les compagnies sont tenues de mettre en exploitation les sections qui leur sont livrées, dans le délai de deux ans et dans l'ordre de livraisons, c'est-à-dire au fur et à mesure qu'elles leur sont livrées et quelle que soit la place qu'elles occupent dans la ligne.

Cette clause est modifiée. Deux sections sont livrées, ou du moins l'une d'elles est livrée et l'autre va l'être prochainement, la section d'Ancenis à Nantes, et celles d'Angoulême à Libourne; et ces deux sections, aux termes du projet, pourront n'être mises en exploitation qu'avec d'autres sections qui seront livrées beaucoup plus tard; de telle sorte que ces deux sections ne seront couvertes de rails que beaucoup plus tard qu'elles ne devaient l'être primitivement. Le travail à donner aux ouvriers, les commandes à faire à l'industrie métallurgique seront diminués et ralentis d'autant. Second moyen trouvé par M. le ministre pour développer le travail. *(Approbation à gauche.)*

En voici une troisième :

Selon le cahier des charges, l'État doit élever les stations, les gares, les ateliers ; le projet rectificatif, en mettant cette dépense à la charge des compagnies, les autorise à ne faire que des gares et des stations provisoires; il leur donne dix ans pour construire les gares et les stations définitives : c'est ce travail considérable qui sera ainsi reculé de dix ans.

Voilà comment le Gouvernement et la commission s'y prennent pour venir au secours des forges, du commerce de bois, de l'industrie du bâtiment; ils ne trouvent rien de mieux que d'ajourner la plus grande partie du travail qui est assurée par les contrats primitifs !

A gauche. — Très bien ! très bien !

M. Grévy. — Je vous laisse maintenant à juger quelle est la valeur de ce premier argument, et si, lorsque M. le ministre des travaux publics, et, après lui, la commission, viennent nous dire que leur projet a été conçu dans la pensée de donner plus d'aliment et d'activité au travail des forges, de l'industrie des bois, de la construction des bâtiments, ce n'est pas une dérision.

A gauche. — Très bien! très bien!

M. Grévy. — Je passe au deuxième motif: Exonérer l'État des dépenses qui sont à sa charge et des indemnités qu'il peut devoir.

Quelles sont ces dépenses et ces indemnités? L'État doit construire les gares et les stations. En prenant les évaluations et les chiffres du Gouvernement et de la commission, on trouve que cette dépense s'élève, pour l'un des chemins, à 2 millions, et, pour l'autre, à 3 ou 4 millions; en somme: 5 à 6 millions.

Telle est la dépense qui est à la charge de l'État et dont il s'agit de l'exonérer.

Quant aux indemnités, on n'en parle plus que d'une manière timide, comme vous l'avez vu tout à l'heure, lorsque M. Émile Leroux était à la tribune; on n'ose plus guère insister sur ce chapitre; on sent que cela n'est plus soutenable depuis les éclaircissements donnés dans la séance d'hier.

Vous savez que le principe de ces indemnités est dans le retard que l'État aurait mis à livrer les lignes aux compagnies.

Or voici quelle est la situation: Le chemin de Tours à Nantes a trois sections; la première, de

CHAPITRE II.

Tours à Angers, est exploitée depuis le 1er août 1849 ; la deuxième, d'Ancenis à Nantes, a été livrée à la compagnie le 1er septembre 1849 ; la troisième, d'Angers à Ancenis, n'est pas encore livrée ; mais, d'après la déclaration de M. le ministre, elle le sera en octobre prochain. Et à quelle époque aurait dû être faite cette livraison? Le 27 novembre 1849 ; c'est donc un retard, pour une seule section, d'environ onze mois.

La ligne d'Orléans à Bordeaux a cinq sections : la section d'Orléans à Tours est en exploitation depuis le 2 avril 1848 ; celle de Tours à Châtellerault a dû être livrée le 9 de ce mois ; celle de Châtellerault à Poitiers sera livrée le 1er août prochain ; celle d'Angoulême à Libourne a dû être livrée le 6 courant. Toutes ces livraisons ont été faites en temps utile, car le délai n'expire que le 24 octobre 1850.

Il ne reste sur cette ligne qu'une seule section, celle de Poitiers à Angoulême, laquelle ne sera livrée que vers la fin de 1852 ; il y aura, pour cette section, deux ans de retard dans la livraison.

Voilà à quoi se réduit le retard apporté par l'État dans la livraison des deux lignes : sur celle de Tours à Nantes, onze mois pour une seule section ; sur la ligne d'Orléans à Bordeaux, deux ans pour une seule section. Telle serait la base de l'indemnité, s'il devait y en avoir une. Mais, je l'ai déjà montré hier, aucune indemnité n'est due. Pour qu'il y eût lieu à indemnité, à cette indemnité de 4 pour 100 d'intérêt sur les capitaux engagés dans les sections dont la livraison est en retard, il faudrait que la compagnie commençât par prouver que, sur les deux sections en retard, elle a engagé des capitaux. Or cela n'est pas ; car, puisque les compagnies n'ont point encore réalisé entièrement leur capital, puisqu'elles manquent d'argent pour travailler sur les sections qui leur ont été livrées, n'est-il pas évident qu'elles n'ont point eu de capitaux à engager sur les sections dont la livraison est retardée?

On peut donc affirmer qu'il n'y a pas un centime d'engagé sur les deux sections non livrées, et, par conséquent, qu'il n'y a pas d'indemnité à la charge de l'État.

J'ajoute que, y eût-il quelques fonds engagés sur ces sections, il faudrait encore, conformément au cahier des charges, faire entrer en compensation les bénéfices que sur d'autres sections exploitées les compagnies auraient réalisés. Or, pour ne parler que de la section d'Orléans à Tours, elle produit des bénéfices considérables qui suffiraient et au delà pour compenser toute indemnité, s'il était vrai qu'il en fût dû quelqu'une.

Je reviens et je dis que la seule dépense à la charge de l'État, la seule dont il puisse être question de l'exonérer, est une dépense de 5 à 6 millions pour constructions de gares et stations.

En regard de cette charge, mettons ce qu'il doit recevoir. Il lui est dû par la compagnie de Tours à

CHAPITRE II. 343

Nantes, pour remboursement du prix des terrains achetés, une somme de 7,500,000 francs. Ainsi, s'il doit dépenser d'un côté 5 à 6 millions, l'État doit recevoir de l'autre 7,500,000 francs.

Or, pour l'exonérer de 5 à 6 millions, on lui fait donner quittance de 7,500,000 francs, et on appelle cela dégrever l'État.

Je n'indique ici que pour mémoire le sacrifice bien autrement important qu'impose, en outre, à l'État, la prorogation gratuite de la durée des concessions. J'y reviendrai dans quelques instants.

J'arrive au troisième motif.

Les compagnies ont été trompées dans leurs prévisions. Elles ont été induites en erreur et sur les dépenses et sur les produits par les évaluations du Gouvernement.

Je tiens, tout d'abord, à venger les pouvoirs publics des reproches qu'on leur adresse, dans l'intention d'obtenir plus facilement de vous les concessions qu'on demande. Il n'est pas vrai que les compagnies de Tours à Nantes et d'Orléans à Bordeaux aient été trompées par les évaluations et les prévisions du Gouvernement. Il n'est pas vrai que ces compagnies se soient déterminées sur des données de cette nature émanées du Gouvernement et des Chambres. Loin d'avoir emprunté les calculs, ce sont elles, au contraire, qui les ont fournis.

Pour vous en donner la preuve, permettez-moi de vous lire quelques passages des rapports de

MM. Gillon et Dufaure, à la Chambre des députés, dans la discussion du projet de loi d'où sont sorties les deux compagnies sur le sort desquelles vous délibérez. Ces citations répondront parfaitement au rapport de votre commission, lequel présente sans cesse les compagnies comme victimes de leur confiance dans les évaluations et les assurances du Gouvernement.

Voici comment M. Gillon, dans son rapport de juin 1845, s'exprimait :

« La dépense pour terrains... (Ceci est précisément relatif à cette évaluation de terrain sur laquelle on prétend que la compagnie de Tours à Nantes a été trompée par l'État ; vous allez voir ce qu'il y a de vrai dans ce grief.)

« La dépense pour terrain indiquée en total à 6,344,190 francs n'est qu'une *évaluation éventuelle*, car une grande étendue de terrain reste à acquérir ; la condition de restituer à l'État la dépense effective s'est trouvée omise dans le cahier des charges qui accompagne le projet de loi. Nous l'avons insérée en tête de l'art. 7. »

Ce n'est donc pas 6 millions seulement, c'est 6,344,190 francs ; et, d'un autre côté, on ne présente pas ce chiffre comme une évaluation définitive, on le présente comme une évaluation éventuelle, et l'on ajoute que ce ne sera pas cette évaluation, dont on se défie, mais l'évaluation effective qui sera la base du remboursement à effectuer.

Et l'on vient nous dire aujourd'hui qu'on a donné

CHAPITRE II.

à la compagnie le chiffre de 6 millions seulement, qu'elle a dû croire qu'il ne serait pas dépassé, quand, au contraire, on lui a fait expressément entendre que le chiffre de 6,344,190 francs n'avait rien de définitif et de certain. *(Approbation à gauche.)*

Dans un autre passage du même rapport, je lis ce qui suit :

« La commission regarde comme quelque peu exagérées certaines évaluations ; il est contestable que le chemin de fer dépouille autant la voie d'eau, il est plus contestable encore qu'il soit appelé à transporter tout seul tous les bestiaux sur les deux routes ; on s'est fait un peu illusion. Pour le calcul du bétail, on a oublié la réserve prudente qu'on avait observée pour la supputation du nombre des voyageurs ; dans de pareilles évaluations, il y a de grandes inexactitudes et beaucoup d'inconnu. »

Peut-on prévenir plus loyalement et plus clairement les compagnies ? Peuvent-elles prétendre encore avoir été induites en erreur ?

Vous trouverez exprimées d'une manière non moins explicite, dans le rapport de l'honorable M. Dufaure, des réserves, des objections, des observations de la même nature.

S'agit-il de déterminer la durée à donner à la concession du chemin de fer d'Orléans à Bordeaux, il dit :

« Nous avons été affermis dans notre opinion par la déclaration que nous a faite M. le ministre des travaux publics, que deux compagnies sérieuses s'étaient déjà présentées pour obtenir la concession de cette ligne, et que l'une d'elles ne demandait pas un plus long délai. »

Dans un autre passage du même rapport, l'honorable M. Dufaure, produisant le chiffre de 4,368,196 francs extrait d'une note détaillée que la compagnie qui recherchait alors la concession du chemin lui avait remise, s'exprime ainsi :

« Cette note nous a paru faite soigneusement et sincèrement. »

Puis il reproduit la note, et il ajoute :

« Nous serions loin, sans doute, de garantir que le chemin d'Orléans à Tours reçut dès les premières années tous les voyageurs et toutes les marchandises sur lesquels comptent les concessionnaires. Nous discuterons ces calculs sans oublier tous les sentiments d'incertitude que renferme la statistique la mieux faite.

« La moyenne de 6 centimes 1/2 est peut-être trop élevée, à raison du grand nombre de voyageurs qui préfèrent les places de troisième classe ; mais il est probable qu'avec une bonne administration les frais annuels ne seraient pas longtemps de 60 pour 100. »

A lire le rapport de votre commission et l'exposé des motifs, il semblerait que c'est l'opinion du Gouvernement et des Chambres qui a fait éclore les compagnies et les transactions actuelles, tandis que ce sont, au contraire, les appréciations des compagnies qui réagissaient sur les Chambres et sur le Gouvernement.

Cela dit, examinons quelle est la situation des deux compagnies, et voyons si réellement, par elles-mêmes ou autrement, elles ont été trompées dans leurs évaluations.

Il y a deux choses à considérer : les dépenses que les compagnies ont dû faire, et les produits sur lesquels elles ont dû compter.

Sur les dépenses à faire, les compagnies ont-elles été induites en erreur ?

Comment auraient-elles pu l'être ?

Il n'y a rien d'inconnu, rien d'incertain dans leur lot. C'est l'État qui fait les terrassements, les travaux d'art, les acquisitions de terrains. Les compagnies ne sont chargées que de la pose de la voie, de la construction du matériel, deux choses parfaitement connues et d'une évaluation facile et certaine. Il ne peut y avoir là matière à erreur.

J'ajoute que, s'il y avait quelque différence entre les prévisions et la réalité, elle serait tout à l'avantage des compagnies ; car aujourd'hui le bois, le fer ont perdu beaucoup de leur valeur, et si les achats s'éloignent des prévisions, ce ne peut être qu'en moins, c'est-à-dire au profit des compagnies.

M. Ducos, *rapporteur*. — Voulez-vous me permettre un mot d'explication ?

M. Grévy. — Volontiers.

M. le rapporteur. — L'honorable membre qui est

en ce moment à la tribune oublie, dans son argumentation, que les deux compagnies de Nantes et de Bordeaux ont fait leurs commandes pour la totalité de leurs approvisionnements de fer, avant la baisse dont se prévaut l'honorable préopinant; elles sont aujourd'hui obligées de recevoir leurs approvisionnements de fer, non plus au cours réduit du jour, mais au cours le plus élevé qui se soit établi en 1848. *(Bruit et interruptions diverses.)*

Le rapporteur a pressenti, avant qu'elle fût faite, l'objection qu'on lui adresse en ce moment; nous affirmons que les commandes ont été faites avant la baisse du prix. *(Mouvements divers.)*

M. Grévy. — Cela ne prouve pas qu'elles aient été trompées.

M. le rapporteur. — Je dis que les prix ont été fixés de telle sorte qu'au fur et à mesure que les forges livreront leurs fers aux compagnies, les livraisons de ces fers seront faites, non pas au cours du jour, mais au prix établi dans les marchés primitifs.

M. Grévy. — Il me semble que la réponse de l'honorable rapporteur n'affaiblit en rien mon raisonnement. Tout ce qui résulterait des renseignements qu'il nous donne, c'est que la compagnie n'aurait pas bénéficié sur leur évaluation; mais il ne s'ensuit nullement qu'elles ont été trompées et que leur situation exige la revision de leurs contrats. *(C'est cela!)*

N'oublions pas quelle est la question. On nous

présente les compagnies comme ayant été trompées dans leurs espérances, dans leurs évaluations.

J'examine la valeur de cet argument, d'abord en ce qui concerne les travaux à faire par les compagnies, et je trouve qu'il ne peut y avoir eu erreur, ou que, s'il y a eu erreur, ce ne peut être qu'à leur avantage.

M. le rapporteur dit que tous les achats ont été faits antérieurement à la baisse. Soit ; il en résulte que les compagnies n'ont ni gagné ni perdu.

Le seul point sur lequel on allègue une erreur d'évaluation, ce serait le chiffre du remboursement des terrains achetés. On dit que le chiffre indiqué était de 6 millions, tandis qu'il s'élève à 7,500,000 francs.

Je dirai, en passant, que tous ces chiffres, que je trouve dans l'exposé des motifs, ne sont accompagnés d'aucune justification, et que nous n'avons ni renseignement, ni contrôle, ni vérification.

Je n'accuse, à Dieu ne plaise ! je ne suspecte la bonne foi de personne ; mais, dans des questions de cette nature, on devrait au moins, surtout quand on tient presque tous les chiffres de seconde main, car M. le ministre et M. le rapporteur tiennent presque tous leurs renseignements et leurs chiffres des parties intéressées...

M. Bineau, *ministre des travaux publics*. — Pas le moins du monde ! Je tiens mes chiffres de mes agents. C'est le ministre des travaux publics qui achète les terrains, c'est lui qui sait quels prix il a payés.

M. Grévy. — Pour ce qui concerne les terrains, il n'y a pas de doute ; mais mon observation est générale et porte sur l'ensemble des renseignements et des chiffres que je trouve dans cette affaire, et que je n'ai, comme mes collègues, aucun moyen de vérifier.

Je reviens au chiffre de 7,500,000 francs.

J'accepte ce chiffre. J'ai déjà démontré qu'il n'est pas exact de dire que la compagnie ait des comptes sur le chiffre de 6 millions seulement ; je pourrais l'admettre : ce serait, en définitive, dans une opération de cette importance, une erreur de 1,500,000 francs sur un capital de 40 millions. Je demande quelle est la spéculation de cette nature, quelle est l'opération de 40 millions dans laquelle les évaluations ne peuvent varier de 1,500,000 francs, et quelle est la compagnie qui n'a pas dû faire entrer en ligne de compte une semblable éventualité.

Voyons, maintenant, s'il y a eu erreur dans l'évaluation des produits. C'est le point sur lequel on insiste le plus.

Voyons si les compagnies ont dû compter sur des produits qu'elles n'auront pas ; voyons si, au moment où je parle et où l'on vient vous demander la modification des contrats, on vous apporte la preuve que les évaluations relatives aux produits ont été erronées.

C'est ici surtout que j'admire la légèreté avec laquelle on a procédé. Quelle preuve apporte-t-on que les évaluations ne seront pas atteintes ? Sur quelles données, sur quelle base opère-t-on pour déterminer quels seront les produits? comment contrôlera-t-on les évaluations, les prévisions premières? On prend, quoi? une ligne achevée qui, par conséquent, ait atteint l'apogée de ses produits? En aucune façon; on prend un tronçon d'une ligne inachevée, ou plutôt, on prend deux tronçons sur les deux lignes inachevées, des tronçons qui aboutissent à des villes qu'on peut regarder comme des impasses, Tours et Orléans; et on prend pour moyenne les produits de ces tronçons.

Remarquez bien qu'on ne fait la part d'aucune erreur, d'aucune augmentation; les tronçons, tels qu'ils sont aujourd'hui, sont la base du calcul qu'on vous présente.

Ce n'est pas tout : on prend pour moyenne le produit des premières années.

Or tout le monde sait, quoique notre expérience en matière de chemins de fer ne soit pas bien ancienne, avec quelle rapidité les produits des chemins de fer se développent. Regardez ce qui s'est passé sur les chemins de fer d'Orléans, de Rouen, sur toutes les grandes lignes que nous avons aujourd'hui en exploitation, et voyez dans quelle proportion les produits se sont élevés au bout de quelques années.

Que font cependant le Gouvernement et la commission? Ils ne tiennent nullement compte de la progression nécessaire, rapide, dans le chiffre des produits : ils prennent la première année pour moyenne, pour base définitive. Et puis, quelles années choisit-on ? Des années calamiteuses, des années dans lesquelles la stagnation des affaires fait baisser les produits fort au-dessous du niveau auquel ils s'élèveront dans les temps normaux.

Voilà trois causes d'erreur qui vous expliqueront aisément la différence que M. le rapporteur est arrivé à établir entre les produits actuels et les évaluations primitives. On calcule sur un tronçon au lieu de calculer sur la ligne entière ; on prend pour base et pour moyenne les premières années, quand ces premières années sont nécessairement plus faibles que celles qui suivront ; on choisit non seulement les premières années, mais des années malheureuses.

S'il était nécessaire d'insister sur ce point, je pourrais vous montrer, par des documents, dans quelle proportion considérable les produits s'élèveront avec le temps, et combien vous vous éloigneriez de la vérité si vous acceptiez les évaluations de M. le rapporteur et de M. le ministre des travaux publics.

« Pour toutes nos lignes importantes (je lis ceci dans un travail fait avec beaucoup de soin par M. Dufournel, qui a relevé les produits des lignes de chemins de fer qui sont aujourd'hui en exploitation), pour toutes nos lignes importantes, dit-il, pour toutes celles qui ont été longuement et consciencieusement étudiées, les évaluations du Gouvernement et des Chambres, en ce qui concerne les recettes, ont toujours été atteintes très peu de temps après les mises en exploitation ; elles ont été notablement dépassées avant la fin du troisième trimestre de l'exploitation, et dépassées même plus tard encore dans une proportion considérable.

On peut constater, en effet, qu'en moins de dix-huit mois, le chemin de Paris à Orléans a dépassé les prévisions législatives de 54 pour 100, et celui de Paris à Rouen de 38 pour 100 ; on peut également constater que dans la quatrième année qui a suivi celle de leur mise en exploitation, le chemin de Paris à Rouen a dépassé les prévisions législatives de 110 pour 100, et celui de Paris à Orléans de 137 pour 100.

M. DE MOUCHY. — Cela n'a lieu que pour les chemins qui ont leur origine à Paris.

M. GRÉVY. — Cela n'a lieu, monsieur, que pour les chemins qui sont complètement achevés, et non pour les tronçons exploités pendant une ou deux mauvaises années.

Je dis donc que ni le Gouvernement ni la commission n'apportent rien, absolument rien à l'appui de cette allégation, que les compagnies ne trouveront pas dans l'exploitation des lignes les produits espérés.

Je vous ai montré combien est vicieuse la base sur laquelle on a opéré. Cependant, il faudrait absolument que la preuve de l'insuffisance des produits fût faite, non pas pour qu'on résiliât le contrat, mais enfin pour que la faveur qu'on veut concéder aux compagnies eût une cause légitime.

Si la commission, si le Gouvernement ne peuvent pas établir cette preuve par des documents irrécusables, je le répète, le projet de loi qui vous est présenté n'a plus même l'ombre d'un prétexte.

Je dis que les compagnies n'ont pas été trompées dans leurs prévisions, ni pour ce qu'elles ont à dépenser, ni pour ce qu'elles ont à espérer. Mais, eussent-elles été trompées, serait-ce donc une raison pour résilier leur contrat? Voulez-vous poser en principe que toutes les fois qu'une compagnie, traitant avec l'État, ne trouverait pas dans l'opération ce qu'elle espérait, l'État devra reviser le contrat et lui faire des conditions nouvelles?

On dit : Mais ces deux compagnies ne peuvent pas exécuter, et c'est sur ce point que l'honorable M. Émile Leroux a insisté plus particulièrement. Il y a impossibilité absolue, a-t-il répété plusieurs fois. Il faisait bon marché de l'intérêt des compagnies, ce n'était que l'intérêt général qui le préoccupait ; il faut absolument que ces chemins s'achèvent, disait-il ; ils ne peuvent être achevés par les compagnies ; elles sont dans l'impossibilité absolue de le faire.

Et où en est la preuve? Quelle est celle des deux compagnies qui est dans une impossibilité absolue? La compagnie d'Orléans à Bordeaux? Elle a un capital plus que suffisant pour achever la ligne, et de plus, comme M. le rapporteur nous l'a appris, elle a un traité avec un entrepreneur que M. le rapporteur déclare très honorable, très sérieux, très solvable.

Comment dès lors serait-elle dans l'impossibilité d'exécuter son contrat ?

M. DE MOUCHY. — Parce qu'on ne verse pas l'argent ! *(Exclamations à gauche.)*

M. GRÉVY. — J'y arriverai. Vous parlez de la bonne volonté et non pas de la possibilité, j'arriverai à ce qui vous préoccupe ; en ce moment j'examine, non si elles veulent, mais si elles peuvent. Eh bien, je demande s'il est vrai de dire et s'il est soutenable de prétendre que les compagnies sont dans l'impossibilité d'exécuter leur contrat ? Je vous ai dit que celle d'Orléans à Bordeaux avait un capital plus que suffisant pour exécuter le sien et qu'elle a fait un marché avec un entrepreneur très en état d'exécuter les travaux. Je comprendrais qu'une compagnie qui aurait été trompée dans ses prévisions, qui aurait éprouvé des désastres et qui se trouverait, après tous les appels de fonds faits et réalisés, n'avoir qu'un capital insuffisant, vînt dire qu'elle est dans l'impossibilité d'exécuter, parce qu'en définitive elle ne peut demander à ses actionnaires que le montant de leurs actions...

M. GODELLE. — Si les actionnaires ne versent pas ! *(Exclamations à gauche.)*

Une voix à gauche. — On les forcera de verser !

M. GRÉVY. — S'ils ne versent pas ! De qui parlez-vous, monsieur !

M. DE MOUCHY. — Des actionnaires.

M. GRÉVY. — Que sont-ils, les actionnaires ? Vous

apprendrai-je que les actionnaires sont la compagnie, et quand je dis que la compagnie est dans la possibilité d'exécuter, cela signifie que les actionnaires le peuvent.

Vous me dites qu'ils ne veulent pas. C'est autre chose, et j'y vais arriver. Je parle en ce moment de la possibilité. Il y a un capital social en partie réalisé. Les actionnaires, qui forment la compagnie, ont en main une partie du capital; ils peuvent exécuter en versant ce qu'ils redoivent, et c'est ce que je me borne à constater en ce moment.

Lors donc qu'on vient vous parler de l'impossibilité où se trouvent les compagnies, de la nécessité où l'État serait de prendre leur place, il y a une singulière confusion dans les idées. La compagnie de Bordeaux à Orléans peut exécuter son contrat: elle a un capital qui est plus que suffisant.

La compagnie de Tours à Nantes peut-elle exécuter le sien? On dit que celle-ci n'a qu'un capital de 40 millions, que ses travaux s'élèveront à 36 millions, qu'elle aura à rembourser à l'État 7,500,000 francs, en sorte qu'elle se trouvera au-dessous de ses engagements d'une somme de 9,500,000 francs.

La compagnie de Tours à Nantes peut exécuter ses travaux, et c'est là le point capital qui touche si fort M. E. Leroux. Avec 40 millions, elle peut bien faire pour 36 millions de travaux; elle n'est donc pas dans l'impossibilité d'exécuter ces travaux; si elle le veut, elle le peut. J'avoue qu'elle n'est pas en ce moment dans la possibilité de payer l'État. Mais craignez-vous qu'il ne l'exproprie? Personne ne le demande ; personne ne refusera de délai. Il n'y a pas impossibilité de sa part ; l'État ne la poursuit point ; il ne veut pas l'exproprier. Enfin, elle a 36 millions pour exécuter les travaux ; qu'on ne dise donc pas qu'elle est dans l'impossibilité de le faire. *(Approbation à gauche.)*

Une voix à droite. — Il faut les avoir en caisse, ces 36 millions !

M. Grévy. — Les compagnies peuvent exécuter les travaux, mais elles ne le veulent pas. Voilà la vérité.

Quoi ! des compagnies qui ont contracté librement avec l'État, qui n'ont point été induites en erreur, qui n'ont subi aucune perte; des compagnies qui peuvent exécuter leurs contrats et qui ne le veulent pas parce qu'elles trouvent aujourd'hui que ces contrats pourraient être plus avantageux et qu'elles veulent obtenir des conditions meilleures ; ce sont ces compagnies qui obtiennent votre sympathie ! c'est à ces compagnies que vous voulez sacrifier les intérêts de l'État! Je proteste, au nom de la morale publique, contre de pareilles tendances ! *(Vive approbation à gauche.)*

Ces compagnies peuvent-elles, oui ou non, exécuter en versant? Oui. Veulent-elles exécuter? Non. Eh bien, je déclare que cela est immoral, et qu'il est impossible qu'une pareille situation intéresse l'Assemblée et l'État. Que faut-il faire? Pour moi, je déclare qu'il faut faire exécuter les contrats, et je suis convaincu que, dans cette circonstance, ce ne sera pas chose difficile.

Je comprends parfaitement que la compagnie, avec le bon vouloir qu'elle sait exister dans l'esprit de M. le ministre des travaux publics, avec le projet qu'il a fait connaître et qu'elle doit être disposée à exploiter, je comprends qu'elle montre du mauvais vouloir, et qu'elle dise à l'État: Je ne peux pas ou je ne veux pas, ce qui, pour le Gouvernement, paraît être la même chose. Je comprends qu'elle tienne un pareil langage; mais si elle est mise en demeure d'exécuter, elle en tiendra un autre; l'honorable M. Gillon vous en a donné la preuve hier, lorsqu'il vous a fait connaître la protestation de ces compagnies contre le projet de rachat.

Elles disaient alors : Nous pouvons et nous voulons exécuter ; nous protestons contre l'expropriation. S'agit-il de les déposséder, elles peuvent et veulent. Mais s'agit-il de se faire concéder des conditions nouvelles, elles ne peuvent pas et ne veulent pas.

A gauche. — C'est cela! c'est cela!

M. Grévy. — Soyez certains, messieurs, que le jour où une décision de cette Assemblée aura dit à ces compagnies : Vous exécuterez, ou vous serez expropriées, elles exécuteront. C'est ma conviction profonde.

L'honorable M. Émile Leroux ne voit pas comment,

en rejetant le projet, les travaux pourront être achevés. Ce sera, dit-il, ou l'État qui les achèvera, ou les compagnies actuelles, ou d'autres compagnies qui seront mises à leur place; et, dans toutes ces hypothèses, il ne trouve que des impossibilités. Il croit que si l'État était forcé d'exproprier les compagnies existantes et d'en mettre d'autres à leur place, celles-ci exigeraient des conditions non moins onéreuses.

M. Émile Leroux n'oublie qu'une chose, c'est que les compagnies qui prendraient la place de celles qui seraient dépossédées profiteraient de ce que celles-ci ont dépensé, des travaux qu'elles ont exécutés, et que les conditions qu'elles demanderaient seraient d'autant moins lourdes à l'État. *(Exclamations à droite.)*

A gauche. — L'actionnaire est sacré! la légitimité de l'actionnaire!

M. Grévy. — J'ai tâché de mettre à nu devant vous la situation de ces deux compagnies; et je demande maintenant s'il existe en France une seule compagnie qui ne puisse, si le projet de loi était voté, venir vous faire une demande semblable. Il n'en est pas une seule qui ne soit dans une position moins favorable.

Il est donc avéré que les motifs allégués à l'appui du projet de loi sont sans valeur, qu'ils ne sont que des prétextes, et que le but véritable est de faire consacrer le principe de la prorogation de la durée des concessions. A cette pensée fatale, à ce projet funeste, j'oppose d'abord le respect des contrats.

L'exécution des contrats est un intérêt d'ordre public. Il importe à la morale publique que les contrats soient religieusement exécutés, surtout quand l'État y figure comme partie; les contrats deviennent alors de véritables lois, et il est d'un haut intérêt de ne pas établir en principe que ces lois peuvent être facilement brisées. Quelle est l'étrange jurisprudence qui tend à l'établir? Un malheureux entrepreneur fait avec l'État un marché; cet homme se trompe dans ses calculs, il fait une mauvaise spéculation. Résilie-t-on son contrat? On l'exécute rigoureusement, et souvent jusqu'à sa ruine. Voilà ce qui arrive tous les jours aux simples particuliers; mais quand il s'agit d'une compagnie ayant à sa tête de puissantes influences, la jurisprudence changera!

Voix nombreuses à gauche. — Très bien! très bien!

M. GRÉVY. — Il n'y a pas de liens pour les compagnies, les contrats sont quelque chose qui lie l'État, mais non les compagnies. Voilà le côté moral de la doctrine qu'on vous propose de consacrer.

Voulez-vous en voir maintenant le côté matériel? Avec cette jurisprudence, l'État sera toujours lié, les compagnies ne le seront jamais; elles pourront toujours obtenir la revision de leur contrat, l'État ne pourra jamais obtenir la revision du sien. Il aura les charges toujours, les avantages jamais. Quelle est la situation qu'on veut faire à l'État? Messieurs, parmi les partisans du projet de loi, en est-il quelqu'un qui traite ainsi ses propres intérêts. *(Rires approbatifs à gauche.)*

Les conséquences sont énormes, veuillez les peser un peu, messieurs : une fois qu'il sera établi par votre jurisprudence qu'une compagnie n'aura qu'à ne pas vouloir exécuter son contrat pour en obtenir la violation, savez-vous ce qui arrivera ? C'est que l'État n'aura jamais en face de lui une compagnie honorable et sérieuse ; c'est que toutes les compagnies honorables et sérieuses seront écartées, seront supplantées par les agioteurs et les intrigants *(Assentiment à gauche. — C'est cela !*), qui feront à l'État toutes les concessions qu'il voudra. Peu leur importera !

Ce qu'il leur faut, c'est un contrat sur lequel ils puissent spéculer, sauf à demander plus tard, en vertu de votre jurisprudence, la revision de leurs conventions, et des conditions nouvelles. Si vous voulez bien y réfléchir, messieurs, vous reconnaîtrez que cela est non seulement la ruine de l'État, dont vous compromettez ainsi tous les intérêts, mais la ruine de l'industrie au profit de l'agiotage et de la spéculation.

Le second intérêt que j'ai à opposer à la mesure que je combats, c'est l'intérêt financier de notre pays.

Porter à un siècle la durée de toutes les concessions, a-t-on calculé quelle est, au point de vue de nos finances, la conséquence d'une semblable mesure ? Eh quoi ! nous avons des finances obérées, nous sommes écrasés sous le poids d'une dette énorme, l'avenir est alarmant.

Eh bien, nous avons là une ressource qui peut

être considérable, une ressource incontestable, la ressource des chemins de fer ; car lorsque les concessions seront expirées, les chemins de fer reviendront aux mains de l'État qui les exploitera ou par lui-même ou par des fermiers, et qui bénéficiera des profits ; il y a là une ressource immense pour l'avenir, il y a là de quoi faire face à une partie des charges que le présent lègue à l'avenir.

Et vous voulez, sans nécessité aucune, sans compensation, sans réflexion, sacrifier cette ressource précieuse, inconnue, je le répète, pour tout le monde aujourd'hui.

Car, enfin, savons-nous ce que peuvent produire les chemins de fer dans un demi-siècle, dans trente ans, dans vingt ans ? Savons-nous quelles sont les économies qu'on peut apporter dans leur exploitation, quels sont les réformes, les changements que le temps et la science peuvent y introduire ? Le combustible, peut-être, sera économisé ; c'est l'espoir de la science et l'objet de ses efforts. Si ce perfectionnement arrive, les chemins de fer croîtront dans une proportion considérable ; ce serait pour la France une immense ressource, vous la sacrifiez. Et pourquoi ? Je vous l'ai dit. *(Vive approbation à gauche.)*

Il y a plus encore, et si je n'avais occupé déjà trop longtemps cette tribune...

A gauche. — Non ! non ! — Parlez ! parlez !

M. Grévy. — ... Je suivrais dans ses conséquences, dès à présent sensibles et appréciables, la mesure

CHAPITRE II.

dans laquelle on veut vous entraîner; je vous montrerais, au point de vue politique, quelle est la portée de ce projet, qui consiste à aliéner pour un siècle toutes les grandes voies de communication; considérez-en l'importance et la nécessité dans les temps de guerre pour les mouvements de troupes, dans les temps de disette pour le transport des subsistances, dans les temps de crise commerciale pour venir en aide à la production par une sage réduction des tarifs.

Concentrer dans quelques mains toutes les grandes lignes, tous les moyens de transport, c'est leur remettre une partie importante du gouvernement. *(Approbation à gauche.)*

L'honorable M. Morellet a traité la question des tarifs. J'avoue que cet intérêt me touche profondément; qu'il m'est impossible de comprendre comment il a pu entrer dans l'esprit d'hommes sérieux, d'hommes amis de leur pays, soucieux des intérêts de son avenir, d'aliéner pour une période aussi longue toutes les concessions sans avoir réservé le droit de reviser les tarifs; j'avoue que cela me confond; cette faute n'a été commise dans aucun autre pays du monde.

Comment! vous savez que le prix du transfert entre comme facteur important dans tous les produits, et vous enchaînez les prix de transport, c'est-à-dire votre commerce tout entier; vous l'enchaînez pour un siècle à des tarifs immobiles!

M. DE MOUCHY. — Mais non! il y a une échelle mobile; ils sont essentiellement mobiles!

M. Grévy. — L'honorable rapporteur de la commission, qui a prévu cette objection capitale, a dit : Il y a deux remèdes à cela; il y a la concurrence et le rachat. *(Rires ironiques à gauche).*

La concurrence, cela n'est pas sérieux. La concurrence sera-t-elle faite au chemin d'Orléans à Bordeaux par le chemin de Tours à Nantes? Quelle concurrence peut-il s'élever entre des chemins qui n'ont pas la même destination? Ah! je comprends que, dans un pays où il y a des chemins de fer qui aboutissent par des embranchements aux mêmes destinations, comme en Angleterre, la concurrence soit possible. Et cependant en Angleterre on a eu soin de se réserver la faculté de reviser les tarifs. Je le disais dans une autre discussion; j'ai été démenti sur ce point par M. le ministre des travaux publics; je n'avais pas alors en mains la preuve de ce que j'avançais; mais aujourd'hui, s'il renouvelle ses dénégations, je lui en donnerai la preuve; je lui montrerai que depuis 1844, en Angleterre, le gouvernement s'est réservé constamment, dans les cahiers des charges, la revision des tarifs.

Telles sont les raisons pour lesquelles je suis aussi opposé que possible...

Un membre. — Et la faculté de rachat!

M. Grévy. — On me fait observer que j'oubliais de répondre à une objection que j'avais énoncée...

A gauche. — Parlez! parlez!

M. Grévy. — Je prie l'Assemblée de m'accorder

CHAPITRE II.

encore quelques instants d'attention. L'objection à laquelle j'oubliais de répondre est incontestablement la plus considérable; elle est tirée du droit de rachat.

On dit : Mais vous rachèterez! A partir de quinze années écoulées depuis la mise en exploitation, l'État a le droit de racheter, aux termes des cahiers des charges; par conséquent, si les inconvénients, si les dangers que vous signalez viennent à se réaliser, l'État pourra rentrer dans la possession du chemin de fer au moyen du rachat.

Vous allez voir, messieurs, ce qu'il y a de sérieux, de possible et de praticable au fond de cette objection. Pour moi, je le déclare, le mot *rachat*, écrit dans les cahiers des charges, n'est autre chose qu'un leurre et une impossibilité. Voulez-vous savoir à quelles conditions l'État pourra racheter? Je vais vous le dire. Pour racheter, il devra payer à la compagnie une annuité représentative des produits de la ligne rachetée. Si la concession, qui sera de quatre-vingt-dix-neuf ans, par exemple, a encore quatre-vingts ans à courir, il payera pendant quatre-vingts ans l'annuité pour une concession qu'il aura donnée gratuitement.

A droite. — Il aura le chemin!

M. Grévy. — Sur quel base établira-t-on cette annuité? Le voici : on prendra les sept dernières années de l'exploitation de la compagnie, on en éliminera les deux années les plus faibles... Remarquez ceci : quand on veut faire une moyenne exacte, on élimine les deux plus fortes et les deux plus faibles années, et l'on établit sa moyenne avec les autres; mais ici, exclusivement préoccupé de l'intérêt des compagnies, on écarte les deux années les plus faibles et l'on tire la moyenne des cinq autres.

Cette moyenne sera la base de l'annuité que le Gouvernement aura à payer, à une condition, cependant : c'est que la dernière année ne soit pas plus forte que la moyenne; car alors ce serait cette dernière année qui formerait le chiffre de l'annuité à payer. *(Rires ironiques à gauche)*.

Voilà la base de l'annuité en cas de rachat.

Comprenez-vous maintenant? L'État se trouvant dans une de ces nécessités que je vous signalais tout à l'heure, obligé de racheter les chemins de fer qu'il aurait imprudemment aliénés pour un siècle, sera forcé de racheter toutes les grandes lignes, car s'il n'en rachetait qu'une, il n'atteindrait pas le but ; il sera donc obligé de les racheter toutes, et par conséquent il aurait à payer sur chacune de ces lignes des annuités sur le pied que je viens d'indiquer, pendant des périodes qui peuvent être très considérables.

N'oubliez pas que si l'État rachète, c'est pour faire autrement que les compagnies. Si, par exemple, les nécessités commerciales exigent la diminution des tarifs et que les compagnies ne veuillent pas la concéder, l'État rachètera pour baisser les tarifs. Mais alors les tarifs diminués donneront moins de produits, l'État recueillera moins que les compagnies et il payera plus ; il payera des annuités plus fortes que les produits que les compagnies recueillaient, et il ne pourra couvrir que le produit des tarifs abaissés. Supposez que la nécessité commerciale amène successivement une réduction de moitié dans les tarifs, l'État sera obligé de payer une annuité double du produit de la somme qu'il recueillera ; de sorte que nécessairement, si l'État rachète, il sera obligé d'inscrire annuellement au budget des annuités à payer à toutes les compagnies qu'il aura rachetées, annuités qui seront la différence entre la somme qu'il aura à payer et la somme qu'il touchera, et cela pendant quatre-vingts, soixante ou cinquante ans peut-être.

Le budget sera ainsi grevé des sommes à payer à toutes les compagnies. Avez-vous bien compté, savez-vous où cela peut aller ? Faites le compte, vous verrez à quel résultat vous arriverez, et vous reconnaîtrez que le rachat à ces conditions est impossible.

Ce n'est pas tout. Aux termes des cahiers des charges, lorsque l'État voudra exercer le rachat, il n'aura pas seulement à payer les annuités dont je parle, il sera encore obligé de rembourser à l'instant même, aux compagnies, la valeur estimative de leur matériel et de leurs approvisionnements. Savez-vous à quelles sommes énormes s'élèveraient ces remboursements, s'il fallait, comme cela arrivera nécessairement, les effectuer sur toutes les grandes lignes ?

Des sommes énormes à payer comptant, des sommes énormes à inscrire annuellement au budget pour des périodes considérables, voilà à quelles conditions ce rachat est possible. Je vous demande si ce rachat n'est pas un leurre et si les finances de l'État, surtout en temps de crise commerciale où ce rachat deviendrait nécessaire, supporteraient de pareilles charges.

J'ai donc raison de dire que ce rachat ne se fera jamais, et que lorsqu'on le présente comme le correctif de longues concessions, on vous dit une chose qui n'a pas de fondement et on vous donne un remède que vous ne pouvez jamais appliquer.

Je suis, quant à moi, parfaitement convaincu que le projet de loi que nous discutons (et ceci est mon excuse auprès de l'Assemblée pour avoir occupé si longtemps son attention), je suis convaincu, dis-je, que le projet de loi est un des plus graves sur lesquels vous puissiez avoir à statuer. La question que vous allez résoudre incidemment, sans l'avoir examinée, sans y avoir réfléchi, intéresse au plus haut degré l'avenir politique, commercial et financier de la France.

Je regarde la mesure qu'on vous demande comme une des plus désastreuses que vous puissiez prendre; je l'ai toujours combattue dans la mesure de mes forces; je la combattrai toutes les fois qu'elle se reproduira.

Si l'Assemblée se laisse arracher à la fin une décision si fatale, j'aurai du moins déchargé ma conscience et dégagé ma responsabilité. *(Vive approbation à gauche.)*

M. Bineau, ministre des travaux publics, répondit à M. Grévy. Cette importante discussion continua dans les séances des 1er, 2, 3 et 5 août 1850.

§ XIV

OBSERVATIONS

AU SUJET DE L'ARTICLE 2 DU PROJET DE LOI

RELATIF AUX

CHEMINS DE FER DE TOURS A NANTES
ET D'ORLÉANS A BORDEAUX

PRÉSENTÉES LE 5 AOUT 1850

A L'ASSEMBLÉE NATIONALE LÉGISLATIVE

Le 5 août, M. Grévy interrompit à plusieurs reprises M. de Mouchy, qui défendait le projet de loi : « Tout cela est imaginaire, s'écria-t-il, les calculs de la commission ne reposent sur aucune donnée certaine. » Après les discours de M. Bineau, ministre des travaux publics, et de M. Dufournel, M. Grévy appuya, en quelques mots, les assertions de ce dernier orateur. Il s'exprima dans les termes suivants :

M. LE RAPPORTEUR. — Je demande la parole.

M. GRÉVY, *de sa place*. — Je veux faire une simple réflexion sur les observations qui ont été présentées par M. Dufournel.

L'honorable M. Dufournel a posé un argument bien simple, basé sur des données que personne ne conteste et qui ne lui appartiennent pas.

On n'a pas répondu : on a éludé, et si j'insiste, c'est pour que M. le rapporteur, qui va monter à la tribune, ne fasse pas comme ses devanciers, et qu'il réponde directement.

M. LE RAPPORTEUR. — Je répondrai.

M. GRÉVY. — L'honorable M. Dufournel a dit ceci : En prenant les données de M. Dufaure (je ne veux pas parler de l'erreur qu'il a rappelée), on arrive à un intérêt de 5.30 centièmes ; M. Dufaure promettait 5,30 centièmes, fonds de réserve et amortissement opérés.

L'honorable M. Dufournel vous déclare, non pas par des calculs qui soient de lui, mais par les produits relevés dans les états qui ont été publiés par la compagnie, qu'aujourd'hui, pour une seule section en exploitation, le chiffre de 25,000 francs par kilomètre prévu par M. Dufaure a été dépassé, qu'il l'a été constamment, et qu'il n'est jamais descendu au-dessous de 30,000 francs.

La conclusion du raisonnement de l'honorable M. Dufournel est celle-ci : Toute l'argumentation de la commission et du Gouvernement a consisté à dire : « Voilà une compagnie qui a été trompée par les évaluations qu'on lui avait faites ; réparons cette erreur, dans laquelle elle a été induite. »

M. Dufournel prouve qu'il n'y a pas eu erreur, qu'au contraire les produits réalisés dépassent les prévisions et qu'ils doivent les dépasser bien plus encore à l'avenir ; car il ne s'agit que d'une section et les calculs ont été faits pour la ligne entière ; car il ne s'agit que d'une première année, et une première année ne peut pas servir pour une moyenne, car il ne s'agit que d'années calamiteuses, et il faut prendre les années normales pour établir les moyennes. Ensuite M. Dufournel vous a fait remarquer que les frais d'exploitation étaient de 60 pour 100 et dépassaient ceux de toutes les autres lignes ; que, malgré toutes ces circonstances, toutes ces causes d'erreurs, il restait encore aujourd'hui des bénéfices acquis, qu sont des faits et non pas des calculs d'appréciation, des bénéfices qui dépassent de beaucoup les bénéfices promis.

La conclusion de M. Dufournel est celle-ci : Les prévisions de M. Dufaure ont été vérifiées sur la seule partie qui a été exploitée.

On lui dit : Mais sur le reste ?

M. Dufournel répond : Si je raisonne par analogie, le reste sera à l'avenant. Puisque les appréciations faites par le même homme sur la ligne entière, avec les mêmes éléments, se trouvent vérifiées et même dépassées sur la première section, il n'y a pas précisément preuve acquise, il est vrai ; mais il y a présomption grave que sur le reste ces prévisions se vérifieront aussi.

On lui dit : Prouvez-le ! Mais, prouvez vous-mêmes et ne renversez pas les rôles. *(Approbation à gauche.)* N'oubliez pas que c'est vous qui présentez une loi, et qui la présentez sur cette donnée, que les prévisions ne se sont pas réalisées. Eh bien, c'est à vous de faire la preuve et de montrer que les calculs sont erronés. En attendant, nous disons qu'il y a quelque chose d'acquis, que ce sont les résultats de la première section ; que c'est une preuve dès à présent faite, que sur le reste ils seront ce qu'ils sont sur la section actuellement exploitée.

Voilà l'observation de M. Dufournel, et je la rétablis dans toute sa simplicité; c'est à cela que je prie M. le rapporteur de répondre.

Après une réponse du rapporteur, et quelques observtions de MM. Dufournel, Victor Lefranc et Paulin Gillon, le premier paragraphe de l'article 2 fut adopté par 318 voix contre 265, sur 583 votants.

§ XV

DISCOURS

AU SUJET D'UN AMENDEMENT A L'ARTICLE 4 DU PROJET DE LOI

RELATIF AUX

CHEMINS DE FER DE TOURS A NANTES
ET D'ORLÉANS A BORDEAUX

PRONONCÉ LE 6 AOUT 1850

A L'ASSEMBLÉE NATIONALE LÉGISLATIVE

La discussion continua le 6 août. M. Schœlcher avait fait adopter un amendement inspiré par les idées humanitaires les plus élevées. Cet amendement portait que les voitures de troisième classe seraient couvertes et fermées à vitres. Puis M. Grévy présenta un autre amendement conçu dans les termes suivants :

« L'État se réserve le droit d'apporter, pendant la durée des concessions, aux tarifs des chemins de fer de Tours à Nantes et d'Orléans à Bordeaux, les modifications qui seront exigées par l'intérêt public.

« Cette revision des tarifs ne pourra être faite que par une loi. »

Il prononça, à l'appui de cet amendement, le discours que voici :

M. Grévy. — Messieurs, l'amendement que j'ai l'honneur de présenter a pour objet de réserver à l'État le droit de reviser les tarifs lorsque l'intérêt public le commandera.

Les développements que cet amendement peut comporter ont déjà trouvé place en partie dans la discussion générale. Ils sont sans doute encore présents à votre souvenir et il me suffira de les résumer brièvement.

Je n'ai pas besoin d'insister devant l'Assemblée pour faire sentir la gravité de la question des transports. Chacun sait que le prix des transports entre comme facteur important dans le prix des marchandises, et qu'il peut, selon qu'il s'élève ou qu'il s'abaisse, mettre le commerce d'une nation dans un état d'infériorité ou de supériorité relative. Partout où l'industrie des transports est libre, partout où la concurrence est possible, on peut s'en remettre à la concurrence du soin de régler les prix des transports; la puissance publique n'a pas à intervenir dans ses tarifs. Mais là où la concurrence n'est plus possible, là où l'industrie des transports devient, par la loi ou par la force des choses, un monopole, l'intérêt général doit être protégé contre les stipulations de l'intérêt privé, et il faut qu'il trouve dans les règlements de l'autorité publique, dans les tarifs, une garantie qu'il ne saurait plus rencontrer dans une concurrence devenue désormais impossible.

C'est ainsi, messieurs, que tous les grands monopoles de transport sont aujourd'hui gouvernés et contenus par des règlements de l'administration publique. C'est ainsi, pour ne parler que de ce qui nous intéresse et de ce qui nous occupe en ce moment, que l'État, en accordant les concessions aux compagnies, n'a pas cru pouvoir leur laisser une liberté absolue et leur a imposé des tarifs. Ces tarifs, réglés, établis d'après la situation actuelle du commerce, d'après la situation actuelle des prix de transport, d'après les conditions actuelles de l'industrie des transports, ces tarifs sont une garantie pour le présent; mais, pour l'avenir, ils ne sauraient en être une; ils ne sauraient en être une pour un double motif : le premier, c'est que, pour que les tarifs actuels, établis sur les données actuelles, sur la situation actuelle de l'industrie des transports, pour que ces tarifs puissent être une garantie pour l'avenir, il faudrait que l'avenir de l'industrie des transports restât stationnaire, ce qui n'est pas supposable. Ce n'est pas supposable, parce que cette industrie, comme toutes les autres, et plus que toutes les autres, est essentiellement mobile, parce qu'elle est progressive, parce qu'elle s'améliore incessamment. Ainsi, à ne considérer que ce progrès régulier et normal qui est le fruit du temps, il est impossible de supposer que l'établissement des tarifs, qui donne une garantie suffisante dans le temps présent, soit une garantie suffisante quand l'état des choses sera changé.

Je ne veux m'arrêter qu'à ce mouvement que nous voyons se dérouler sous nos yeux dans l'industrie du transport. Est-ce qu'il n'est pas évident que les garanties du présent ne seront pas suffisantes pour l'avenir? Qui donc peut dire que le prix du transport dans trente, dans quarante années, ne sera pas modifié dans une proportion considérable? Si cela est possible ou même probable comment pouvez-vous vous enchaîner, pour l'avenir, à l'état de choses actuel? Ajoutez une considération beaucoup plus grave : il s'agit ici d'une industrie naissante, l'industrie des chemins de fer qui vient de subir une révolution profonde. Les frais qu'elle supporte sont énormes, et, dans la pensée de tout le monde, des réformes considérables, des économies importantes, seront réalisées. Interrogez la science, elle vous dira que c'est l'objet de l'espérance; que, dans un temps assez prochain, il se produira, dans cette industrie du chemin de fer, des modifications profondes; elle vous dira qu'elle espère remplacer la force motrice aujourd'hui trop dispendieuse; qu'il est possible, qu'il est probable que, dans un avenir donné, moins éloigné que le terme fixé pour les tarifs, on pourra supprimer le combustible et réaliser cette importante économie. Si cela arrivait, et qui de vous peut dire que cela n'arrivera pas, si cela arrivait, dans quelle situation seriez-vous? Vous seriez à la discrétion des compagnies; personne de vous ne peut dire que les tarifs actuels seraient suffisants pour faire face à ces éventualités.

Je voudrais bien, messieurs, que l'Assemblée arrêtât un instant son attention sur cette hypothèse si possible, si réalisable, d'une révolution considérable, d'une réforme importante dans cette industrie des chemins de fer, et qu'elle se reportât par la pensée à la situation dans laquelle se trouverait alors le commerce français. N'oubliez pas que la nation française est la seule qui ait commis la capitale imprudence de ne pas se réserver la revision des tarifs. Notre Gouvernement est le seul qui n'ait pas le droit de faire cette revision.

Voilà la situation, et c'est dans cette situation qu'on veut prolonger incessamment la durée des concessions, sans que l'État se réserve le droit de reviser les tarifs.

Eh bien, supposez que l'hypothèse dont je parlais se réalise, que le combustible soit supprimé ; et que cette économie se réalise, vous vous trouverez entourés de nations qui pourront modifier les tarifs de leurs chemins : la Belgique, l'Allemagne, l'Angleterre elle-même ; tandis que le commerce français sera à la discrétion des compagnies, à la discrétion de l'intérêt privé qui, s'il le veut, s'il y trouve son compte, l'enchaînera à ces mêmes tarifs. Comment voulez-vous que le commerce français, placé ainsi au milieu de nations qui feront pour leur commerce ce que la France ne pourra pas faire pour le sien, comment voulez-vous qu'il soutienne la concurrence? Voulez-vous ajourner à un demi-siècle la jouissance, pour votre commerce, des réformes qui seront réalisées dans l'industrie des chemins de fer?

Voilà la situation à laquelle vous vous exposez

presque inévitablement, si vous ne vous réservez pas le droit qu'ont tous les gouvernements voisins de reviser les tarifs.

Je vais au-devant d'une objection qui a été déjà faite, et qu'on reproduira probablement. On dira : Rapportez-vous-en aux compagnies, elles réduiront elles-mêmes leurs tarifs; leur intérêt leur en fera une loi. Ma réponse sera bien simple. Je dirai d'abord qu'il serait souverainement imprudent, coupable de remettre aux mains des compagnies l'avenir commercial de la France. D'ailleurs, s'il est vrai que les compagnies trouveront dans leur intérêt un motif suffisant pour réduire leurs tarifs, la proposition que je fais n'a aucun inconvénient; elle sera tout au plus une excitation, un encouragement, et même une impulsion irrésistible à arriver à ce résultat. Si, au contraire, vous vous trompiez, si les compagnies ne comprenaient pas leur intérêt comme vous le comprenez, ou si cet intérêt ne les conduisait pas là, alors la disposition que je vous propose est d'une nécessité absolue.

Ainsi, en admettant cette objection, si les compagnies font ainsi, la disposition n'a aucun inconvénient; si elles ne le font pas, elle est d'une nécessité inévitable.

Mais sortons de ces hypothèses; on les a prodiguées beaucoup dans cette loi, et je pourrais dire qu'elle est bâtie sur des hypothèses. *(Approbation à gauche).*

Ne supposons pas ce que feront les compagnies; cherchons, dans les faits dès à présent acquis, la preuve de ce qu'elles feront.

Messieurs, il s'est passé, il y a six ans, un événement considérable dans cette histoire des chemins de fer. En 1844, il s'est accompli, en Angleterre, une réforme importante qui touche un peu à celle que je vous propose de faire par un article additionnel.

Vous savez tous ce qu'est le système du gouvernement anglais, en matière de chemins de fer; il a cédé aux compagnies l'exploitation des chemins de fer et la construction des chemins de fer, avec une jouissance indéfinie.

N'oubliez pas que le gouvernement anglais, ayant affaire à des compagnies sérieuses qui se constituent non pas pour spéculer sur les actions, mais pour exécuter de grands travaux...

Voix à droite. — C'est une erreur!

M. GRÉVY. — ... Il a pu s'en rapporter aux compagnies, il ne leur a jamais donné un centime, ce que vous ne pourriez pas faire en France. En France, le Gouvernement a été obligé de faire les 3/5e des travaux, et les 3/5e les plus chanceux, dans lesquels il y a le plus d'inconnu; il n'a laissé aux compagnies à faire que les 2/5e, et vous voyez comment elles s'en tirent; presque aucune d'elles n'a pu venir à bout de son œuvre, et elles viennent, les unes après les autres, solliciter du Gouvernement des faveurs nouvelles.

Le gouvernement anglais se trouvait dans cette

situation ; il avait accordé des concessions, et il avait commis la faute que le Gouvernement français a commise après lui, de ne pas se réserver le droit de reviser les tarifs, parce que, lui aussi, avait cru qu'il pouvait s'en rapporter à l'intérêt des compagnies. Il a bientôt été détrompé.

En 1844, l'abus que les compagnies anglaises avaient fait de ces tarifs qu'on leur avait accordés, et dont la revision n'était pas laissée au pouvoir du gouvernement, l'abus est devenu tel qu'il y a eu un soulèvement en Angleterre, et qu'à l'aide de ces pressions populaires qui exercent une si salutaire influence sur la décision des questions, en Angleterre, le gouvernement anglais, sir Robert Peel à la tête, porta au parlement une loi que, assurément, on n'oserait pas vous proposer, mais à laquelle vous serez peut-être acculés un jour, si vous repoussez l'amendement que je vous propose.

Le parlement anglais, qui ne s'était pas réservé le droit de reviser les tarifs, lié par des contrats à perpétuité, et placé dans l'alternative de laisser le commerce anglais exploité par les compagnies, ou de faire violence aux compagnies en revisant les tarifs par une loi, n'a pas hésité et a pris ce dernier parti. Dans une discussion des plus mémorables, en 1844, le parlement décida, par une loi qui porte la date du 9 août 1844, que, désormais, le gouvernement aurait le droit de faire tous les changements que l'intérêt public lui suggérerait.

La lutte fut des plus vives, et, si vous voulez me permettre de mettre sous vos yeux quelques paroles de M. Gladstone, ministre du commerce, et spécialement chargé de ce qui concerne les chemins de fer dans leurs rapports avec le gouvernement, vous verrez quel est le caractère qu'avait pris cette lutte et comment le gouvernement anglais comprenait la question ; il terminait son discours en disant :

« Les mesures proposées par nous, loin d'être extrêmes et violentes, se recommandent par leur modération ; le sentiment public les rend nécessaires.

« Je sais bien que le pouvoir des compagnies est immense ; mais ne laissez pas croire qu'il est monté si haut, et la Chambre descendue si bas, qu'elle recule aujourd'hui devant la pensée d'apporter le moindre contrôle au monopole des compagnies. »

Voilà l'histoire de ce grand événement arrivé dans l'industrie des chemins de fer. Le gouvernement anglais, ayant commis la faute de ne pas se réserver le droit de reviser les tarifs, a été obligé de faire violence aux compagnies et de reprendre de vive force la revision des tarifs, qu'il n'avait pas eu la prudence de se réserver.

Je ne vous demande pas cela aujourd'hui, je ne vous demande pas de violer les contrats consentis ; je vous demande, au moment où une compagnie se présente devant vous, au moment où vous portez à cinquante ans la concession, de vous réserver le droit de reviser les tarifs lorsque l'intérêt public le demandera. Si vous ne le faites pas, vous vous trouverez nécessairement dans la situation où le gouvernement anglais s'est trouvé ; et si vous ne profitez pas de l'occasion qui vous est offerte aujourd'hui, au moment où vous passez un contrat avec des compagnies, vous vous trouverez dans la nécessité d'apporter des modifications dans vos contrats actuels, vous vous trouverez dans la nécessité de faire un jour violence à ces compagnies et de prendre de vive force ce que vous ne voulez pas retenir aujourd'hui.

La loi n'est pas encore votée ; je puis, par conséquent, vous dire encore une fois ce que j'en pense ; je trouve qu'elle consacre deux principes désastreux. Le premier principe qu'elle consacre, c'est que l'État est garant des évaluations et des estimations qui ont pu être faites au moment de la concession ; le deuxième principe qu'elle consacre, et qui nous mène loin, c'est que, lorsque les actionnaires ne veulent pas verser, c'est une raison pour qu'on revise leur contrat et qu'on leur fasse des conditions meilleures. Un dernier résultat capital, incalculable, tout le monde l'a compris, c'est de livrer l'avenir financier de la France aux compagnies, c'est de disposer d'une ressource dont vous ne connaissez pas l'importance et dont vous faites aujourd'hui si bon marché. La longueur des concessions que vous faites, l'aliénation des produits des chemins de fer, ressource si nécessaire pour nos finances dans un avenir donné, ce sont des sacrifices, je le répète, dont vous ne pouvez pas, aujourd'hui, calculer toute la portée. Voulez-vous, à tous les sacrifices, en ajouter un autre? Voulez-vous mettre à la discrétion des compagnies l'avenir commercial du pays? Vous le pouvez; c'est ce que vous ferez en rejetant mon amendement. *(Approbation à gauche.)*

§ XVI

NOUVEAU DISCOURS

AU SUJET D'UN AMENDEMENT A L'ARTICLE 4 DU PROJET DE LOI

RELATIF AUX

CHEMINS DE FER DE TOURS A NANTES

ET D'ORLÉANS A BORDEAUX

PRONONCÉ LE 6 AOUT 1850
A L'ASSEMBLÉE NATIONALE LÉGISLATIVE.

Après une réponse de M. Bineau, ministre des travaux publics, M. Grévy reprit de nouveau la parole. Il s'exprima ainsi :

M. Grévy. — Messieurs, je répondrai tout d'abord aux dernières observations de M. le ministre, en ce qui concerne ce que j'avais dit à l'occasion de la législation anglaise. M. le ministre, qui se présente comme si consommé en matière de législation anglaise *(Mouvement)*, nous a donné, il n'y a pas bien longtemps, la mesure de son expérience en cette matière, lorsqu'il y a quelque temps, dans la discussion du chemin de fer de Paris à Avignon... *(Exclamations.)*

Voix diverses. — Ce n'est pas la question.

M. Grévy. — Je suis dans la question. M. le ministre prétend que je n'ai pas lu les documents dont je parlais. Permettez-moi de dire que je les ai lus mieux que lui. *(A la question!)* Je suis parfaitement dans la question, et de plus dans mon droit.

Je rappelle qu'il n'y a pas longtemps, M. le ministre me disait à cette tribune, en m'interrompant (les paroles sont au *Moniteur)*, que le gouvernement anglais n'avait pas le droit de reviser les tarifs des compagnies.

M. LE MINISTRE DES TRAVAUX PUBLICS. — Non pas comme vous l'entendez.

M. GRÉVY. — Nous allons voir maintenant comment M. le ministre prétend qu'aucun gouvernement ne pourrait imposer une condition comme celle que je propose, qu'aucune compagnie sérieuse ne pourrait l'accepter.

Voulez-vous voir quelle est en Angleterre la clause de style qui est actuellement dans toutes les concessions du cahier des charges? La voici, et vous allez voir que le droit de reviser, de changer les tarifs y est établi de la manière la plus complète et sans aucune espèce de restriction.

Voici un des passages que je tire de l'article 110 du cahier des charges de la compagnie de Londres à York, en juin 1846; c'est un article qui, depuis 1844, est devenu de style dans tous les cahiers des charges en Angleterre :

« Il est entendu, et toutes réserves sont faites à cet égard, que rien de ce qui vient d'être arrêté dans les articles ci-dessus ne peut établir, en faveur des chemins de fer concédés par le présent acte, aucune restriction ou exception et changements que le parlement, de son autorité, pourrait, durant cette session, ou durant celles qui suivront, apporter aux charges, aux tarifs et aux conditions imposées par cet acte, soit par des règlements particuliers aux chemins de fer de Londres à York, soit par des règlements généraux sur les chemins de fer. »

Voilà l'article : est-il assez complet et assez général ?

M. de Mouchy. — Non, cela ne répond à rien !
(Exclamations à gauche.)

M. Duché. — Vous êtes bien difficile, alors !

M. Grévy. — L'honorable M. de Mouchy trouve que cela ne répond à rien. A quoi s'agissait-il de répondre ? A cette allégation du ministre que je proposais une chose qui n'avait jamais été proposée et qui ne serait acceptée par aucune compagnie sérieuse.

Je vous mets sous les yeux quelles sont les conditions imposées particulièrement à la compagnie de Londres à York, et, je le répète, à toutes les compagnies anglaises qui se sont constituées depuis 1846. Je montre que cet article n'est pas beaucoup plus large que celui que je vous propose ; il est ainsi conçu :

« Il est entendu, et toutes réserves sont faites, que les dispositions qui précèdent ne feront pas obstacle à ce que le Gouvernement puisse porter aux charges, aux tarifs et aux autres conditions imposées, tous les changements qu'il jugera convenable. »

M. le ministre des travaux publics. — Dans les limites de la loi réglementaire de 1844, voilà tout.

M. Chégaray. — Ce sont des concessions perpétuelles.

M. le ministre des travaux publics. — M. Grévy sait-il l'anglais, veut-il lire le texte ?

M. Grévy. — Je n'ai pas besoin de votre texte, je l'ai lu. *(Exclamations à droite.)*

Je vais arriver à votre loi. Je réponds d'abord à votre allégation. Vous dites que ceci est subordonné à la loi, et que ce sera dans les limites tracées par la loi ; et où en trouvez-vous la preuve ? *(Hilarité à droite.)*

M. le ministre des travaux publics. — Dans le bon sens.

M. le président. — Veuillez ne pas interrompre, monsieur le ministre !

M. Grévy. — On cherche à établir une confusion. Il y a deux choses : il y a une loi générale portée en 1844, qui frappe les compagnies existantes antérieurement.

M. le ministre des travaux publics. Du tout ! la loi de 1844 ne frappe... *(Vives réclamations à gauche.)*

M. le président. — Laissez achever l'orateur, vous lui répondrez.

M. le ministre. — Vous n'avez pas lu cette loi.

M. Grévy. — Je n'ai l'habitude de parler que de ce

CHAPITRE II. 389

que je connais, et je souhaite que tout le monde en fasse autant. *(Approbation à gauche.)*

Je dis qu'il y a deux choses : il y a une loi de 1844... *(Interruption.)* On ne parviendra pas à confondre ces deux choses qui sont si différentes. Il y a une loi de 1844, une loi générale qui avait pour but de remédier au mal si grand que l'oubli de la revision des tarifs avait produit en Angleterre.

Cette loi contient, comme le dit M. le ministre, certaines restrictions, c'est vrai ; mais, à côté de cette loi, il faut voir les articles qui lui sont postérieurs, qui sont de 1845 et de 1846.

Dans ces articles, qui sont la loi des parties, on stipule ceci : que le gouvernement aura le droit d'apporter, d'une manière générale, dans les tarifs, tous les changements qu'il jugera convenable, soit par des règlements spéciaux à la compagnie, soit par des règlements généraux, et il n'est en aucune façon stipulé que les compagnies doivent se renfermer dans les conditions dont je parle. Mais sortons, sortons, je vous supplie, et accordez-moi encore un instant d'attention. *(Interruption.)*

Si vous êtes si impatients, je vais quitter la tribune ; mais, encore un coup, il s'agit du plus grand intérêt qui puisse vous être confié, de l'avenir commercial de la France ; je vais vous le montrer en peu de mots.

M. le ministre me dit que ce que je propose, c'est le droit de briser à volonté les contrats. Je lui réponds que ce que je propose existe partout; que c'est une condition facultative qu'un gouvernement peut parfaitement introduire dans un contrat, et que les contrats administratifs en sont pleins. Quelle est donc la crainte que vous pouvez concevoir, lorsque j'ai soin de mettre dans mon article additionnel que ce ne sera que par une loi que la modification des tarifs pourra être introduite? Quelle crainte avez-vous donc à concevoir? Craignez-vous que l'État, que les assemblées, que la loi, ne prennent à tâche de ruiner les compagnies? Vous vous défiez de l'État, vous vous défiez du Gouvernement, et vous ne vous défiez pas des compagnies! Et, quand vous êtes placés dans cette alternative de remettre l'avenir commercial de la France, cet intérêt si grave, son existence, sa grandeur; car son commerce, c'est sa vie et sa gloire; lorsque vous êtes placés, dis-je, dans cette alternative de confier l'avenir commercial de la France au Gouvernement ou aux compagnies, vous exprimez votre défiance contre le Gouvernement et votre confiance pour les compagnies! *(Approbation à gauche.)*

M. le ministre répond que cette proposition est inutile, et que les prévisions du cahier des charges y ont déjà pourvu par le rachat, par la stipulation qui assure à l'État le partage des bénéfices au delà de 8 pour 100. Par le rachat! J'ai déjà eu l'occasion de dire à cette Assemblée, dans la discussion générale, et à cela ni la commission ni le Gouvernement n'ont répondu, que le rachat, avec les stipulations qui l'entourent, avec les conditions qui lui sont imposées, est un leurre, une chose impossible ; je l'ai dit, je l'ai prouvé; vous n'avez pas répondu et vous n'y répondrez pas.

M. LE MINISTRE DES TRAVAUX PUBLICS. — Ah! si je voulais...

M. GRÉVY. — Si vous vouliez! Vous n'êtes pas si riche de bonnes raisons pour les négliger quand vous les avez dans la main. *(Approbation à gauche. — Exclamations à droite.)*

Je dis que vous ne l'avez pas démontré, et si vous le démontriez, je demanderais à l'Assemblée de revenir sur ces détails... *(Oh! oh! — Assez!)*

Je maintiens que le rachat est impossible, et que, fût-il possible, il ne serait pas toujours un moyen pratique d'obtenir la revision des contrats. Quand il serait possible, vous savez à quelles conditions il le serait, l'État serait donc placé dans l'alternative de reprendre tous les chemins de fer ou de ne pouvoir obtenir la réduction des tarifs.

Mettez-vous donc d'accord avec vous-même; vous, l'ennemi récent, il faut l'avouer, de l'exploitation par l'État, c'est à l'exploitation par l'État que vous aboutissez en définitive, car vous ne vous réservez d'autre ressource pour parer à cette éventualité de l'élévation des tarifs que vous ne pourriez pas abaisser, vous ne vous réservez d'autre ressource que le rachat par l'État. Vous voulez donc aboutir à l'exploitation par l'État. Vous êtes les partisans de l'exploitation par les compagnies, et vous vous placez dans cette perspective ou de ne pas pouvoir abaisser les tarifs, ou d'arriver à l'exploitation par l'État. *(Aux voix! aux voix!)*

Je n'ai plus qu'un mot à ajouter en ce qui touche les 8 pour 100. Cette clause qui réserve à l'État un partage des bénéfices au delà de 8 pour 100...

Une voix. — 6 pour 100.

M. Grévy. — Non, 8 pour 100.

Un membre. — 6 pour l'un et 8 pour l'autre.

M. Grévy. — M. le ministre prétend qu'il trouve dans cette disposition le moyen de forcer les compagnies à abaisser les tarifs. Je voudrais bien savoir comment. Et si les compagnies ne veulent pas abaisser les tarifs! si les compagnies veulent partager avec l'État les bénéfices qui dépasseront 8 pour 100, l'Etat encaissera sa part de bénéfices. Mais, encore une fois, comment trouvez-vous un moyen de coercition pour amener les compagnies à abaisser les tarifs? Il n'y en a aucun.

J'ai dit, dans une autre occasion, ce que je pense de cette clause, et comment il est facile aux compagnies de l'éluder, comment elles l'ont éludée, même celles qui ont les plus grands bénéfices, et comment ces 8 pour 100 sont une disposition illusoire mise dans les cahiers des charges pour faire accepter aux Chambres et au public des conditions qui n'auraient pas été acceptées sans cela. *(Aux voix! aux voix!)*

CHAPITRE II.

L'Assemblée avait hâte d'en finir. Malgré la valeur des arguments donnés par M. Grévy, elle repoussa l'amendement. Puis elle adopta l'ensemble du projet de loi, au scrutin secret, par 298 voix contre 228, sur 526 votants. M. Grévy avait été un des signataires de la demande de scrutin secret.

§ XVII

DISCOURS

SUR LES PROPOSITIONS RELATIVES

A LA

REVISION DE LA CONSTITUTION

PRONONCÉ LE 15 JUILLET 1851

A L'ASSEMBLÉE NATIONALE LÉGISLATIVE

L'adoption de la loi du 31 mai 1850 eut pour résultat d'exclure 2,800,000 électeurs des listes électorales. Aussi tous les efforts du parti républicain tendirent-ils à l'abrogation de cette loi funeste. Pendant ce temps, la lutte des partis dans l'Assemblée législative devenait chaque jour plus vive. Les royalistes organisaient des pèlerinages auprès de leurs princes exilés. Des tentatives étaient faites dans le but d'amener la réconciliation des fils du roi Louis-Philippe avec le représentant de la branche aînée des Bourbons, M. le comte de Chambord. Enfin, le parti bonapartiste cherchait le moyen d'arriver à l'abrogation de l'article 45 de la Constitution, qui portait que le Président de la République était élu pour quatre ans et n'était rééligible qu'après un intervalle de quatre ans. Dans les derniers jours du mois d'avril 1851, un comité général pour la revision de la Constitution se forma à Paris. Il avait pour président M. Pépin-Lehalleur, ancien président du tribunal de commerce de la

CHAPITRE II.

Seine, et comptait parmi ses membres MM. Amédée Thayer, Marbeau, Lavollée, Dethomas, de Beaumont-Vassy, Guyard-Delalain, qui, presque tous, furent appelés à des fonctions publiques après le coup d'État et le rétablissement de l'Empire. La pétition que ce comité rédigea à l'adresse des représentants fut répandue à profusion dans le pays. De son côté, la réunion des Pyramides adopta, le 26 mai, une proposition ainsi conçue :

« Les représentants soussignés, dans le but de remettre à la nation l'exercice entier de sa souveraineté, ont l'honneur de proposer à l'Assemblée nationale d'émettre le vœu que la Constitution soit revisée. »

Cette proposition portait 233 signatures. Mais la Constitution contenait des dispositions spéciales au sujet de la revision. L'article 111 portait que l'Assemblée nationale ne pourrait exprimer le vœu même de la revision que dans la dernière année de la législature, et que le vœu de l'Assemblée ne pourrait être converti en résolution définitive qu'après trois délibérations consécutives prises chacune à un mois d'intervalle et aux trois quarts des suffrages exprimés. Ne pouvant le faire disparaître, on imagina d'en restreindre la portée. L'article 74 du règlement de l'Assemblée voulait que toutes les propositions présentées sur les matières de législation ordinaire fussent renvoyées à la commission d'initiative parlementaire, laquelle était renouvelée tous les mois. Un membre de la droite, M. Moulin, demanda qu'on fît une exception à cet article en faveur des propositions qui seraient déposées pour la revision de la Constitution, et que toutes les propositions fussent examinées par une commission spéciale nommée dans les bureaux.

Un autre membre de la droite, M. Morin, présenta une proposition plus importante. L'article 78 du règlement portait que les propositions rejetées par l'Assemblée ne pourraient être présentées avant un délai de trois mois, lorsqu'elles auraient été prises en considération, et avant un délai de six mois lorsqu'elles auraient été repoussées au premier vote. M. Morin proposa de réduire ces délais en faveur des propositions relatives à la revision, et il demanda que les propositions pussent être représentées après le délai d'un mois, sans distinguer si elles avaient été repoussées ou non au premier vote. Il s'agissait, comme on le voit, d'interpréter l'article 111 de la Constitution, en décidant que la question ne serait pas tranchée définitivement, et que le droit de l'Assemblée ne serait pas épuisé par une première épreuve contraire à la revision. La commission, à qui cette proposition fut renvoyée, se montra favorable, en proposant toutefois d'étendre le délai d'un mois fixé par M. Morin. Malgré l'opposition de MM. Savatier-Laroche, Laclaudure et Émile de Girardin, les deux propositions furent prises en considération.

Le 31 mai, la discussion recommença. La commission, à qui les deux propositions avaient été renvoyées après la prise en considération, les avait fondues en une résolution unique qui contenait deux articles. Le premier dispensait de l'examen préalable les propositions relatives à la revision de la Constitution. A la commission mensuelle, il substituait une commission spéciale de quinze membres élus par les bureaux, laquelle serait tenue de déposer son rapport dans le délai d'un mois, à partir de sa nomination. L'article 2 portait que si les propositions mentionnées dans l'article précédent étaient rejetées, elles ne pourraient être représentées avant un délai de trois mois, conformément à l'article 78 du règlement. Elles seraient, en ce cas, renvoyées à une nouvelle commission spéciale, élue dans les formes ci-dessus indiquées et soumise au même délai que la première commission pour le dépôt de son rapport. Cette commission serait également saisie de toutes les propositions nouvelles qui seraient déposées après la première décision de l'Assemblée.

La discussion qui s'ouvrit le 31 mai pouvait être considérée comme la préface du grand débat concernant la revision. M. Jules Favre présenta et défendit un amendement portant qu'une fois rejetées, les propositions ne pourraient plus être représentées. Après des considérations d'ordre réglementaire et légal, l'éloquent orateur déclara qu'il repoussait le projet au nom de la tranquillité publique et de la dignité de l'Assemblée. Il montra les ennemis de la République et les oppositions factieuses renouvelant tous les trois mois l'agitation dans le pays et cherchant, à l'aide d'une opinion factice, à exercer une pression sur la représentation nationale. M. Moulin, qui lui répondit, s'efforça de ramener la question à des proportions purement réglementaires. Puis il reprocha à M. Jules Favre de restreindre la souveraineté nationale. Le résultat de la discussion n'était pas douteux. Tous les amendements furent repoussés et la proposition fut adoptée, le 31 mai, à une grande majorité.

« A peine la proposition était-elle adoptée, qu'on vit se diriger vers le fauteuil du président M. le duc de Broglie, porteur de la proposition de revision de la Constitution signée par les 233 membres de la réunion des Pyramides. Parmi les signataires, on ne remarquait pas un nom important de légitimiste. Entre ceux dont l'absence sur cette liste pouvait encore être remarquée, nous citerons MM. Molé, Thiers, le général Changarnier, Piscatory, Duvergier de Hauranne, Dufaure.

« M. Payer, qui passait pour attaché à la ligne politique de M. de Lamartine, présenta également une proposition tendant à la revision de divers articles de la Constitution, et notamment de l'article 20, qui portait que le pouvoir législatif est délégué à une assemblée unique, et de l'article 45, relatif à la non-réélection du Président de la République. « La question était ouverte[1]. »

Le lendemain, le Président de la République, inaugurant la section du chemin de fer de Paris à Lyon comprise entre Tonnerre et Dijon, prononça dans cette dernière ville un discours qui avait la portée d'un manifeste de prétendant. Dans la discussion des interpellations qui eurent lieu le 3 juin à l'Assemblée, le général Changarnier termina son discours par cette phrase demeurée fameuse : « Mandataires de la France, délibérez en paix. » Les bureaux se réunirent sur ces entrefaites pour nommer la commission chargée d'examiner toutes les propositions de revision. Sur quinze membres, la commission nommée en compta neuf favorables à la revision. C'étaient MM. Berryer, de Broglie, de Corcelles, Dufour, de Melun, de Montalembert, Moulin, de Tocqueville et Odilon Barrot, ces deux derniers mettant certaines conditions à leur adhésion et ne prenant aucun engagement absolu. Les neuf avaient été élus par 309 voix. Six membres étaient contraires : c'étaient MM. Baze, Cavaignac, Charras, Charamaule, Jules Favre et de Mornay, élus par 263 voix. Après de longs débats, la commission adopta, le 25 juin, par 9 voix contre 6, une rédaction ainsi conçue :

« L'Assemblée législative, vu l'article 111 de la Constitution, émet le vœu que la Constitution soit revisée en totalité, conformément audit article. » Puis M. de Tocqueville fut désigné par 8 voix comme rapporteur.

Il lut son rapport le 8 juillet à l'Assemblée. Un rapport complémentaire de M. de Melun sur les pétitions revisionnistes constata qu'à la date du 13 juillet il y avait 1,356,307 signatures et adhésions pour la revision. Le 14 juillet, commencèrent les débats sur la revision de la Constitution.

---

1. C.-L. Lesur, *Annuaire historique universel*, ou Histoire politique pour 1851. Paris, 1853, 1 vol. in-8°, p. 139-140.

CHAPITRE II.

Après quelques paroles du président, M. Dupin, M. Payer combattit le projet; M. de Falloux, qui parla ensuite, se prononça en faveur de la revision totale. Puis MM. de Mornay, le général Cavaignac parlèrent contre la revision. Le 15 juillet, M. Coquerel indiqua les raisons qui, suivant lui, exigeaient une revision de la Constitution. M. Grévy lui succéda à la tribune. Ce discours fut interrompu par une indisposition de l'orateur. Nous le reproduisons en entier :

M. Grévy. — Messieurs, au moment d'entrer à mon tour dans ce grave débat, j'ai besoin de revendiquer pour moi ce que je suis toujours disposé à demander pour les autres, et ce que la sage allocution de notre honorable président me permet d'espérer : une entière liberté.

La proposition de reviser la Constitution, par la pensée qui l'a inspirée, par le but auquel elle tend, par le caractère et la signification que ses auteurs eux-mêmes lui ont donnée, n'est autre chose qu'une protestation contre la révolution de février, et une occasion que les partis dynastiques ont saisie de lever leur drapeau contre le drapeau de la République. C'est, sous le nom menteur de revision, la continuation et le couronnement de la lutte engagée depuis trois ans dans cette enceinte entre les adversaires et les défenseurs des institutions électorales. Ce débat, nous ne l'avons pas provoqué, nous l'avons accepté. Seulement, nous le voulons sincère, loyal et libre, afin qu'en compensation du trouble et de l'anxiété qu'il sème dans le pays, il serve, au moins, à éclairer le peuple sur une question qui touche à ses premiers intérêts, et sur laquelle les colporteurs des pétitions se sont montrés plus empressés de lui surprendre des signatures que de lui faire connaître la vérité.

Je viens donc, pour ma part, dire hautement, et sans détours, ce que je pense du projet de revision, et pourquoi je le repousse.

Je serai conduit forcément, par les nécessités du sujet, à parler de votre politique et de vos actes. Je le ferai sans sortir des convenances, et sans oublier ce que je dois à mes collègues, mais avec la fermeté qu'un grand intérêt commande, et avec la liberté que cette tribune doit m'assurer.

Je me propose d'examiner la question de revision en elle-même, d'en rechercher le caractère et le but, d'en signaler les suites et les dangers. Mais, avant tout, et puisque cette tâche n'a point encore été accomplie par les orateurs qui m'ont précédé, il m'est impossible de ne pas arrêter quelques instants vos esprits sur cette sorte de question préjudicielle, qui se dresse pour nous au seuil de ce débat, et que j'appellerai, si vous me permettez d'emprunter cette expression à la langue du barreau, notre fin de non-recevoir contre toute demande de revision : je veux parler de cet ensemble de lois que vous avez élevées entre vous et nous, comme une barrière contre laquelle tous les plans de revision viendront fatalement se briser.

CHAPITRE II.

De ces lois, celle que je signalerai la première, tous ceux qui m'écoutent l'ont déjà nommée, c'est la loi électorale du 31 mai 1850. *(Mouvement.)* Lorsque le moment sera venu de discuter de nouveau cette loi, et il arrivera bientôt, je l'espère, nous lui demanderons compte de ses effets aujourd'hui connus, de la situation qu'elle a faite à ce pays, de l'avenir menaçant qu'elle lui prépare. En ce moment, je n'en dirai qu'un mot nécessaire pour la suite de ce discours, et ce mot, je ne crains pas qu'aucun esprit sérieux et se respectant lui-même, ose le contredire ; le voici : C'est que la loi du 31 mai a eu pour but et pour effet de faire sortir des listes électorales une partie des citoyens qui ont concouru aux élections de l'Assemblée constituante, de l'Assemblée législative et du Président de la République ; c'est-à-dire de mettre hors du corps électoral une partie du peuple ; en d'autres termes, de restreindre, de tronquer, et, par conséquent, de détruire le suffrage universel.

Je dis que tel a été le but de la loi du 31 mai. A ceux qui pourraient l'avoir oublié, il suffirait de rappeler que les auteurs de cette loi (ils l'ont avoué alors et ils s'en sont assez glorifiés depuis) ont voulu prendre une revanche des deux dernières élections de Paris, frapper un coup hardi qui, en imposant à leurs adversaires, relevât le cœur à leurs amis, et, par l'exclusion calculée de la fraction la plus démocratique du peuple, enchaîner à leur drapeau la victoire électorale qui l'abandonnait. *(Assentiment à gauche.)*

Ce n'est pas une loi conçue par le législateur dans le calme et la sérénité de son esprit. C'est une loi de représailles, de haine et de colère; c'est, comme l'a dit à cette tribune un de ses plus éloquents promoteurs, un acte de désespoir; c'est la révolte de la minorité contre la majorité qui se déplaçait. *(A gauche.* Très bien! très bien!)

Voilà le but de la loi.

Quant à son effet, c'est quelque chose de tout matériel et de palpable. Il est certain, il est officiellement constaté que le résultat de cette loi est, dès à présent, d'exclure des listes environ 3 millions d'électeurs. Je dis, dès à présent, car, vous le savez, messieurs, cette loi n'a pas encore dit son dernier mot; elle n'a pas été exécutée partout avec le même zèle ou avec la même habileté; on n'en a pas encore tiré tous les trésors d'arbitraire qu'elle recèle. Le résultat n'en sera complet que l'an prochain, après le remaniement des listes, surtout si vous remettez au Gouvernement la nomination des maires, complément indispensable de la première mesure.

Alors, soyez-en certains, ce n'est pas trois millions, mais quatre ou cinq millions qui sortiront des listes. Quoi qu'il en advienne, que ce soit trois millions ou cinq millions de citoyens, que ce soit le tiers ou la moitié du peuple qui se voie dépouillé du droit de voter, que le suffrage universel soit réduit du tiers ou de la moitié, il est évident que, dans un cas comme dans l'autre, le suffrage universel n'existe plus.

M. de la Rochejaquelein. — C'est évident!

M. Grévy. — Il est donc avéré que la loi du 31 mai a eu pour but et pour effet de détruire le suffrage universel. C'est un point sur lequel il y aurait de la naïveté à insister, après tant de discussions qui l'ont mis en lumière, et en présence des documents, des faits, du témoignage de la conscience publique.

Et c'est à un corps électoral ainsi trié et ainsi mutilé que vous nous proposez de remettre le sort de la Constitution et de la République! Vous voulez que nous fassions reviser par cinq ou six millions d'électeurs l'œuvre de dix millions de citoyens, et que nous en appelions à une fraction du peuple de ce qui a été décrété par le peuple tout entier! Voilà ce que l'honorable M. de Broglie, et ceux de ses amis qui ont signé sa proposition, appellent remettre au peuple le plein exercice de sa souveraineté! *(Vive approbation à gauche.)*

Messieurs, ce que vous nous proposez, nous ne nous reconnaissons pas le droit de le faire.

La souveraineté du peuple est le principe et la source de notre pouvoir; nous ne nous reconnaissons pas le droit de porter la main sur elle. Que sommes-nous pour dépouiller de leur part de souveraineté plusieurs millions de citoyens? qui nous a fait arbitres et dispensateurs de droits? qui nous a élevés au-dessus du peuple souverain? Nous ne sommes quelque chose que par lui, nous n'avons de pouvoirs que ceux qu'il nous a temporairement confiés, nous ne sommes que ses mandataires; et sans l'appoint des suffrages de ceux qui sont aujourd'hui exclus, un grand nombre d'entre nous comme d'entre vous, messieurs, ne siégeraient pas sur ces bancs. *(Approbation à gauche et sur plusieurs bancs de la droite.)*

Et vous voulez que nous tournions contre nos électeurs le pouvoir que nous tenons d'eux, vous voulez que nous puisions dans notre mandat le droit de destituer nos mandants? Ce serait un excès de pouvoir, un abus de mandat, une révolte contre le peuple par lequel nous sommes ici, sans lequel et contre lequel vous et nous ne sommes rien. *(A gauche. Très bien!)*

Ce que vous nous demandez, c'est de renier nos principes, de trahir notre mandat et de nous déshonorer.

Messieurs, nous avons fait tout ce qui était en notre pouvoir contre la loi du 31 mai, nous n'avons pu empêcher qu'elle fût rendue; nous pouvons, du moins, borner ses effets, et en préserver la constitution de la République. S'il ne nous a pas été possible de conserver au peuple le suffrage universel, nous pouvons, heureusement, sauver la Constitution républicaine qu'il s'est donnée; c'est pour nous un devoir sacré; et toutes les manœuvres, toutes les pressions, de quelque part qu'elles viennent, ne nous empêcheront pas de l'accomplir. *(Approbation vive et prolongée sur les bancs de la gauche.)*

Nous nous sentons soutenus encore par une autre pensée; nous sommes convaincus qu'en combattant pour la souveraineté du peuple, nous combattons en même temps pour l'ordre et pour la paix publique, qui en sont désormais inséparables.

Si, en effet, la loi du 31 mai n'est pas rapportée, si elle s'exécute (j'écarte un moment de mon esprit les sinistres éventualités de 1852); si, dis-je, cette loi néfaste est maintenue et appliquée, si, au jour de leur renouvellement, les grands pouvoirs de la République, le Président, l'Assemblée, sortent du suffrage restreint, ce sera incontestablement un grand malheur; contestés, méconnus, sans force, sans prestige, ces pouvoirs nous entraîneront dans des difficultés et des périls incalculables. Mais qu'arriverait-il, messieurs, si c'étaient, non des pouvoirs éphémères, mais la loi fondamentale elle-même qui fût entachée de ce vice originaire; si, à la Constitution qui tire du suffrage universel une solidité inébranlable, vous l'avez bien vu depuis deux ans, était substituée une constitution produit d'une souveraineté mutilée? Attaquée dans sa légitimité, non seulement par ceux qui sont exclus, mais encore par ceux qui, quoique enrôlés parmi les privilégiés de la loi du 31 mai, n'en restent pas moins les soldats du suffrage universel, cette constitution sans force morale, sans appui, sans racine, s'écroulerait au premier choc et nous entraînerait en tombant dans des révolutions dont personne ne peut ni prévoir le caractère, ni calculer le terme.

M. DE LA ROCHEJAQUELEIN. — C'est la vérité même.

M. GRÉVY. — J'appelle, sur cette dernière considération, si puissante à mes yeux, la méditation de tous les esprits que la passion politique ne subjugue pas au point de leur ôter toute liberté et toute réflexion. Vous pouvez, messieurs, n'être pas touchés autant que nous le sommes des droits du peuple et des atteintes portées à sa souveraineté ; mais vous, qui êtes des hommes d'autorité, vous, qui vous préoccupez presque exclusivement de la stabilité du pouvoir et de la force du Gouvernement, comment pouvez-vous songer à mettre à la place d'une Constitution fondée sur les larges assises du suffrage universel des institutions élevées sur la base étroite et chancelante de la restriction et du privilège? Ne voyez-vous pas que les anciens fondements du pouvoir sont détruits, que les vieilles croyances politiques ont fait place à la notion du droit, l'esprit de subordination au sentiment indomptable de l'égalité? Et lorsque, au milieu de cet ébranlement social, la fortune des révolutions a reconstitué l'autorité sur la raison commune, en lui donnant pour base le suffrage universel ; lorsque, dans son naufrage, le flot révolutionnaire l'a portée sur ce roc inébranlable, unique et dernier fondement qui lui reste, vous vous efforcez de l'en arracher, pour la confier de nouveau aux débris submergés des vieilles institutions tombées avec elle! *(Vive approbation à gauche.)*

Voilà, messieurs, la première raison qui nous défend d'entendre à aucune demande de revision. Il en est une seconde, sur laquelle je vous demande la permission de m'arrêter encore un instant. Elle se tire des autres lois politiques que vous avez rendues, de l'état présent des droits et des libertés publiques, de la situation que la combinaison de ces lois fait aux citoyens en général et aux républicains en particulier.

Dans un état démocratique, toutes les libertés, tous les droits sont solidaires; ils se combinent, ils se complètent les uns les autres, ils se soutiennent dans un enchaînement nécessaire. Il est impossible de toucher à l'une sans porter atteinte à l'autre. Supprimez, par exemple, le droit pour les citoyens de se communiquer publiquement leurs pensées, que devient entre leurs mains le droit de voter? un instrument aveugle et dangereux.

Je ne crains donc pas de rencontrer sur ces bancs un seul contradicteur, quand je dirai que le droit de s'éclairer, de se concerter est aussi important, aussi sacré que le droit de voter, qu'il est la condition indispensable du suffrage universel, le flambeau qui l'éclaire et qui le dirige.

Or, de ce droit qui n'est autre que celui d'exprimer sa pensée, de ce droit primordial que toutes les constitutions consacrent, et qui, avant d'être écrit dans les constitutions, a été gravé dans la conscience humaine, à l'heure où je parle, il n'en reste plus vestige. Ce droit de s'adresser à ses concitoyens, de leur écrire, de leur parler, de les consulter, de les conseiller, de s'entendre avec eux, vous l'avez frappé dans toutes ses manifestations et détruit dans toutes ses formes. Et, pour en rester convaincu, il n'est pas besoin d'un grand travail d'esprit, il suffit que chacun de nous regarde la situation que vous lui avez faite, et dresse en quelque sorte l'inventaire des libertés dont vous lui avez laissé l'usage.

Voulez-vous me permettre de faire devant vous ce travail sur moi-même et de me prendre pour sujet de ma démonstration ?

Je suis citoyen et je suis représentant du peuple. Si je veux, comme citoyen, m'adresser au public, entrer en communication avec mes concitoyens, avec les électeurs du département dans lequel je vote; si je veux, au moment des élections, leur faire connaître ma pensée, discuter avec eux les questions qui s'agitent ou les candidatures qui se posent; si je veux, comme représentant du peuple, me mettre en rapport avec les électeurs qui m'ont envoyé ici, leur rendre compte de mon mandat; si je veux leur communiquer mon sentiment ou interroger le leur sur telle question, sur tel événement, vous m'en avez ôté tous les moyens, vous m'avez mis dans l'impossibilité absolue de le faire.

Il n'existe, en effet, que deux moyens d'exprimer sa pensée : la parole et l'écriture.

Pour que je puisse communiquer avec mes concitoyens, il faut donc ou que je puisse leur parler ou que je puisse leur écrire. Je ne peux pas leur parler; car, pour leur parler, il faudrait les réunir, et vous avez supprimé le droit de réunion. La loi du 19 juin 1849 avait, par un reste de scrupule, excepté de l'interdiction les réunions électorales; c'était comme une fissure à travers laquelle le droit de réunion respirait encore; mais, dès l'année suivante, vous avez achevé de l'étouffer en assimilant les réunions électorales à toutes les autres et en les confondant toutes dans la même interdiction; aujourd'hui, le droit de réunion est anéanti. Ainsi, des deux moyens d'exprimer sa pensée, d'entrer en communication avec le public, le premier m'est interdit : je ne puis, ni comme citoyen, ni comme représentant du peuple, en aucun temps, pour aucune cause, réunir mes concitoyens ni mes électeurs pour leur parler en commun.

M'avez-vous au moins laissé le moyen de leur écrire? Pas davantage. Je peux bien consigner sur le papier ce que j'ai à leur dire, je peux même le faire imprimer, mais je n'ai aucun moyen de le faire parvenir jusqu'à eux. Il en existait deux : je pouvais ou faire placarder mon écrit ou le faire distribuer; vous avez interdit l'affichage et la distribution. Il me reste, il est vrai, la voie de la poste; mais, sans parler de ce qu'elle a de coûteux, elle ne peut pas remplacer les autres; la poste n'est pas un moyen de communiquer avec le public; je ne puis, par la poste, envoyer mes écrits qu'à mes amis, qu'à mes connaissances, qu'à ceux dont je connais le nom et la demeure; la poste est un moyen d'arriver à quelques personnes; ce n'est pas un moyen de s'adresser à tout le monde. Si donc je veux répandre mon écrit parmi mes concitoyens, parmi mes électeurs, vous m'en avez ôté les moyens.

Il y a, à la vérité, la presse périodique; mais, outre que la distribution des journaux est interdite comme celle des écrits non périodiques, et, sans parler de toutes les autres entraves dont la presse périodique est enlacée, n'a pas qui veut un journal à sa disposition. La gérance, le cautionnement, le timbre et les nécessités financières de ces sortes de publications en font des entreprises industrielles, des professions; elles ne sont pas à l'usage de la généralité des citoyens. Les journaux ne sont un moyen de communiquer avec le public que pour quelques-uns, pour les journalistes, pour leurs amis; ils ne sont pas un moyen à la portée des citoyens en général. Pour ceux-ci, il n'existe que l'écrit non périodique, et vous l'avez interdit.

C'est pourtant dans l'écrit non périodique que réside le droit des citoyens. Les journaux, sous certains rapports, sont une industrie. L'écrit non périodique dont je parle est entièrement étranger à toute spéculation; c'est purement l'exercice du droit des citoyens, et vous l'avez supprimé.

Ainsi, la parole, vous me l'avez interdite par l'interdiction de la réunion. L'écrit, vous me l'avez interdit par l'interdiction de l'affichage et de la distribution. Entre mes concitoyens et moi, entre mes électeurs et moi, entre leur pensée elle-même, je trouve toujours vos lois et la main de la police.

Il ne reste que la voie de la poste, par laquelle on n'arrive pas au public, et la presse périodique, qui est le privilège du petit nombre. Pour la généralité, pour la presque universalité des citoyens, aucun moyen de communiquer entre eux publiquement, pour s'éclairer et s'entendre sur les affaires publiques.

Voilà le bilan de la première de nos libertés : le droit, pour les citoyens, d'exprimer la pensée par la parole et l'écriture, vous l'avez supprimé.

Que dis-je, supprimé! vous avez fait pis, vous l'avez remis à l'arbitraire et à la discrétion du Gouvernement, qui, avec cet esprit d'équité dont tous ses actes sont marqués, l'interdit systématiquement à ses adversaires, et en réserve le monopole à ses amis.

C'est là, messieurs, ce qui, dans les motifs de mon opposition à ces lois, a toujours soulevé le plus mon esprit et ma conscience. Je comprends l'égalité dans la compression; mais la liberté pour les uns, et l'oppression pour les autres, c'est ce que je ne comprends pas; c'est le caractère particulier de ces lois, c'est ce qui les flétrira dans l'histoire comme une des causes les plus profondes de la déconsidération de la loi, de l'avilissement du pouvoir et de la démoralisation publique.

Je laisse toutes ces raisons préjudicielles, et j'arrive à la question de revision.

S'il s'agissait réellement de reviser la Constitution, c'est-à-dire d'y toucher pour l'améliorer, nous aurions, avant tout, à nous poser et à résoudre ces deux questions :

La Constitution a-t-elle été expérimentée? Peut-elle être jugée?

Est-on généralement d'accord sur les vices qu'elle renferme, sur les changements qu'elle réclame?

Ce n'est qu'après avoir résolu affirmativement ces deux questions, que nous pourrons, si nous sommes des hommes sérieux, prendre la mesure si redoutable qui nous est proposée.

La Constitution a-t-elle été expérimentée? Je réponds hardiment : Non! La Constitution n'est guère en vigueur que depuis deux ans; ses lois organiques, c'est-à-dire ses moyens d'application et de développement, ne sont pas même faites encore, du moins les plus importantes et les plus nombreuses.

Fussent-elles toutes édictées, je ne crains pas d'être démenti par les hommes éclairés qui m'entendent, lorsque j'affirmerai qu'il n'est pas une constitution, pas une forme politique quelconque qui porte ses fruits en deux ans, et qu'on puisse juger sur une si courte épreuve, surtout si cette forme politique est sortie inopinément d'une révolution violente, si elle s'installe au milieu de la crise déterminée par cette révolution, si elle a à lutter contre des rancunes coupables, contre des intérêts froissés et contre la coalition de tous les vieux partis... (Ici l'orateur, dont la voix fléchissait depuis un instant, s'arrête, se retourne vers M. le président et échange quelques paroles avec lui.)

M. LE PRÉSIDENT. — L'orateur demande à se reposer un instant. *(Oui! oui!)*

(M. Grévy, visiblement indisposé, descend de la tribune, et se retire dans l'un des couloirs de l'Assemblée, où il est immédiatement entouré d'un grand nombre de ses collègues.)

A la reprise de la séance, le président annonça à l'Assemblée que M. Grévy ne pourrait reprendre la parole que le lendemain. Mais M. Grévy ne reparut plus à la tribune pendant ce débat. Le tournoi oratoire continua. Les plus grands orateurs de l'Assemblée y prirent part. Combattue par MM. Michel (de Bourges), Pascal Duprat, de La Rochejaquelein, Victor Hugo et Dufaure, la revision fut défendue par MM. Berryer, de Falloux, Baroche, ministre des affaires étrangères, et Odilon Barrot. Le 19 juillet, après le discours de ce dernier, la discussion générale fut close. Puis la proposition de la commission fut mise aux voix. L'Assemblée vota au scrutin public à la tribune et sur appel nominal. Le vote, commencé à six heures et demie, se termina à huit heures moins quelques minutes. Au milieu d'un profond silence, le président, M. Dupin, proclama ainsi le résultat du scrutin :

    Nombre des votants 724
    Majorité constitutionnelle des trois quarts
        exigée par l'article 111 de la Constitution. 543
    Bulletins blancs pour l'adoption. 446
    Bulletins bleus 278

« L'Assemblée n'a pas adopté ». (*Sensations diverses*.)

Le *Moniteur* ajoute : « Le cri trois fois répété de *Vive la République!* éclate sur les bancs de la gauche. — L'Assemblée se sépare en proie à une bruyante agitation. »

§ XVIII

OBSERVATIONS

AU SUJET

DES INTERPELLATIONS DE M. PASCAL DUPRAT
A M. LE MINISTRE DE L'AGRICULTURE ET DU COMMERCE

SUR

LES SOCIÉTÉS TONTINIÈRES

PRÉSENTÉES LE 6 AOUT 1851
A L'ASSEMBLÉE NATIONALE LÉGISLATIVE

M. Grévy ne reparut plus que deux fois à la tribune pendant la durée de l'Assemblée législative. Il prit part, le 6 août, à la discussion de l'interpellation de M. Pascal Duprat au ministre de l'agriculture et du commerce, M. Buffet, sur les sociétés tontinières. La discussion soulevait deux questions : une question juridique et une question politique. Une instruction judiciaire était commencée contre ces associations. Mais M. Pascal Duprat voulait savoir aussi (et c'était le côté politique de son interpellation) si le Gouvernement, dans ses rapports avec les sociétés tontinières, avait tenu ses promesses à l'égard du public, s'il avait été le gardien sévère, jaloux, des épargnes populaires qui avaient été déposées sous sa surveillance. Le ministre, M. Buffet, répondit à M. Pascal Duprat, qui insista ; puis, après un discours de M. Mortimer-Ternaux, M. Grévy s'exprima en ces termes :

M. Grévy, *de sa place*. — Je ne viens pas insister sur les reproches adressés au Gouvernement ; mais il me semble que ce débat pourrait avoir une autre issue, une issue plus utile, à laquelle je veux chercher à le ramener. *(C'est cela!)*

M. le ministre du commerce, se retranchant derrière l'information judiciaire qui se poursuit, a déclaré qu'il était de son devoir de ne donner aucun renseignement, aucune explication. Je crois qu'il peut, qu'il doit, sans toucher à l'instruction judiciaire, donner les explications que comportent les documents qu'il possède ; ces explications sont indispensables. Il y a des intérêts nombreux et considérables engagés dans cette question ; il y a, je crois, au moins cent cinquante millions déposés dans les tontines, il y a quatre ou cinq cent mille intéressés, et vous savez comment ils sont travaillés en ce moment ; les bruits, les rumeurs auxquels cette affaire a donné naissance, exagérés probablement, sont exploités en province ; les intéressés sont en butte à de déloyales spéculations, et vous venez déclarer que vous ne pouvez rien faire pour les rassurer, pour les éclairer !

Vous avez entre les mains, depuis le mois de février, les rapports des inspecteurs des finances que vous avez commis à la vérification de la situation des tontines. Eh bien, voici ce que je vous demande :

CHAPITRE II.

Ces rapports vous ont-ils, oui ou non, édifiés sur les déficits qui peuvent exister? Ces cent cinquante millions déposés aux tontines ont-ils été convertis, comme ils devaient l'être, en rentes sur l'État? Première question que j'adresse.

Seconde question : Les titres de rente se sont-ils tous retrouvés? Assurément vous devez le savoir, et vous pouvez le déclarer sans nuire à l'instruction judiciaire. Vous devez trouver ces renseignements, ces constatations, dans les seize rapports qui vous ont été remis. Est-ce que vous ne sentez pas qu'il est de la dernière utilité de dire au public s'il y a des déficits, et, dans le cas où il y en aurait, en quoi ils consistent, et même dans quelles sociétés particulières ces déficits peuvent exister? Comment donc! vous savez que les bruits les plus exagérés, peut-être, circulent, vous avez la vérité dans la main, vous pouvez venir dire à la tribune : On a exagéré ces déficits; il n'a été détourné que telle somme; vous pouvez éclairer les intéressés sur une situation dont l'obscurité leur est nuisible, et vous ne le faites pas! Est-ce que vous ne pouvez pas porter à la connaissance du public les faits tels que vous les connaissez? Le public l'attend de vous, vous le lui devez pour le rassurer, pour l'éclairer sur sa situation; vous le devez non seulement dans l'intérêt des souscripteurs, mais dans l'intérêt des sociétés qui n'ont pas failli à leurs devoirs, et qui sont enveloppées dans la même suspicion; vous le devez dans l'intérêt du principe même de l'épargne collective que vous avez compromise par votre incurie.

Il me semble que, sans rien préjuger de l'instruction judiciaire, M. le ministre, et je l'attendais de lui, car il a dans les mains les documents nécessaires, pourrait déclarer s'il y a des déficits, quelle en est l'importance, et, encore une fois, éclairer et rassurer les nombreux intéressés qui ont droit à sa protection et à sa sollicitude.

Je voudrais aussi que M. le ministre nous dit s'il a été pris des précautions pour empêcher que le mal ne s'aggrave et que les déficits n'augmentent. Je voudrais que M. le ministre pût rassurer le public à cet égard. *(C'est cela! — Assentiment sur plusieurs bancs.)*

§ XIX

OBSERVATIONS

AU SUJET D'UN

INCIDENT SUR LE PROCÈS-VERBAL

PRÉSENTÉES LE 1ᵉʳ DÉCEMBRE 1851
A L'ASSEMBLÉE NATIONALE LÉGISLATIVE

Le 29 novembre 1851, l'Assemblée avait discuté, en troisième délibération, le projet de loi relatif au registre matricule des communes et aux élections communales. Un amendement de M. Monet tendant à substituer le délai d'une année à celui de deux ans, pour l'inscription sur le registre matricule d'une commune, voté lors de la deuxième délibération, avait été repoussé par 321 voix contre 320, c'est-à-dire à *une voix de majorité*. Après la proclamation du vote, des erreurs furent signalées, et de vives protestations eurent lieu. Mais l'Assemblée passa à l'ordre du jour sur une proposition de M. Jules Favre portant que le vote était annulé. Un nouvel incident eut lieu à ce sujet au début de la séance du 1ᵉʳ décembre. La question était de savoir si, après les rectifications faites, le vote du 29 novembre devait être annulé ou maintenu. Après les observations de MM. Clavier, Mathieu (de la Drôme), Crémieux, Emmanuel Arago, Audren de Kerdrel, M. Grévy prit la parole et s'exprima en ces termes :

M. Grévy. — Messieurs, puisqu'on parle des précédents de l'Assemblée et de son droit, je vous demande la permission de les rétablir en quelques mots. Je viens de les vérifier à l'instant même. Les précédents de l'Assemblée sur cette question de savoir si elle peut, quand elle le veut, annuler un vote ou le maintenir, les précédents, dis-je, sont divers. Je l'affirme à l'Assemblée, je viens de le vérifier, à l'instant, sur les notes de M. le secrétaire de la présidence. Quant au règlement, vous savez qu'il est muet sur ce point, et qu'il laisse à votre bonne foi le soin de décider; c'est une question d'appréciation, de bonne foi. Vous ne pouvez être liés par une erreur. Ainsi, vous pouvez maintenir ou annuler un vote, selon que vous le tenez pour sincère ou inexact. Vos précédents et votre règlement vous le permettent.

Si vous avez la conviction que le vote, je ne dis pas n'est point sincère, mais n'est point vrai, n'est point exact, qu'il n'exprime pas la volonté de l'Assemblée, qu'il ne présente pas la majorité telle qu'elle existait dans la salle au moment où le scrutin s'est fermé, il est évident que personne ici ne doit vouloir maintenir un pareil résultat. C'est, je le répète, une question de bonne foi.

M. de Vatimesnil. — Je demande la parole.

M. Grévy. — Je le répète, ni le règlement, ni les précédents de l'Assemblée, ne l'enchaînent à un vote qui lui paraîtrait une erreur.

Eh bien, je m'adresse à la conscience de tous ceux qui m'entendent : est-il au moins douteux pour tous les membres de cette Assemblée, que le résultat, vrai, sincère du vote, soit celui qui a été proclamé? Est-il douteux que tous ceux qui ont figuré au vote y aient réellement pris part? Est-il douteux, quand il n'y a entre la majorité et la minorité qu'une seule voix de différence, que si une parfaite exactitude, une parfaite sincérité eussent présidé au vote, le résultat fût ce qu'il est aujourd'hui? *(Bruit à droite.)*

Je ne parle pas seulement des erreurs qui ont été signalées et qui suffiraient pour changer le résultat du vote; mais, j'en appelle à votre conscience, n'êtes-vous pas tous convaincus que, à droite comme à gauche, il y a eu un certain nombre de bulletins placés dans les urnes pour des représentants qui n'étaient pas présents? C'est un mode de votation détestable que celui que nous employons...

Un membre à droite. — Dites-le à M. Rigal.

M. Grévy. — Et quand le résultat du scrutin est aussi douteux que celui de samedi, il importe à la dignité de l'Assemblée autant qu'à sa bonne foi, il importe à l'autorité de la loi qu'elle veut faire, de recommencer l'opération, et de la recommencer d'une façon qui ne laisse planer désormais aucun doute sur son résultat, je veux dire par un vote à la tribune.

C'est ce que j'ai l'honneur de vous proposer, et je ne crains pas de dire que l'Assemblée s'honorera en le faisant. *(Approbation à gauche.)*

M. Collas demanda également l'annulation du scrutin. Le rapporteur, M. de Vatimesnil, combattit cette proposition. Après quelques observations de l'un des secrétaires, M. Chapot, et de M. de Larcy, lequel soutint que le vote devait être maintenu, en ajoutant que la question reviendrait à propos d'un amendement présenté par M. Saint-Romme à l'article 16, la clôture fut prononcée, et l'Assemblée passa à l'ordre du jour sur l'incident.

La question ne devait pas revenir devant l'Assemblée. Le lendemain, le coup d'État du 2 décembre eut lieu. La salle des séances de l'Assemblée ayant été fermée par ordre du Gouvernement, M. Grévy se rendit à la mairie du Xe arrondissement, où fut tenue la séance extraordinaire du 2 décembre. Il fut arrêté avec ses collègues et conduit comme eux à la caserne du quai d'Orsay. C'est dans la cour de cette caserne que les secrétaires procédèrent à l'appel nominal qui constata la présence de deux cent vingt membres de l'Assemblée. Le nom de M. Grévy figure parmi les deux cent vingt. Le représentant du Jura fut transféré à Mazas avec ses collègues. Lorsqu'il fut remis en liberté, quelques jours après, la victoire des hommes du coup d'État était complète. M. Grévy se consacra désormais tout entier aux devoirs du barreau. Il portait le deuil de la République, mais il pouvait se rendre le témoignage d'avoir, pendant sa carrière de législateur, fait tout ce qu'il était humainement possible de faire pour empêcher la catastrophe. Et les républicains proscrits, dispersés, soumis à la dure loi des vaincus, s'habituèrent à prononcer avec respect le nom de l'homme d'État dont les conseils, s'ils avaient été écoutés, eussent assuré le salut de la République.

FIN DU TOME PREMIER.

ERRATUM

Introduction p. xxx, ligne 15, au lieu de : prévoyance, lire *imprévoyance*.

TABLE DES MATIÈRES

DU TOME PREMIER

	Pages.
Avant-propos.	I
Introduction	V
I.	VI
II	IX
III	XIV
IV	XIX
V.	XXV
VI	XXXII
VII	XLI
VIII	XLVIII

CHAPITRE Ier. — L'ASSEMBLÉE CONSTITUANTE.

§ 1. Discours sur le projet de décret concernant les boissons (21 juin 1848) 2-5

2. Discours sur la demande en autorisation de poursuites contre Louis Blanc et Caussidière (25 août 1848). . 9-16

TABLE DES MATIÈRES.

Pages.

3. Discours sur la proposition tendant à abroger le décret du 9 mars 1848, qui a suspendu l'effet de la contrainte par corps (1er septembre 1848).   17-35

4. Discours sur le projet de Constitution (6 octobre 1848) .   36-63

5. Discours sur le projet de décret relatif à l'élection du Président de la République (28 octobre 1848). . . .   64-70

6. Rapport sur le projet de loi relatif à l'application de l'impôt des mutations (13 décembre 1848).   71-75

7. Discours sur le projet de loi relatif à l'application de l'impôt des mutations (16 janvier 1849).   76-82

8. Rapport sur la proposition du citoyen Rateau tendant à la séparation de l'Assemblée constituante (9 janvier 1849).   83-90

9. Nouveau rapport sur la proposition du citoyen Rateau (25 janvier 1849)   91-101

10. Élections à la vice-présidence de l'Assemblée constituante (mars et avril 1849).   102

11. Discours sur le service administratif et de surveillance des forêts dans les départements (17 avril 1849) . .   103-106

12. Discours sur les interpellations du citoyen Jules Favre relatives aux affaires d'Italie (7 mai 1849).   107-112

13. Interpellations du citoyen Grévy, relatives à la lettre écrite par le Président de la République au général Oudinot (9 mai 1849).   113-119

14. Rapport sur le projet de loi tendant à suspendre l'exécution, dans le département de la Seine, de l'article 67 de la loi du 22 mars 1831 sur la garde nationale (10 mai 1849).   120-125

15. Discours sur le projet de loi tendant à suspendre l'exécution, dans le département de la Seine, de l'article 67 de la loi du 22 mars 1831 sur la garde nationale (19 mai 1849).   126-137

TABLE DES MATIÈRES.

CHAPITRE II. — L'ASSEMBLÉE LÉGISLATIVE.

Pages.

§ 1. Discours sur les effets de l'état de siège (18 juin 1849).   139-149

2. Discours sur la vérification des pouvoirs des représentants de la Loire (21 juin 1849).   150-154

3. Discours sur la demande en autorisation de poursuites contre sept représentants (4 juillet 1849)   155-182

4. Discours sur le projet de loi relatif à la presse (23 juillet 1849)   183-202

5. Discours sur le cautionnement des journaux (27 juillet 1849)   203-222

6. Discours sur le projet de loi organique relatif à l'état de siège (9 août 1849)   223-237

7. Discours sur le projet de loi relatif aux boissons (14 décembre 1849)   238-263

8. Observations sur un incident relatif au projet de loi concernant le chemin de fer de Paris à Avignon (22 février 1850).   264-267

9. Observations sur la question de savoir s'il y a lieu de passer à une deuxième délibération du projet de loi relatif au chemin de fer de Paris à Avignon (4 mars 1849).   268-272

10. Discours sur le projet de loi relatif au chemin de fer de Paris à Avignon (8 avril 1850).   273-296

11. Discours sur le projet de loi relatif à la réforme électorale (25 mai 1850).   297-323

12. Discours sur l'urgence du projet de loi relatif à la prorogation et à la modification des concessions des chemins de fer de Tours à Nantes et d'Orléans à Bordeaux (30 juillet 1850).   324-329

13. Discours sur le projet de loi relatif à la prorogation et à la modification des concessions des chemins de fer de Tours à Nantes et d'Orléans à Bordeaux (31 juillet 1850).   330-369

14. Observations au sujet de l'article 2 du projet de loi relatif aux chemins de fer de Tours à Nantes et d'Orléans à Bordeaux (5 août 1850)   370-373

TABLE DES MATIÈRES.

Pages.

15. Discours au sujet d'un amendement à l'article 4 du projet de loi relatif aux chemins de fer de Tours à Nantes et d'Orléans à Bordeaux (6 août 1850) . . .   374-384

16. Nouveau discours au sujet d'un amendement à l'article 4 du projet de loi relatif aux chemins de fer de Tours à Nantes et d'Orléans à Bordeaux (6 août 1850).   385-393

17. Discours sur les propositions relatives à la revision de la Constitution (15 juillet 1851)   394-414

18. Observations au sujet des interpellations de M. Pascal Duprat à M. le ministre de l'agriculture et du commerce sur les sociétés tontinières (6 août 1851). . .   415-418

19. Observations au sujet d'un incident sur le procès-verbal (1ᵉʳ décembre 1851)   419-423

FIN DE LA TABLE DU PREMIER VOLUME.

www.ingramcontent.com/pod-product-compliance
Lightning Source LLC
Chambersburg PA
CBHW060220230426
43664CB00011B/1494